ROGÉRIO GARCIA BAÑOLAS

MUDANÇA

UMA CRÔNICA SOBRE
TRANSFORMAÇÃO
E LOGÍSTICA LEAN

2013

© Grupo A Educação S.A., 2013

Gerente editorial: *Arysinha Jacques Affonso*

Colaboraram nesta edição:

Capa: *Paola Manica*

Preparação de originais: *Amanda Jansson Breitsameter*

Leitura final: *Susana de Azeredo Gonçalves*

Ilustrações: *Thiago André Severo de Moura*

Editoração: *Techbooks*

Reservados todos os direitos de publicação à
BOOKMAN EDITORA LTDA., uma empresa do GRUPO A EDUCAÇÃO S.A.
Av. Jerônimo de Ornelas, 670 – Santana
90040-340 – Porto Alegre – RS
Fone: (51) 3027-7000   Fax: (51) 3027-7070

É proibida a duplicação ou reprodução deste volume, no todo ou em parte, sob quaisquer formas ou por quaisquer meios (eletrônico, mecânico, gravação, fotocópia, distribuição na Web e outros), sem permissão expressa da Editora.

Unidade São Paulo
Av. Embaixador Macedo Soares, 10.735 – Pavilhão 5 – Cond. Espace Center
Vila Anastácio – 05095-035 – São Paulo – SP
Fone: (11) 3665-1100   Fax: (11) 3667-1333

SAC 0800 703-3444 – www.grupoa.com.br

IMPRESSO NO BRASIL
PRINTED IN BRAZIL

Agradecimentos

*À Márcia, Paula e Eduarda,
pelo estímulo e pela tolerância à minha presença
"ausente", às madrugadas e noites de insônia.
Ao meu pai e minha mãe pelos exemplos de retidão e caráter.
À Célia Lückemeyer. E, postumamente, à Lucídio Lückemeyer,
que com bondade, simplicidade e trabalho proporcionou
muito aos que com ele conviveram.*

Esse livro é *nosso*. *Todos* contribuíram de forma e em graus diferentes. As críticas e sugestões foram fundamentais para concretizar esse projeto. Tenho certeza que enxergaremos um pouco de nós na história que segue. Meu especial agradecimento ao empresário e grande amigo Jorge Chamun Cigana por patrocinar e apoiar incondicionalmente este projeto. Agradeço também a Paulo Ghinato pela minuciosa leitura e pelas críticas formuladas. Obrigado a todos.

Adair Citton | Adriana Berkenbrock | Adriana Moraes | Adriane Kiperman Rojas | Adriano Bratkovski | Adriano Lersh | Agnaldo Balke | Ailton Joaquim dos Santos | Aldires Forini | Alessandra Delazeri | Alessandra Piccioni | Alessandra Teixeira de Teixeira | Alexandhra Ribeiro Giriboni | Alexandre Califani | Alfonso Felicio Fagundes | Alfredo Novack | Algacir Goron | Aline Abel | Álvaro Garcia | Álvaro Laux | Ana Del Caryen | Anderson Pontalti | André Chaulet | André Chiavaro Machado | André Winter | Andrea Garcia Weirich | Anete Koenel | Angelo Rostirola | Antonio Caetano Simões | Antonio da Rosa Dini | Antônio Faiska | Ariane Burtet | Arysinha Affonso | Benhur Bañolas | Bruno Teixeira | Caio Vianna | Carlos Adalberto Panzenhagen | Carlos Augusto Souza | Carlos Augusto Westermann | Carlos Borrè | Carlos Bortolotto | Carlos Henrique Castro | Carlos Hix | Carlos Honorato Schuch dos Santos | Carlos Panitz | Carlos Peçanha | Carlos Silvano | Carlos Szulcsewski | Celso Flores Fernandes | Cesar Folle | Cesar Pandolfi | Cesar Santaella | Charles Frozé | Christiani Albrecht | Cláucio Rogério Garcia | Cláudia Gutierrez | Cláudia Moser | Claudio Garcez | Claudio Reinert | Crislei Taiane Bornhold | Cristiano Faé | CristianoValle | Dan Roos | Darci Drehmer | Denise Nowaczyk | Domingos Terra Filho | Dorival Lima Terra | Douglas Veit | Edgar Blanco | Eduarda Bañolas | Eduardo Banzato | Eduardo Fleischauer | Eduardo Vinicius Berti | Elisandro Vargas | Emerson de Castro | Émerson Smaniotto | Enio Coelho | Esdânio Nilton Pereira | Eugenio Dantas Sartori | Evandro Bombana | Everton Stankiewicz | Fabiane Bircke | Fábio Luiz de Souza | Equipe da Farmácia Palhano | Felipe Homem | Felipe Nardi | Felipe Rad | Felipe Trindade Machado | Fernado Guerra | Fernando Tesser | Fernando Waltrick | Flávio Augusto Meirelles | Flávio Bicca | Flávio Bopp | Flávio Liz | Flávio Martins | Francisco Matsumura | Francisco Rad | Francisco Santos | Gerald Moser | Gerson Fernandes dos Santos | Gilberto Blatt | Gilberto da Costa Rodrigues | Gilvane Telles | Giovanna Zoppas Pierezan | Gustavo Severo Borba | Helbert Bello Flores | Helio

DEDICATÓRIA

Dahmer | Henrique Stoffels | Hildebrando Maia | Iara Gama Rad | Ingomar Reinoldo Goltz | Irani Felicio Bueno | Isabel Brum | Isabel Cristina Pacheco Van Der Sand | Isabella Bañolas Maluf | Iuri Schmelling | Ivan Renner | Jaci Delazeri | Jaciara Castilhos | Jácome Barbosa | Jaime José Vergani | Jane Regina Mathias | Jean Henrique Nurkim | Jéferson Escobar | Jerônimo Dutra | João Bittencourt | João Almeida | Joao Augusto Cavallazzi Mendonça | João Caberlon | Jorge Chamun Cigana | Jorge Frederico Bündchen | José Edinilson Valim | José Gerbase Filho | José Inacio Rad | Jürgen Hübbe | Juliana Maciel | Juliano Silva | Júlio Pandolfo | Junico Antunes | Kirk Zylstra | Laura Formentin | Lea De Luca | Leandro Kruel | Lélia Conceição Campara | Lenicio Lima | Leodir Senger | Leonardo Bon | Leonardo Pierozan | Leonidas Funck | Linneu Beheregaray Silva | Luciane Brum | Luciano Luft | Luciano Wagner | Lucidio Luckemeyer | Luis Bittencourt | Luis Afonso Costa da Silva | Luiz Alberto Moreira da Silva | Luiz Antônio Slongo | Luiz H. DeNardi | Luiz Henrique Pantaleão | Luiz Larré Leite | Luiz Paulo Hauth | Marcelo Cordeiro | Marcelo Couto e Silva | Marcelo Didonet Nery | Marcelo Izukawa | Marcelo Klippel | Marcelo Moutinho | Marcelo Paesi | Marcelo Steppacher | Márcia Luckemeyer Bañolas | Marco Aurélio da Silva | Marco Borges | Marco dos Reis | Marco Pace | Marco Scherer | Marco Silva | Marco Zang | Marcos Pohlmann | Marcus Vinicius | Mari Almeida | Maria Honorina Gama | Maria Marlene Sauter Voges | Marlon Kaster Portelinha | Mauricio Hentges | Mauro Abreu Camargo | Maximo Lacava | Michael Cunha | Michel Baudin | Moisés Silveira Menezes | Murilo Nuernberg | Nadiesca Casarin | Nadir Silva | Nair Martinez | Naira Cigana | Nanci Faria | Nery Bitencourt | Nilto Scapin | Nivaldo Coelho | Nizane Schmitz | Odacir Pereira Garcia | Odegar Bañolas Neto | Odegar Bevilacqua Bañolas | Oscar Celada | Otoniel Rodrigues | Paula Bañolas | Paula Cruz Pescador | Paulo Barcellos | Paulo Borba | Paulo Feilstrecker | Paulo Ghinato | Paulo Gilberto Oliveira | Paulo Holtrup | Paulo Sergio Pereira | Paulo Vaz | Paulo Wailkamp | Rafael Nascimento Bañolas | Rafael Pieretti | Rafael Torres | Régis Tiecher | Renata Castelo Branco | Renato Jacques | Renato Nunes | Reni Antônio Rubin | Ribeiro Pires | Ricardo Braga | Ricardo Dahmer | Ricardo Hoerde | Ricardo Meirelles | Roberto Ayub | Roberto Calvo | Roberto Puerari | Rodrigo da Silveira Souto | Rodrigo Paesi | Rodrigo Pinto | Rogério Daniel da Silva | Ronald Ballou | Rossano Noronha | Rui Thomas Sápiras | Sabriane De Antoni | Samuel Obara | Sejalmo Sebastião de Paula Nery | Sérgio Arend | Shirley Simão | Siegfried Koeln | Sigisfredo Hoeppers | Silvio Luiz Alvim | Solange Neves | Susana Gonçalves | Tetsuo Taira | Themis Carvalho | Valdecir Guzzo | Valdemar Ferrão | Valdir Lückemeyer | Valtencir Bergmann | Vanessa Weinem | Victor Magalhães | Vitor Hugo Martins Resende | Vitor Kauer | Vivian Northfleet Koelln | Viviane Soares | Volney Dadalt | Wagner Covos | Walter Minuzzi | Wilson Andrade.

Prefácio

> *Quanto mais você lê, mais coisas você conhece.*
> *Quanto mais você conhece, a mais lugares você irá.*
>
> Dr. Seuss

Esta frase de Dr. Seuss sempre me vem à mente quando leio um livro. Se cada leitura trouxer ao menos um conceito novo, tanto em forma de uma ideia que nunca nos passou pela cabeça quanto em uma perspectiva totalmente diferente da nossa, isso já nos bastaria. Enriqueceríamos como pessoas, e nossas mentes estariam melhor equipadas do que estavam antes da leitura para ponderar o dia a dia de forma mais abrangente.

Em nossas frequentes conferências *lean* em variadas oportunidades, o Rogério me apresentou seu manuscrito e conversamos diversas vezes ao telefone, via *e-mail* e também pessoalmente em minhas idas esporádicas ao Brasil. Ao mesmo tempo, fiquei lisonjeado por escrever este prefácio para o Rogério e percebi nele um entusiasmo genuíno quanto ao tema *lean*, algo que compartilhamos fortemente.

Rogério Bañolas conseguiu, de forma criativa, fazer analogias que ilustram muitos elementos do *lean*, principalmente a mudança, como o próprio título assinala. Quando estamos trilhando a jornada *lean*, nos deparamos com a necessidade de constantes mudanças, sejam elas propositais e planejadas ou muito frequentemente por consequência de problemas que sempre surgem. A transformação vai muito além da mudança física – de um *layout*, ou de um processo, ou de um sistema. Estamos falando de mudanças de comportamento, de paradigmas, de atitudes e certamente de mudanças culturais.

Este livro aborda, por meio de uma história envolvente, as muitas mudanças e seus aspectos, rumo a uma forma *lean* de pensar. Talvez, após esta leitura, você não consiga mais esperar em uma fila sem pensar em como agilizar o atendimento. Talvez você comece a ter ideias de como melhorar o consultório do seu médico. Tomara que você, leitor, tenha novas ideias de como agilizar o atendimento de um banco, de um restaurante, de um órgão público e de onde quer que você se encontre.

Minha pergunta é: para onde você irá com esta nova perspectiva que adquiriu ao finalizar esta leitura?

Les Brown nasceu em um prédio abandonado da Flórida. Foi adotado após seis semanas por uma empregada doméstica humilde e sem escolaridade. Apesar de Les não ter tido o conforto ou educação privilegiada, ele é hoje um autor de livros, um *coach* e um multimilionário que fala para as multidões. Recentemente, durante uma entrevista, ele foi questionado sobre qual seria o lugar mais rico no planeta. Seria o

Oriente Médio com todo o seu petróleo? Ou seria a África do Sul, com tantas minas de diamantes?, Ou seria algum outro país com uma economia emergente? Sua resposta foi rápida e curta: o cemitério.

Mas o que faria do cemitério o lugar mais rico do planeta? Sua resposta foi novamente simples: é no cemitério que estão todos os livros que não foram escritos. É lá que estão todas as canções que nunca foram cantadas. Lá se encontram todas as ideias que nunca foram colocadas em prática. Todos os sonhos que foram esquecidos.

Meus sinceros desejos para que você, ao ler este livro, reflita sobre como ele adicionou algo novo em sua vida. Serão um ou mais conceitos novos? Uma nova forma de pensar? Uma nova ideia?

Lembre-se de que uma nova ideia sempre será nova se nunca for colocada em prática. Lembre-se de que levar uma ideia novinha contigo para o cemitério somente irá enriquecer ainda mais aquele lugar. Você irá perpetuar ainda mais a riqueza do cemitério ou irá fazer parte da *mudança*?

Samuel Obara

Presidente do Honsha.ORG (www.honsha.org), autor do livro *Toyota by Toyota* (Productivity Press, 2012). Consultor com 20 anos de experiência em *lean* trabalhou em empresas Toyota no Japão, Brasil, Estados Unidos e Venezuela. Atualmente, trabalha com empresas de consultorias, institutos educacionais, tais como *Havard* e *Standford* é mestre pelo Technology Management e instrutor de Gerenciamento Estratégico Global para o *California Community College*.

Introdução

A linguagem técnica dificulta o acesso aos conhecimentos fundamentais para as pessoas que desejam melhorar o desempenho e a qualidade de vida no trabalho. Por isso, surgiu a ideia de escrever um livro cujo enredo fosse claro e intuitivo e por meio do qual as pessoas pudessem validar conhecimentos adquiridos. Normalmente, as novidades gerenciais são atrativas, porém difíceis de entender devido aos termos técnicos empregados.

O objetivo deste livro é oferecer uma lógica clara, simples e consistente, livrando-se das palavras complicadas a fim de entender o que é fundamental. Depois, quando o leitor voltar ao jargão profissional, confirmará que há por aí muitas coisas iguais com nomes diferentes, porém distinguirá o que é importante e o que é desnecessário.

Mais importante ainda é formular a questão tangenciada pelo texto:

Como e *por que* poucas empresas atingem o nível da excelência nas operações e somente algumas pessoas se aperfeiçoam a partir de seu trabalho?

Sem a pretensão de se aprofundar no tema, a logística enxuta é o pano de fundo da narrativa. Futuramente haverá respostas completas para as perguntas: o que é logística enxuta e quais são seus benefícios? Como se dá a transformação para uma organização enxuta?

Meu interesse pela prática enxuta surgiu no trabalho. Dentre outros conhecimentos – tais como: planejamento, programação e controle das operações; gerenciamento de operações; qualidade total – a opção pelo *lean* é uma escolha natural por sua afinidade com a prática, a simplicidade e os resultados.

Não se compreende por que as empresas não conseguiram ainda construir um sistema de gerenciamento equivalente ou melhor do que o da Toyota. Apesar do sucesso da Toyota – origem do Sistema Toyota de Produção e precursora do *lean* – ser amplamente conhecido, poucas empresas alcançam tal nível de desempenho.

Como pode uma organização composta de pessoas comuns, e de bons líderes, sair de um patamar de desempenho e aprendizagem medianos e alcançar um nível de desempenho superior?

Evidentemente, esta é uma questão muito complexa para ser respondida, mas nada impede que uma ficção de aproximadamente 300 páginas tente fazê-lo. De certo modo, ficção é ciência: a lógica do enredo pode ser invalidada quando comparada com a realidade.* Não se pode anular a crença de que o vermelho é mais bonito que

---

* Karl Popper, fundamentalmente, considera ciência as formulações que podem ser refutadas. Popper abre as possibilidades da ciência ao rejeitar a limitação do indutivismo, que restringe a ciência ao território do comprovável.

o azul. Mas se pode invalidar a hipótese de que, sob determinadas condições, uma empresa é competitiva. Nesse sentido, "ficção é ciência". Uma nova realidade pode ser construída, a partir da ficção, se experimentarmos novas soluções para nossos problemas. É a experiência que mostra se o planejamento é bom. Se o plano der certo, é válido. Se der errado, não é válido ou foi mal executado. Adicionalmente, é a prática que nos permite melhorar a realidade a partir de suas causas e consequências.

Talvez, como tenho observado, o mais difícil seja enxergar o que é fundamental, o que é realmente importante. É questão de prática e habilidade. Por isso, minha expectativa é um pouco maior do que a compreensão de uma determinada realidade. Espero que o leitor coloque em prática e aprenda com neste livro. Seria uma imensa satisfação saber que alguém questionou a realidade, com base neste livro, e pôs em prática novos conhecimentos. Quero deixar claro que não é só o sucesso do leitor que me deixaria feliz. Tenho repetido com insistência que não errar é um mau sinal, pois indica que não se está tentando o suficiente. Penso que costumamos analisar muitos casos de sucesso e poucos casos de insucesso. Esses últimos têm mais a nos ensinar. Aliás, o conceito de aprendizagem que mais me atrai diz que o aprendizado ocorre quando o "erro" é detectado e corrigido. Parece óbvio: quem não "enxerga" o erro não o corrige intencionalmente.

A princípio, tentei redigir um livro que oferecesse respostas. Depois, dei-me conta de que um livro assim seria muito extenso e não teria tanto valor quanto um livro que se propõe a fazer pensar. Fórmulas prontas não ensinam tanto. Espero ter conseguido. Este livro é um convite à prática e às pessoas que querem melhorar a sua vida pessoal através do seu trabalho – e vice-versa – e presentear o ambiente de trabalho, onde se passa mais da metade da vida, com sua transformação pessoal. Particularmente aos profissionais de logística, convido-os a somar esforços para desenvolver uma disciplina emergente: a *logística enxuta*. Redefini alguns termos conhecidos (p.ex.: perda por movimentação, continuidade de melhorias como critério para perdas, etc.). Portanto, é necessário interpretar o texto conforme as redefinições feitas aqui. Para quem quiser explorar mais profundamente a logística enxuta, alguns textos podem ser baixados do *site* www.prolean.com.br.

Finalmente, o principal é a *pessoa*. *As pessoas* são *mais importantes* quando o discurso "as pessoas são os recursos mais importantes" é efetivamente colocado em prática. Nós somos mais importantes do que técnicas, métodos, ferramentas e sistemas. Os instrumentos que construímos deveriam facilitar a comunicação e o aprendizado, porque tudo, na construção humana, começa *com* as pessoas e deveria ser *para* as pessoas.

Boa leitura e sucesso!
Rogério Garcia Bañolas

ZEN

Na noite calma de verão, a família Tamagna estava reunida à mesa de jantar. As vozes se sobrepunham ao silêncio da rua. Flávia, a filha mais jovem, foi a última a sentar. Falava alto, quase gritando, em contraste com os irmãos e pais que falavam baixo.

– Fale mais baixo, por favor – pediu Laura.

Enquanto Ricardo sorvia um gole de vinho, Diego elogiava as jogadas do clube espanhol F. C. Barcelona:

– O Barça segura a bola no meio campo até que apareça Villa pela esquerda ou Messi com dois ou três dribles invada a área e chute a gol. É um timaço! Fiz um gol 'a la Messi' ontem – regojizou-se Diego no auge dos seus 20 anos – dei um toque para a esquerda e outro toque rápido para a direita, tirei dois zagueiros. Logo, veio o carrinho do último defensor que ficou no chão quando dei mais um toque para a direita. O goleiro saiu e dei um toque por cobertura. Gol! Na gaveta!

Mal Flávia acabara de sentar e Ana perguntou:

– Por acaso, você pegou meu *gloss* sem pedir?

– Não – respondeu Flávia. – Eu sempre peço.

– Ah! Essa é boa! Sempre?!

– Não comecem meninas – advertiu Laura. – Na verdade, vocês duas costumavam pegar minha maquiagem sem pedir. Mas isso não é assunto para agora. Depois falaremos sobre isso e sobre manter as coisas no lugar.

Seguiu-se uma pequena discussão entre Ana e Flávia, que foi interrompida por Ricardo:

– Como está teu *backhand*, Flávia? O que diz a professora de tênis?

– Pai, não é da tua conta! Já disse para parar de me chatear.

– Respeita teu pai, Flávia! Não custa responder a pergunta. Custa? Diga, como está indo no tênis?

– Bem – disse Flávia, decidida a encerrar a conversa.

– Isso é que é moleza! A vida dela é tênis, dança e *internet*. Nem estudar ela precisa – começou Ana. – Enquanto isso, eu tenho pilhas de livros para ler.

– Quem decidiu pelo curso de engenharia foi você, Ana. Agora não reclama. Se fizesse administração como eu – disse Diego – não precisaria estudar tanto cálculo, que não vai usar no futuro.

– São situações similares por um lado e diferentes por outro. Na administração, Diego, se você se limitar ao que é ensinado em aula, vai ser um mau profissional, assim como na engenharia, Ana, se você ignorar o cálculo. O que é diferente é que a engenharia de produção desenvolve uma visão dinâmica da realidade. A administração desenvolve uma visão das organizações e de negócios. Acho que, no futuro, vocês deveriam trocar algumas leituras e ideias. É um conselho de pai para filhos.

– Acho que Diego e Ana deveriam conversar mais, AGORA. Não precisa esperar o futuro – alfinetou Laura olhando para Ricardo. – Por falar nisso, pessoal, vamos colocar *já* os pratos na mesa? Ajudem aqui meninas! Ricardo, você esqueceu os guardanapos! Diego, traga o sacarrolhas para a mesa.

Todos se serviram. A sopa estava ótima. Não combinava muito com o calor que fazia lá fora, mas estava ótima. O tilintar das colheres no prato pontuava as conversas. Falaram sobre amenidades por algum tempo até que Flávia perguntou:

– Pai, você já viu o *e-mail* que te enviei? É sobre o intercâmbio estudantil na França.

– Ainda não tive tempo, Flávia! Assim que puder irei ler e vamos, eu e tua mãe, conversar sobre o assunto.

– O mano e a mana já fizeram intercâmbio.

– Se você estiver indo bem em casa, principalmente mostrando educação e respeito na escola, e se pudermos pagar, você irá.

"Certamente poderemos pagar. Antes não poderíamos", pensou Ricardo. "Foram difíceis os últimos anos. Especialmente o último ano de trabalho na fábrica de motocicletas e o primeiro ano de trabalho na gráfica. Pouco tempo dedicado à família. O primeiro desses dois anos, pelo trabalho estressante na montadora de motocicletas. O intervalo entre os dois empregos, pelo aperto financeiro. O primeiro ano na gráfica não foi fácil por causa da excessiva carga de trabalho. Após minha saída da montadora, o dinheiro foi minguando e, não fosse pela renda da Laura, não teríamos mantido a casa e a educação das crianças. O pai não pode agora, era a minha resposta: ora por não ter dinheiro, ora por estar trabalhando. Agora tenho convivido bastante com todos. Hora do jantar é hora de jantar. Desligo o computador na hora: o trabalho pode esperar!"

"Não falta dinheiro para pagar o intercâmbio. Deve custar aproximadamente € 6.000,00. É parcelado e tenho reservas. Mas é melhor pensar bem antes de dar uma resposta para Flávia. Esse tempo de espera é importante para ela perceber que as coisas não são tão fáceis na vida! Ela foi a que menos percebeu as dificuldades pelas quais passamos – porque dávamos sempre um jeito – e ela tinha apenas 11 anos. Eu evitava entrar em lojas e supermercados para não ter de gastar. Pior era o mal-estar ao dizer repetidamente "não dá". Se fosse hoje, teria dito 'não' sem qualquer culpa: muitos dos pedidos eram coisas desnecessárias. Diego já tinha espírito independente e pouco pedia. Eu sentia que Ana evitava pedir. Laura não me cobrava, pois sabia que eu estava tentando ganhar dinheiro. *Nada* tenho a reclamar deles. Pelo contrário, só a agradecer. Dizer *não* hoje é mais uma questão educativa do que financeira. Afinal, é uma família com ambições razoáveis. Será?"

– Ah! E, depois, quero conhecer os Estados Unidos – insistia Flávia.

– Vamos devagar. Lembra do que eu te disse.

– Já sei! Tá bom! Que chato! 'PENSA G--R--A--N--D--E, MAS DÁ UUMMMMM PASSO POR VEZ' – disse imitando o pai e emendou – 'quem anda devagar é tartaruga'!

Todos riram de Flávia, que tinha dessas tiradas de vez em quando. Só Laura pareceu ter levado a sério:

– A tartaruga, às vezes, chega antes do que a lebre – disse fazendo uma breve pausa. – Na última viagem internacional, teu pai cedeu para que nós todos viajássemos juntos. Agora...

– Isso mesmo, Laura. Desta vez eu quero ir com você à Espanha, assistir a um jogo do Barça no Camp Nou e conhecer o país de onde veio minha família – Ricardo riu acrescentando. – Não necessariamente numa só viagem.

Depois que todos saíram da mesa, Ricardo tirou da sua carteira um papel com anotações sobre os resultados da empresa. Pegou um guardanapo e transcreveu o resumo dos resultados do primeiro ano de trabalho na gráfica. Em termos de retorno sobre ativos (RSA), a situação no ano anterior era a seguinte: se alguém fosse comprar a fábrica, receberia anualmente menos de 5,5% do dinheiro investido! Depois das melhorias feitas em um ano, o investidor receberia mais de 18% do que investiu. Claro, era uma fábrica "antiga" – os ativos tinham sido, na sua maioria, contabilmente depreciados. A rentabilidade e a margem bruta haviam triplicado. O caixa – embora tenha ficado negativo nos primeiros meses devido ao aumento de produção – melhorou substancialmente. Nada mal! Aliás, os resultados foram bons!

Largou a caneta e ficou olhando para o guardanapo rabiscado:

	GRÁFICA	
	Antes	Depois
MARGEM BRUTA	R$ 497.856,52	R$ 1.423.805,57
RSA (margem percentual anual vezes giro de ativos)	5,45%	18,40%
Caixa	R$ 89.657,43	R$ 1.002.404,64

Sorveu um largo gole de vinho. Colocou a taça vazia na mesa e deu um sorriso indisfarçável. Depois, riu baixinho. Riu mais alto.

Não se conteve:

– Iurru! Iarrará!

– O que é isso, Ricardo? Estás ficando doido! Já não basta falar sozinho, agora deu para gritar – falou Laura da cozinha. – Seu louco!

– Nada, nada.. Lembrei de uma piada – disfarçou enquanto amassava o guardanapo. – Sabe como se contrata um consultor?

– Não!

– Coloque uma pilha de tijolos numa sala. Tranque lá dentro um grupo de pessoas. Volte lá depois de 2 horas – Ricardo fez uma pausa intencional.

– E daí?

– Aqueles que estiverem "ensinando" aos outros como se constrói uma parede, mas não sabem o que é um tijolo, contrate-os como consultores.

Gargalhadas.

– E o pior é que os engenheiros estão convencidos de que consultores têm que conhecer o material, a resistência dos tijolos e como são feitos.

Mais gargalhadas.

Do andar de cima, Diego, Ana e Flávia, preparando-se para o dia seguinte, ouviam as risadas.

1

– Laura, vou levar o carro para lavar – gritou Ricardo da garagem.

Era um BMW chumbo-metálico. O cheiro do estofamento de couro causava uma sensação de realização. Automóvel novo em folha.

O serviço de lavagem era modesto. Três ou quatro funcionários se revezavam nas atividades. Primeiro, o automóvel era recebido no meio do pátio, ficava na área de espera de recebimento e ia para a rampa de lavagem. Depois, descia a rampa, os tapetes eram retirados e lavados, o carro era aspirado, seco com pano e, finalmente, era aplicada a cera protetora.

Aquela moça com calças *jeans* rasgadas na altura do joelho e um pano metade colocado no bolso detrás devia ser a gerente. Suava, corria de um lado para outro.

– Aguarde um minuto, senhor – disse.

A carona para casa após combinar o tipo de lavagem e, depois, a entrega do carro eram benefícios apreciados por Ricardo. É o que se chama de valor agregado ao cliente. O carro ficava limpo (já tentara outro serviço de lavagem com aparência melhor, mas o serviço não agradou). Havia o conforto de receber o carro em casa. E o preço era bom.

Enquanto esperava, olhou para a moça e, por alguma razão, imaginou-a bem vestida, maquiada, cabelos bem penteados e usando joias. Essa visão não combinava com o rosto vermelho, gestos rápidos e com a voz forte orientando os funcionários.

Definitivamente, a moça não era assim. Era bonita.

"O serviço poderia ser melhor", pensou Ricardo. Ricardo olhou para a rampa no canto do pátio e imaginou um portão por onde os carros entrariam – haveria um espaço delimitado antes da rampa. Os automóveis ficariam na sequência de lavagem, de modo a diminuir perda de tempo e esforço.

Em vez disso os carros estão espalhados aleatoriamente no pátio conforme o espaço encontrado: qual a distância que essa moça e seus funcionários percorrem no pátio desnecessariamente?

Se, além disso, houvesse uma saída ampla em vez de um único portão, os carros poderiam ser entregues aos donos – que chegavam aleatoriamente para buscar seus carros – em qualquer sequência sem precisar manobrar (Ricardo viu um funcionário parar o que estava fazendo para tirar um automóvel que obstruía o caminho). Que desperdício, que esforço desnecessário!

Ver **Apêndice A-11.**

Imaginou os automóveis fluindo pelo novo *layout*.

> Ver figura no **Apêndice A-12**.

Quando um automóvel pronto deixasse a área de espera de entrega, os dois funcionários trabalhariam conjuntamente no próximo automóvel da fila. Não aconteceria mais o que Ricardo estava vendo: três carros incompletos e os dois funcionários trabalhando separadamente em dois automóveis. Isso acontecia porque um funcionário tinha terminado suas tarefas em dois automóveis e começava a trabalhar no terceiro, enquanto o outro ainda não conseguira terminar o primeiro automóvel.

Se os funcionários sincronizassem suas atividades, o tempo de entrega de cada carro diminuiria. Os dois estariam trabalhando continuamente nas tarefas necessárias para terminar um automóvel. Terminariam um carro por vez. Esse carro ficaria pronto em menos tempo. Essa seria a primeira melhoria (sincronizar e fazer um carro por vez) e não seria necessário mudar o *layout*. O lavador ajudaria os outros a terminar os carros incompletos. A carga de trabalho seria dividida entre eles e seria produzido mais, em menos tempo, com menos esforço. A renda da lavagem aumentaria, pois seriam lavados mais carros por hora.

E o tempo passando... e nada de vir alguém para dar carona. Teria de ser um dos dois funcionários, mas estavam muito ocupados. Era uma tarde ensolarada de sábado após um longo período de chuva. As pessoas aproveitavam seu dia de folga para lavar seus automóveis. Havia muito trabalho para fazer, e a moça continuava a limpeza da parte interna do terceiro automóvel após atender a um cliente.

Ricardo entendeu, pensou em ajudar. Perguntou onde estacionaria seu carro, pois iria a pé – afinal era um dia perfeito para uma caminhada.

No caminho de saída, falou com a moça. Pensou em sugerir algo, mas ela olhava para os lados avaliando o que deveria ser feito imediatamente depois. Desistiu.

> **Fundamental para qualquer negócio:**
> - agregar valor para o cliente;
> - reduzir desperdícios (perdas);
> - melhorar fluxo de trabalho e de materiais.

Tentara outras vezes dar dicas de como melhorar o fluxo de trabalho para donos e gerentes de restaurantes, hotéis, barbearias e escritórios de advocacia. Mas essas conversas – inconsequentes – caíam no vazio e, logo depois, ele se sentia meio ridículo por não ter sido levado a sério.

Desperdiçando muita energia, a moça – a seu modo – tentava dar algum fluxo ao trabalho.

Durante a caminhada, Ricardo questionava-se: "Por que normalmente as pessoas não tentam melhorar contínua e sistematicamente? E por que, quando fazem, as melhorias tendem a não se sustentar no longo prazo?"

Talvez porque não enxerguem os benefícios. Talvez porque não enxerguem fluxos. Talvez porque não tenham internalizado o desejo por melhorias a ponto de se tornar uma rotina pessoal. E, certamente, porque *não enxergam* completamente *valor* e *desperdício* (perdas). Por isso não medem as perdas e não eliminam as tarefas desnecessárias.

Por outro lado, os engenheiros tipicamente perdem-se em detalhes ao buscar precisão e mais dados do que o necessário. Os primeiros passos de melhoria não precisam de medições exaustivas. Bastaria perguntar à moça quanto tempo demoram as principais atividades e estimar os tempos perdidos e as distâncias percorridas desnecessariamente.

"O dia está realmente lindo" pensou, enchendo os pulmões de ar, passos lentos. "Chega! Sábado, e eu pensando em trabalho! Não, não! É que eu não posso deixar de enxergar", pensou Ricardo frustrado por não ter sugerido algo à moça. "Talvez eu devesse escrever um livro", divagou.

Muitas mudanças tinham afetado Ricardo e sua família até aqui. Apesar disso, um ano antes, a vida parecia transcorrer normalmente.

2

Apesar do céu encoberto, o dia prometia ser bonito. Era o início de uma manhã de outono, chuvosa, mas com frio ameno. O trânsito, contudo, estava sofrível. Os automóveis faziam um contínuo anda e para. E era evidente a irritação dos motoristas.

Há 10 anos, já era previsto que essa rodovia não daria conta do intenso fluxo de veículos. Entediado, Ricardo alternava a estação do rádio entre noticiário e música.

"Aparentemente, não há razão para eu estar feliz, mas estou. Há meia hora, eu saí de casa em direção ao trabalho. Um dia normal. Acordei cedo, como de costume, e tomei meu café. Logo depois, as 'crianças' e a mulher despertaram. Ao passar pelo quarto das 'crianças', dei bom dia e tratei de pegar minhas anotações para a reunião. Mais tarde, Flávia, a filha mais nova, reclamava que queria uma bota nova e tinha de ser 'casualmente' igual à de uma colega da escola. Diego, o filho mais velho implicava com Ana sobre sua nota em Cálculo. Laura, minha esposa, tentava equilibrar o pouco tempo disponível entre preparar o café, amenizar as provocações entre Diego e Ana e conversar com Flávia sobre a real necessidade de comprar um calçado novo. Era impressionante para mim a quantidade de atividades paralelas que Laura conseguia fazer todas as manhãs, antes de sairmos", pensou Ricardo.

Um motorista apressado cortou a frente de Ricardo. Antes, Ricardo pôde ver um rosto no retrovisor vociferando algo. Ficou satisfeito ao se dar conta de que não se irritara nem revidara as prováveis ofensas do motorista agora à frente do seu automóvel. Limitou-se a acompanhar a música que tocava. Ficou absorto nos seus pensamentos sobre a reunião até chegar ao distrito industrial de Prado.

Prado era uma cidade industrial de aproximadamente 500 mil habitantes, que sediava muitas empresas. Havia ali fábricas de móveis, máquinas operatrizes, artefatos de borracha, metalúrgicas e fábricas de embalagens. Para chegar à gráfica era preciso passar por alguns bairros. Aos poucos, a cidade ia construindo mais e mais prédios que ocupavam terrenos onde antes havia casas. As áreas verdes eram menores hoje do que há uma década. À medida que o tempo passava, a cidade avançava em direção à zona rural – os sítios davam lugar a loteamentos, os bosques das grandes escolas eram substituídos por salas de aula e as pequenas velhas casas eram destruídas e aparecia um prédio comercial em seu lugar.

Próximo ao centro da cidade, havia uma multiplicidade de painéis indicando logotipos e números de telefone das empresas. A maioria delas era comércio: farmácias, papelarias, padarias, postos de combustível e *pet shops*. Mesmo dirigindo a uma velocidade baixa seria difícil encontrar uma empresa específica, tal era a concentração desses pequenos estabelecimentos. Próximo à fábrica, as empresas ocupavam áreas maiores. Os prédios eram mais sóbrios e mais distantes da avenida.

Quem passasse na frente da fábrica provavelmente não perceberia que ali trabalhavam 300 pessoas produzindo livros. A fachada ficava escondida por três filas de pinheiros, ao contrário das empresas novas do distrito industrial da cidade de Prado. Nessas, o prédio principal ficava normalmente no alto e no centro de um amplo gramado.

A administração ficava logo depois da recepção. Era um prédio de tijolo à vista. Não se notavam variações na cor nem na limpeza dos tijolos, e isso causava boa impressão em Ricardo.

– Bom dia, Sr. Ricardo, a reunião está marcada para 9 horas – avisou a recepcionista.

> Há, no ambiente humano, alguma 'construção' que não tenha sido pensada consciente ou inconscientemente?

Os escritórios e salas da administração eram impecáveis. Nos salões com muitos funcionários, havia mesas em "L" com o monitor na extremidade menor da mesa. Nos escritórios, havia mesas maiores do que estas, e as cadeiras tinham encosto mais alto. Havia um padrão, de forma que os móveis e as cores dos ambientes pareciam ter sido escolhidos criteriosamente. Provavelmente, a troca de modelo de um móvel implicaria na troca de todos os móveis de acordo com o padrão.

O escritório de Ricardo não era diferente. Era bem organizado. A mesa estava limpa, sem papéis sobre ela. Abriu a pasta e tirou as anotações para a reunião. Intrigado, especulou mentalmente sobre a reunião: "Do que trataria? Será que o progresso atingido até aqui não tinha sido suficiente? O que será que Jorge – o dono da empresa – queria?"

Sem saber a pauta da reunião, havia preparado uma análise sobre a evolução da produtividade, da qualidade e dos prazos das áreas de distribuição e de suprimentos. Eram bons resultados, mas nessas reuniões inesperadas sempre surge alguma novidade.

Achou que seria o primeiro a chegar à reunião, mas lá já estava o dono da empresa:

– Bom dia, Sr. Jorge! Ué, só nós para a reunião?

> Será que são os assuntos desconfortáveis que fazem que as reuniões tendam a tratar dos assuntos menos importantes?

– Bom dia! É, temos de tomar uma decisão!

– Achei que fôssemos falar sobre os resultados desse mês e...

– Também falaremos sobre isso – interrompeu Jorge.

"Se esse não é o assunto principal... qual será?", pensou Ricardo. Algumas lembranças desagradáveis invadiram, num instante, seus pensamentos. Uma delas, em particular, era a de seu chefe, na empresa em que trabalhara antes, perguntando por que Ricardo tinha ficado tanto tempo na fábrica, e ele lembrou-se da desconfiança eterna e do mal-estar que isso causava. Afinal, naquela empresa, que lhe havia custado qualidade de vida, ele se esforçara demais para resolver problemas que nem eram da sua área. A manutenção tinha sérios problemas, e os compressores quebravam frequentemente. E seu chefe, controlando os horários, queria saber – que diabos! – o que ele, gerente de produção, tinha ido fazer ali tão cedo... Sequer quis saber do problema dos compressores. Muito menos o *seu chefe* imaginaria que, quando tocou o telefone, Ricardo havia pulado da cama sob os protestos da Laura: "Isso são horas de ir trabalhar? Já é a terceira vez em dois meses".

– Acho que vai gostar de saber... são boas notícias – continuou Jorge, enquanto os pensamentos negativos se dissipavam da mente de Ricardo. Você gostou do trabalho do grupo de melhorias da produção?

– Claro, fui indicado pelo senhor para participar do grupo. Eu, mesmo não sendo da produção, gostei muito do trabalho.

Na verdade, Miguel, gerente de produção, não gostara da ideia de uma pessoa da área de logística participar de um trabalho de produção. As primeiras sugestões de Ricardo eram respondidas com "isso não vai funcionar", "logística é diferente de produção", etc. De fato, pensou Ricardo "logística e produção têm naturezas diferentes, mas há muitas coisas em comum. Saber diferenciá-las e utilizá-las no momento certo dá resultados, como comprovamos nesse trabalho em grupo."

– A princípio, não fiquei confortável com aquela conversa de "parar a máquina quando não estiver agregando valor" – interpôs Jorge.

Enquanto falava, Jorge recordava como Ricardo insistia na ideia de parar as máquinas: "Ricardo é um chato, é repetitivo demais", pensava. Além disso, Arnaldo, o gerente financeiro, concordava: "Seu Jorge, o senhor tem toda razão", ele dizia. Segundo Arnaldo, os custos subiriam. Arnaldo veio mostrar para Jorge tão logo as planilhas exibiram piores resultados em determinados centros de custos. "É lógico", disse Arnaldo, que teria de produzir mais para que os custos de produção fossem "absorvidos". Naquela hora, Jorge chegou a duvidar que a contratação de Ricardo tinha sido uma boa decisão. O curioso de tudo isso é que Miguel ajudou Ricardo, quando sua intenção era exatamente o contrário: "Jorge, eu disse que ia dar problema. O custo aumentou em 15% no centro das dobradeiras. E o pior é que agora as perdas de cadernos dobrados estão maiores, pois tenho visto muitos cadernos no chão, sujos e, logicamente, inutilizados." Naquele instante, Jorge olhou para o gráfico de perdas das dobradeiras à sua frente e viu que as perdas tinham caído 8% desde o início do trabalho. Jorge ficou intrigado: como pode ter aumentado o custo se a produção aumentou e se as horas extras e as perdas diminuíram?

Foi essa dúvida plantada por Miguel que livrou Ricardo Tamagna do pior. Havia algum sentido nas ideias de Ricardo: o custo deveria ter diminuído! Se as perdas caíram com todo o resto estando igual, o problema só poderia ser a apuração dos custos.

– Talvez, Sr. Jorge, eu tenha sido muito provocativo quando afirmei que parar a máquina quando não aumentar a venda global é quase tão importante quanto produzir quando necessário. Além disso, pensei que as pessoas entenderiam o termo produção global. Não expliquei claramente para o grupo que aumentar a produção da dobradeira não implica em aumentar a venda da gráfica como um todo. Eu me faria entender, se explicasse assim.

– Realmente, às vezes você complica as coisas.

> Não havia fato algum para que Ricardo concluísse que Jorge não se esforçava para entendê-lo. Questionar se há fatos que levem a essas conclusões sobre os outros tornam os diálogos mais produtivos?

Mas Ricardo não resistiu ao raciocínio instantâneo: "Ou é você que não se esforça para entender". Contudo, logo em seguida, pensou: "Jorge seria obrigado a entender? Eu poderia ter simplificado a explicação?". E a sua contrariedade em relação a Jorge passou rapidamente. Sorriu e buscou rapidamente outro tema para fugir da discussão:

– Quando não conseguimos nos comunicar de forma simples, Sr. Jorge, é porque não pensamos que a mensagem só faz sentido se for entendida. Aliás, se é possível resolver o problema de forma simples e não o fazemos, complicamos a solução e aí sai mais caro, demora mais e talvez não se resolva o problema. Lembra o caso da inflação brasileira da década de 1980? Todas aquelas teorias econômicas para explicar o fenômeno. Havia muitas explicações, mas era só o Banco Central fazer o que tinha de fazer (parar de emitir moeda para cobrir os gastos exagerados do governo) que a inflação diminuiria.

– É – concordou Jorge, pensando por um minuto. – Mas voltemos ao que interessa. Os resultados apareceram, e quero que o progresso continue. Você quer continuar colaborando?

– Claro! Isso é o que mais quero.

– Então, tenho um convite a fazer, que acho que você vai aceitar.

3

Naquele dia, Ricardo saiu mais cedo da fábrica. Tinha de contar a boa nova para Laura e as crianças. No caminho para casa, planejou que sempre voltaria nesse horário, quando possível. Um pouco antes das 17 horas, o trânsito fluía fácil. O sol começava a se pôr, mostrando-se por baixo das nuvens que, durante o dia, o encobriam.

Durante o trajeto, lembrava de um momento importante do grupo de melhorias da produção. Na terceira reunião, ficou clara a relação entre *lead time*, *estoque*, *fluxo* e *produtividade*. É um pensamento tão arraigado achar que a produtividade aumenta se as máquinas e as pessoas estão produzindo o tempo todo que os gerentes e executivos não percebem que, às vezes, é simplesmente desperdício. Quando a venda não ocorre imediatamente depois de produzir, é perda de tempo e esforço. Os produtos ficam parados no estoque, ocupando espaço, são movimentados para dentro e fora do armazém enquanto poderiam ir direto para o cliente se fossem fabricados um pouco antes do momento necessário. Na verdade, Ricardo via que o grau de dificuldade da discussão sobre produtividade na gráfica era igual ao das discussões anteriores na fábrica de motocicletas, só que atualmente a abordagem dele havia sido mais eficaz. Ele previra a dificuldade que o grupo teria para entender esses tópicos.

> *Parar** um recurso específico (quando não refletirá na saída global) é quase tão importante quanto *utilizar* um recurso quando há demanda!
>
> *Desde que não haja restrições de custo ou restrições técnicas para fazer a parada.

Sabia que Arnaldo, o gerente financeiro, imporia argumentos contrários baseados nos controles de custos. E, mais importante, sabia que esta questão era mais emocional do que racional. Afinal, não seria difícil explicar logicamente as consequências do velho modelo de produtividade baseado na utilização contínua dos recursos. É fácil explicar o porquê dos estoques altos, dos custos desnecessários, do excesso de horas extras, do maior espaço ocupado, da obsolescência dos materiais, da necessidade de mais ativos, da menor flexibilidade para reagir à demanda, etc.

Contudo, antes do exercício lógico, se impunham questões emocionais das quais as pessoas, inclusive Ricardo, não se davam conta. Quanto mais ele insistisse em argumentar a favor da redução de estoques, mais as pessoas ficariam propensas a defender sua posição ("se o estoque diminuir, a produtividade vai cair, pois vai faltar trabalho para as máquinas", diriam).

> Num diálogo, afirmações frequentemente geram reações contrárias. Perguntas incitam à reflexão. Afirmações paralisam. Perguntas mobilizam e agregam as pessoas em torno da solução do problema.

Quanto mais se mantivesse firme na sua posição, Ricardo sabia que mais contrariedade haveria. À medida que a discussão avançasse, mais comprometido cada um ficaria com seus próprios argumentos e aquilo viraria uma questão de orgulho. Seria uma questão de honra 'vencer'* a discussão, o que resultaria em ressentimentos e em maiores dificuldades para abordar o mesmo assunto dali em diante. A lição que Ricardo aprendera ao longo desses anos é que sempre há questões emocionais envolvidas. Dificilmente, pensava ele, a lógica pura consegue transpor a barreira emocional.

Contudo, desta vez foi diferente. Foi buscando as preocupações genuínas do grupo que o assunto avançou. Agora ele percebia que o receio das pessoas era importante. Toda vez que havia uma parada na produção aparecia alguém para cobrar a responsabilidade: "Quem foi o responsável pela parada da fábrica?" Era uma questão delicada! O suposto 'culpado' ficava exposto a uma situação desagradável. Então, foi explorando hipóteses sobre situações favoráveis que o trabalho em grupo começou a evoluir. Eram hipóteses construídas sobre a premissa de que os estoques em processo diminuiriam e não haveria paradas na produção. As pessoas normalmente têm 'medo' de reduzir estoques porque pressupõem que, fazendo isso, a produção para. Foi uma questão de fazer as perguntas certas, nos momentos certos e de saber inverter o comportamento 'eu proponho-você opõe'. Sempre que alguma sugestão de Ricardo encontrava as primeiras contrariedades, ele questionava o grupo sobre o que poderia fazer para achar a solução. Isso mobilizava as pessoas.

---

* ARGYRIS, C. *Reasons and Racionalization*: the limits to organizational knowledge. New York: Oxford University, 2004.

Algumas respostas até chegaram a surpreendê-lo, pois eram realmente criativas. Assim, quando começaram a surgir sugestões e estas foram acatadas por todos, os integrantes do grupo de melhorias da produção gradualmente aceitaram os pequenos riscos de experimentar novas formas de fazer as coisas. Exceto Miguel, que normalmente se opunha. É preciso ter certeza de que todos entenderam para, somente depois, remover a insegurança relativa à mudança. Além disso, normalmente as pessoas precisam ver com os próprios olhos para acreditar. Então, o grupo decidiu começar com um experimento. Não foi fácil, mas foi o suficiente para iniciar no caminho em direção às melhorias na gráfica.

4

Fora ainda no seu emprego anterior, na montadora de motocicletas, que Ricardo começou a entender as questões fundamentais ligadas à logística. Na verdade, foi fora da fábrica que compreendeu a natureza dos fluxos na logística e o seu impacto no desempenho da empresa.

Ele estava a caminho do trabalho, finalmente se movendo após um longo tempo parado no tráfego. Sua impaciência aumentava, pois duas preocupações dominavam seu pensamento: as entregas atrasadas da fábrica e o trânsito lento.

Era sexta-feira, final de mês, e Ricardo já imaginava o dia cansativo que teria pela frente. Estariam todos atentos às entregas e à meta de faturamento. As pessoas estariam correndo neste dia, mais do que em qualquer outro dia do mês. Na verdade, havia dias em que metade do tempo era ocioso, o que causava nele uma profunda irritação. Enquanto refletia sobre essas questões, o trânsito novamente parara. Ricardo não sabia se foram 5 ou 15 minutos, mas lhe pareceu uma eternidade. Certamente chegaria atrasado. Todos ali naquela fila estavam com pressa.

– Logo hoje que tenho centenas de coisas para fazer – disse em voz alta.

A fila de automóveis recomeçara a andar. Os automóveis aceleravam, buscando recuperar o tempo perdido no engarrafamento. O espaço entre cada veículo aumentara um pouco. Em menos de 5 minutos, Ricardo já havia acelerado e freado várias vezes para ajustar a distância entre o seu carro e o que estava à sua frente, a qual se alterava cada vez que mudava a sua velocidade. Mas a sua última freada não foi suficiente: viu a luz do freio e o automóvel à sua frente "crescendo". O que se seguiu foram sons de pneus arrastando e estrondos sucessivos.

Pareceu-lhe que o tempo parou por um instante. Os motoristas aos pares olhavam o estrago que as colisões tinham causado nos seus automóveis. Estranhamente, o motorista à sua frente era o único que não havia saído do carro. O porta-malas do carro dele ficou destruído. Ricardo saiu do carro e caminhou furioso em direção à janela do motorista, e ele continuava lá sentado ao volante. Arrumava os cabelos desgrenhados, alisando-os com as duas mãos. Era uma cabeleira lisa e grisalha.

– Você está bem, filho?

"Que pergunta", pensou Ricardo. "Eu? Bem? A grade e o capô do meu carro estão totalmente danificados. O farol esquerdo pende para o lado. E ele me pergunta se estou bem?" A calma e a preocupação daquele homem com Ricardo, as quais pareciam ser genuínas, desestabilizaram Ricardo. Sentiu-se pequeno, como se tivesse encolhido uns 30 centímetros. A raiva voltou-se contra ele e Ricardo ficou mudo por um instante. Não sabia o que dizer.

– Isso acontece, filho! Parece que você está bem. Eu também! Isso é o que importa. Os carros, nós consertamos. Desculpa, mas não tive como frear suavemente – e continuou falando coisas que Ricardo não lembrava mais, numa voz pausada totalmente em desacordo com o caos que se estabeleceu no trânsito.

Por um segundo, o olhar de Ricardo percorreu a linha de automóveis "engavetados" uns nos outros. Os motoristas discutiam. Uma senhora estava com as mãos na cabeça, num misto de conformação e incredulidade. E Ricardo ali, imóvel. Nesse instante, o mundo não fazia sentido algum para ele.

– Desculpa pelo que houve. Como é seu nome? – perguntou o homem.

– Você tem seguro? – perguntou Ricardo, irritado, ignorando a pergunta do sujeito. Estava desconcertado e confuso pelo pedido de desculpas do homem, que absolutamente não era responsável pelo acidente.

– Aqui está o meu número de telefone. Você quer minha identificação? Passou seu cartão de visitas e se postou atrás do carro, preparando-se para empurrá-lo para o acostamento. Ricardo o ajudou, mas parecia que suas forças tinham sido reduzidas a uma fração. Não lembrava direito, mas achava que o homem já tinha falado com o motorista à frente dele, pois esse senhor foi e voltou várias vezes, sempre demonstrando calma.

Finalmente, depois que os carros acidentados foram retirados da rodovia, tomou um táxi. Entrando no táxi, olhou o cartão de visitas que acabara de receber daquele senhor: Leonardo Senger – esse era o nome dele.

Chegou atrasado à fábrica de motocicletas, depois do horário da reunião diária com seus supervisores. Para ele, a situação na expedição estava um caos. E o que mais o irritou foi ver dois funcionários conversando calmamente no meio daquele corre-corre de pessoas, empilhadeiras e caminhões. A irritação chegou a um nível insuportável.

– O chefe quer falar contigo! Agora! Já ligou três vezes – disse-lhe a secretária.

A partir daí, os eventos que se sucederam foram muitos e tudo ocorreu muito rápido, como numa avalancha.

– Bom dia, Ricardo!

– Bom dia, Hamilton! – disse a contragosto. "Que bom dia que nada", pensou.

– Onde você estava? Não te achei em lugar algum – disse visivelmente irritado. – Temos de atingir a meta de faturamento! Como está indo o embarque?

"Onde você estava, que não o achei? Que pergunta! Eu tenho trabalhado 14 horas por dia, estou sempre aqui. Sempre disponível e pergunta onde eu andava", pensou, mas se limitou a dizer:

– Tive um problema hoje pela manhã...

– Você já sabe que há uma empilhadeira quebrada? – disse ele interrompendo Ricardo, que não tinha a menor disposição de explicar o que tinha acontecido. Estava muito cansado e irritado para falar. E era só o início do dia.

– Eu recém-cheguei. Portanto, estou sabendo agora – disse, sem disfarçar a ironia.

O tom de voz de Hamilton subiu:

– Você não deveria ser o primeiro a saber?

A vontade de Ricardo era de esganá-lo, mas respondeu com o silêncio.

– No mês passado, não havia caminhões em quantidade suficiente. Hoje, não há empilhadeiras – continuou Hamilton.

A irritação tomou de vez conta de Ricardo:

– Quem é responsável pelo desnivelamento das vendas? Eu? Aliás, quem é responsável por estas metas mal estabelecidas?

O homem corou e disparou:

– Vamos deixar uma coisa bem clara: eu estabeleço as metas e você cumpre as metas! Ponto!

Mas Ricardo, descontrolado, continuou seu desabafo:

– Sabe quem é o responsável final por esta situação toda? Você, o gerente-geral. Quando eu falei que as metas tinham de ser comparadas com a capacidade da operação, você não ouviu e agora quer me responsabilizar. Ora, tenha paciência!

E daí em diante a coisa descambou para a troca de farpas, cujo final foi mais ou menos assim:

– Eu já te disse, você jamais terá um sincronismo como eu tenho com o gerente comercial – provocou Hamilton.

– Nunca esperei isso, mesmo! Eu pensava em algo mais inteligente, baseado no profissionalismo.

Essa frase soou como uma bomba. Foi uma ofensa à inteligência de Hamilton. Ao silêncio que se seguiu, Ricardo emendou com certo orgulho e alívio:

– Quer saber do que mais: minha paciência esgotou. E se retirou.

Ricardo saiu para o estacionamento. Não lembrara que o seu automóvel estava na oficina. Chamou um táxi. No caminho para casa, calculou o tamanho do estrago.

5

Contar para Laura foi a parte mais difícil. Ela aceitou com certa resignação a sua demissão. Ricardo contou a história do motorista e do acidente envolvendo seu automóvel e o dele. Ela ficou curiosa: como pode alguém agir calmamente numa situação daquelas?

Na segunda-feira, Leonardo Senger ainda não tinha ligado para Ricardo! E o risco de não ter o carro consertado era somente de Leonardo! Então, pegou o cartão de visitas que Leonardo Senger lhe havia dado e ligou. Decidiram conversar pessoalmente.

Leonardo era um homem grisalho. Devia ter uns 60 anos, mas sua voz parecia de alguém mais jovem:

– Bom dia Sr. Ricardo! Que confusão, aquela de sexta-feira, hein?

– É, nada agradável!

– O pior é que há acidentes todos os dias. O nosso foi pequeno, mas as estatísticas mostram que os acidentes fatais não diminuem.

– É verdade – pensou Ricardo por alguns segundos – mas falemos dos nossos carros.

Leonardo pareceu ter ignorado a intenção de Ricardo resolver logo o assunto:

– Você faz ideia da causa de tantos acidentes?

– Sei lá! – Ricardo respondeu, tentando encerrar a conversa rapidamente. –Imprudência, pressa, falta de manutenção.

– Você já parou para pensar que poderia haver menos acidentes, menos fatalidades, menos estresse, menos gastos com consertos se as pessoas agissem de outra forma?

"Claro que sim! Esse cara não pode ser normal", pensou. "Essa conversa vai levar uma eternidade. Só o que quero é decidir como mandar consertar o carro dele, e ele, que deveria estar interessado nisso, vem com essa conversa. Ora, bolas!"

– Sim.

– Você tem pressa? – perguntou, percebendo a impaciência de Ricardo.

– Na verdade, não tenho muito o que fazer hoje – respondeu com sinceridade.

– Você não trabalha hoje?

Algo na sua forma de falar fez Ricardo responder meio sem pensar:

– Sexta-feira foi meu último dia na empresa. Realmente, aquele não foi um dia dos melhores na minha vida.

– As perdas são difíceis de serem assimiladas – falou com ar paternal.

– Muito difíceis, eu diria.

Para sua decepção, Leonardo mudou abruptamente de assunto. Ricardo sentia uma vontade muito forte de continuar falando. Mas ele começou novamente a falar sobre o trânsito:

– Você já notou que, quando o trânsito está lento, naquele para e anda, não adianta querer andar mais rápido do que a velocidade da fila?

Ricardo não lembrava de ter respondido essa pergunta naquele dia, pois Leonardo começou um longo e calmo discurso sobre como ele procedia nessas situações. Ele procurava sempre manter a velocidade média do tráfego à sua frente. Deixava um espaço suficiente entre ele e o automóvel da frente, tentando manter uma velocidade constante. Então, na maioria das vezes, quando ele quase encostava no carro da frente, este arrancava, acelerava, e o espaço entre eles aumentava novamente. Com esta tática, ele mudava de marcha menos vezes que o restante dos motoristas. Freava menos vezes. Evitava acelerações e desacelerações, ou seja, era menos desgaste para ele e menos consumo de combustível. Dessa forma, era mais barato, menos estressante, oferecia menos risco e chegava exatamente no mesmo horário que chegaria se reagisse como os outros motoristas. A única questão que às vezes o perturbava era a "pressão" do motorista de trás, que vendo um espaço muito grande à frente de Leonardo, ou ficava impaciente e se aproximava muito do para-choque traseiro do seu automóvel a fim de pressioná-lo ou o ultrapassava. Contudo, no dia do acidente, Leonardo se deixou levar pelo nervosismo e começou a reagir como todos os outros. Logo depois de uma dessas "aceleradas", o tráfego parou subitamente e ele, sem tempo para frear, bateu.

– Adianta querer andar mais rápido que a fila? – perguntou novamente.

6

Alguns dias depois, Ricardo viu-se novamente num grande congestionamento: o para e anda parecia inevitável. Ricardo logo se recordou da conversa que tivera com Leonardo. Pensou um pouco e resolveu tentar aquela técnica.

Quando o automóvel da frente acelerava, ele também acelerava. Quando o automóvel à sua frente parava, Ricardo também parava. Lembrou da conversa com Leonardo. Deixou o automóvel da frente andar até que aparecesse um espaço entre os dois. Só depois arrancou. Andou lentamente a uma velocidade constante até achar a velocidade ideal. Quando conseguiu ajustar a sua velocidade à velocidade da fila, aconteceu como Leonardo dissera: quando se aproximava do automóvel da frente, este arrancava, acelerava, se distanciava para frear mais à frente. E Ricardo seguia numa velocidade constante, sem trocar marchas, sem acelerar e sem frear repetidas vezes. "Claro que não adianta querer andar mais rápido do que a fila", pensou Ricardo. "O resultado de querer andar mais rápido é mais correria, mais estresse, mais desgaste do automóvel e mais riscos". Por um instante, lembrou-se da correria na fábrica de motocicletas: apressava-se a fabricação de todas as peças para a montagem, mas quase sempre faltava uma peça, de modo que a montagem não podia ser feita até que a peça faltante chegasse.

Olhou pelo espelho retrovisor e viu que todos os automóveis que estavam atrás dele também viajavam a uma velocidade constante! Isso quer dizer que todos na fila se beneficiam quando o fluxo é constante! Os automóveis atrás do de Ricardo experimentavam a mesma vantagem que ele: menos gastos, menos desgaste do automóvel, menos estresse para os motoristas. E chegariam ao destino no mesmo horário!

Então, Ricardo percebeu que o melhor a fazer é regular o fluxo pelo veículo mais lento. Claro que todos gostariam de chegar antes, mas querer andar mais rápido que a fila não produziria efeito positivo. Nesses casos de congestionamento, o melhor era olhar o comportamento da fila e ajustar sua velocidade.

O ideal seria não haver congestionamento e a fila se mover a uma velocidade constante desejada por todos. O que se observaria seria o fluxo contínuo dos veículos.

Quando Ricardo estava na fábrica e via os produtos parados na expedição, não se dava conta de que aqueles itens estavam esperando e que, portanto, não havia fluxo.

Não estava acostumado a enxergar fluxos. Um produto parado não chamava a atenção de Ricardo. Agora, observando o trânsito, pensava em termos de fluxo.

Contudo, numa operação real, o fluxo é imperfeito: o cano de escapamento fabricado esperando para ser cromado, pois há uma fila de peças, ou o embarque das motos esperando pela última moto que ainda não está preparada. E, durante a entrega, os caminhões normalmente esperam para descarregar. Normalmente, ou há uma fila de caminhões, ou manobras, ou a equipe de recebimento não está preparada, ou a empilhadeira não está disponível.

Enquanto dirigia, Ricardo colocava em ordem seus pensamentos: "O fluxo perfeito no trânsito seria mais ou menos assim:

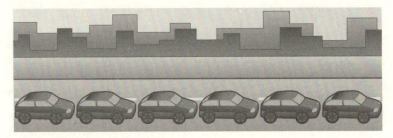

Figura 6.1 Fluxo contínuo.

– Automóveis viajando a velocidade constante
– Tempo de viagem menor
– Automóveis próximos uns dos outros
– Mais automóveis por hora percorrendo a rodovia"

"O velocímetro marca a velocidade de 30 km/h e o fluxo é contínuo", pensou ele. Ricardo conclui que, nessas condições, não adianta tentar andar mais rápido que 30 km/h. Se a fila tivesse 60 km, quem estivesse entrando na fila levaria 2 horas para fazer o percurso.

No fluxo descontínuo, o espaçamento entre os carros varia e não é possível manter uma distância pequena e constante entre os automóveis. Então o tamanho da fila aumenta:

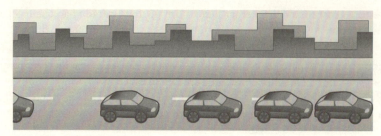

Figura 6.2 Fluxo descontínuo.

Se a fila aumentasse para 120 km e a velocidade média fosse 30 km/h, o tempo de viagem seria de 4 horas! O tempo de viagem seria menor na situação de fluxo contínuo!

Mentalizando as figuras nas duas situações – fluxo contínuo e fluxo descontínuo – pareceu a Ricardo que, no fluxo contínuo, passariam menos automóveis pela estrada. Será? Ele calculou mentalmente:

> O *lead time* seria de 4 horas.

– Taxa de processamento no fluxo contínuo: com seis carros numa fila de 60 km, o espaço médio entre eles seria de 12 km (60 km ÷ 5). Portanto, ele veria cada um concluir o trajeto em 0,4 hora (12 km ÷ 30 km/h), ou seja, a cada 24 minutos passaria um carro pela linha de chegada.

– Taxa de processamento no fluxo descontínuo: com seis carros numa fila de 120 km, o espaço médio entre eles seria de 24 km (120 km ÷ 5). Portanto, ele veria cada um concluir o trajeto em 0,8 hora (24 km ÷ 30 km/h), ou seja, a cada 48 minutos, em média, passaria um carro pela linha de chegada.

> Taxa de processamento, nesse caso, é a quantidade de carros por hora que termina seu trajeto.

Conforme suas contas, Ricardo percebeu que passariam mais automóveis na estrada quando o fluxo é contínuo. Haveria um automóvel a cada 24 minutos passando a linha de chegada em vez de um automóvel a cada 48 minutos. A estrada estaria "processando" mais automóveis!

O mesmo princípio deveria valer para a logística e para a produção: o fluxo contínuo aumenta a capacidade (taxa) de processamento. É só observar o fluxo real dos materiais para ver que há muitas interrupções (fluxo descontínuo). Onde o fluxo para, há estoques: estoques antes das máquinas, estoques nos armazéns, estoques na expedição, etc.

"Se o fluxo fosse contínuo até o cliente, não haveria estoques parados. Como eu não tinha pensado nisso antes? Fluxo contínuo! A coisa que eu tinha de fazer era re-

> 1º. Melhorar o **fluxo**

gular o fluxo dos produtos pelo ritmo do sistema. Aliás, a primeira coisa a fazer era regular o fluxo pelo ritmo do todo, mesmo que o fluxo não fosse contínuo. Fluxo... fluxo....é isso! Deve ser esse o primeiro passo", Ricardo pensou.

Aquela tinha sido sua primeira ideia sobre fluxo contínuo quando ele já não trabalhava mais na fábrica de motocicletas. Aquela ideia ficou martelando, mas Ricardo estava muito intranquilo para desenvolver completamente o raciocínio. Estava desempregado.

Somente depois, quando já estava trabalhando na gráfica, as ideias ficaram claras para Ricardo. Lá, finalmente, foi recompensado ao praticar essa lógica.

7

Ricardo tinha saído mais cedo da gráfica para compartilhar com Laura a boa notícia. Ao chegar em casa, notou que havia um jantar programado para aquela noite. Perto da churrasqueira estavam seus amigos Ciro e Daniela. Valter e Leila estavam sentados à mesa. Os dois filhos de Ciro e Daniela brincavam no pátio, enquanto o filho de Valter e Leila acompanhava a conversa sentado à mesa.

– Boa tarde, pessoal! Desculpa o atraso! O que vamos comemorar hoje? Hum..... tenho uma ideia!

– Diga, então... – disse Ciro, emendando quase que imediatamente – Já sei! É a vitória do Barcelona ontem!

Todos começaram a falar ao mesmo tempo. Ricardo não acompanhou completamente o diálogo que se seguiu. Projetava mentalmente as boas consequências da promoção. Em seguida, pensando nos possíveis desdobramentos negativos da mudança, o antigo organograma da área de operações veio à sua mente como num *flash*, ficando momentaneamente alheio ao que se passava.

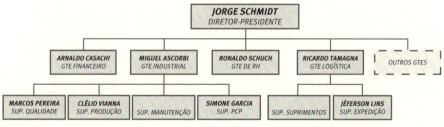

Figura 7.1 Organograma.

O PCP (planejamento e controle da produção e dos materiais) era uma área crítica para a gráfica. Os planos do PCP diziam *quando* comprar os materiais produtivos, *quando* contratar as pessoas e o *que/quando/quanto* produzir de cada produto. Certamente, alguns atrasos de entrega aos clientes tinham relação com o tratamento das informações no PCP.

– Ei! Você está me ouvindo, Ricardo? Os ingredientes para o churrasco estão no balcão – disse Laura em voz mais alta que o normal, interrompendo os pensamentos de Ricardo.

Laura complementou com um tom de voz ameno:

– Você tem de prestar atenção. É a segunda vez que falo e você não escuta.

– Ok! Vou preparar o fogo.

E o pensamento voltou-se novamente para o organograma. Só que desta vez, para o organograma atual:

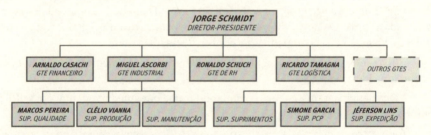

Figura 7.2   Organograma após promoção.

Ricardo decidiu esperar um pouco mais para falar da promoção. Precisava digerir as implicações que teria a transferência da área de PCP para a sua gerência. Como reagiria Miguel Ascorbi? Ricardo contaria à Laura mais tarde. E, somente depois, aos amigos.

Era tudo o que ele desejava: uma promoção! Melhor ainda porque sempre defendera que o PCP devia fazer parte da logística. Afinal, as informações e os produtos não "pulam" do setor de suprimentos diretamente para a distribuição. As informações que dão origem às compras e à distribuição dos produtos vão para o PCP e ali são transformadas em planos e programas para compras, produção e distribuição. O fluxo dos materiais também não passa diretamente de compras para a distribuição, pois a produção tem de transformar os materiais em produtos.

Estava muito satisfeito. Era mais do que um prêmio. Era a recompensa por anos de aprendizado e de experiências anteriores.

8

– Você quer que eu asse toda essa carne, Laura? Não é muito?

– Xi! Acho que exageramos!

Ciro aproximou-se:

– Você quer ajuda?

– Obrigado, mas Laura já deixou quase tudo preparado. Podes pegar uma bebida para mim?

Como usualmente, o jantar com os amigos foi muito divertido. Logo esqueceu das questões do trabalho, pois Ciro era um ótimo contador de piadas e estava impagável.

"Nessa minha fase da vida, eu estaria feliz de qualquer modo divertindo-me junto aos amigos e à família. Percebi que eu não precisaria da promoção para ser feliz" pensou Ricardo.

9

– Você aceita coordenar o PCP? – perguntou Jorge naquela reunião. Esse era seu convite e uma de suas boas notícias para Ricardo.

– Claro que sim!

Ricardo fez uma pausa e perguntou:

– Mas e Miguel Ascorbi? Como ele reagirá?

– Não se preocupe com isso, pois já tratei do assunto.

– Quer dizer que você já falou com ele?

– Bem, na verdade, não. Mas estou acrescentando um novo desafio para ele: o grupo de melhorias da qualidade!

– Mas o senhor sabe que não é a mesma coisa. Sempre fica aquela ideia do que foi tirado (o PCP) e não do que foi dado (o grupo da qualidade). E o PCP tem uma importância e influência muito grande nos resultados.

– Por isso que quero você por lá. E não te preocupa com Miguel que ele é assunto meu! – disse, interrompendo abruptamente esse tema.

Fazendo uma breve pausa, Jorge perguntou:

– Então, você aceita?

– Aceito – respondeu Ricardo imediatamente.

Ricardo preocupava-se com o fato de haver uma pessoa resistindo às mudanças, o que não seria bom. Depois, Miguel certamente não gostaria de seguir as diretrizes do PCP, invertendo a autoridade entre eles. Antes as diretrizes vinham de Miguel para Ricardo (do PCP para a logística). Agora iriam de Ricardo para Miguel (do PCP para a produção).

10

Depois dessa reunião e de Jorge ter falado com Miguel, Ricardo Tamagna reuniu-se com o pessoal do PCP para entender com mais profundidade o funcionamento do planejamento e da programação da fábrica. Havia muito a fazer. Não havia visibilidade do trabalho. O pessoal era bom. Sabiam quais pedidos de venda ainda estavam pendentes. Sabiam mais ou menos quando iam entrar em produção, mas não conseguiam dizer quando, com certeza, as ordens de produção ficariam prontas. Quando Ricardo perguntou por que a produção não era previsível, ouviu os mesmos argumentos que se ouve sempre que se faz essa pergunta: "Nosso processo é peculiar e complexo". Sempre que ouvia respostas dessa natureza, ficava intrigado: todos acham seu trabalho mais complexo que o dos demais, cada um argumentando que a complexidade da sua empresa é maior. Ora, se empresas de setores tão diferentes defendem ser mais complicadas, qual delas seria menos complexa? Talvez chegassem a um consenso de que todas são difíceis de gerenciar. Enquanto isso, os problemas continuariam lá, intocados por causa dessa "complexidade". Na verdade, existem outras infinitas formas de "transferir a responsabilidade" para alguma "entidade" externa ao problema. Ora é o cliente que complica demais, ora é a alta administração que não dá suporte, ora são os funcionários que não são preparados, ora é a cultura da empresa, e por aí vai. Quanto mais questionamentos diretos são feitos contra o argumento da complexidade, mais forte é a oposição a fim de justificar que "aqui é diferente".

> A **transferência de responsabilidade** é um dos fenômenos que impedem as melhorias **(ver A-3)**.

> Para explicação sobre *lead time* ver **A-4**.

O tempo que levava entre aceitar um pedido do cliente e embarcar os livros (*lead time* do pedido) era de 18 dias em média, para um lote de 1.500

livros. A experiência de Ricardo dizia que era muito tempo, mas não era momento para falar. Dizer isso normalmente levaria as pessoas a contestarem vigorosamente. Esse prazo teria de cair para uma semana no máximo se houvesse pouco estoque em processo e menos falhas (por exemplo: paradas de manutenção e defeitos).

Ricardo e o pessoal do PCP decidiram dar uma volta pela fábrica* em vez de ficarem vendo relatórios. Foi dentro da fábrica, analisando os estoques em processo, cronometrando rapidamente alguns tempos e falando com alguns operadores que finalmente foi dado o primeiro passo para uma grande melhoria nos resultados da empresa. Ricardo teve a satisfação de perceber que enxergava claramente os problemas. Entretanto, sabia que aqueles jovens profissionais precisariam de algum tempo para enxergar da mesma maneira. Não era somente uma questão de experiência e conhecimento. Dependeria de como Ricardo se comunicaria com eles.

> Não há substituto para ver no local. É ali que as informações estão, sem filtros.

11

Logo Ricardo percebeu que eram muitos os problemas na gráfica: páginas mal impressas, o clássico problema de ajustar as cores e quebras de máquina. Mas o que mais chamava atenção era o excesso de horas extras e a alegada falta de funcionários em vários setores. No final do mês, estabelecia-se o caos na expedição para tentar entregar os pedidos. Então, Ricardo propôs a Jorge que fosse formado um grupo de melhorias composto pelos coordenadores de produção e por representantes de vários setores.

Falaram brevemente sobre melhoria contínua: usariam um método para melhorias chamado *kaizen* e seria necessário o suporte de Jorge. Ele precisaria participar de algumas reuniões e perguntar a um e outro integrante como estava indo o grupo. Jorge já conhecia o termo, mas Ricardo duvidava que concordassem sobre a importância do *kaizen* e como deveriam utilizá-lo. Jorge concordava que os problemas deveriam ser resolvidos de forma estruturada.

– Ricardo, indique os integrantes do grupo, que estarei lá na primeira reunião.

– Posso fazer mais um pedido?

– Diga.

---

* BAÑOLAS, R. G. Iniciando com a logística enxuta. *Intralogística*, ed. 210, 2008. Disponível em >http://www.prolean.com.br/wp_content/uploads/2011/12/102.pdf>. Acesso em: 30 dez. 2012. Na p. 4, sugere-se o acompanhamento do fluxo juntamente com o pessoal das áreas envolvidas.

– Devemos deixar que o grupo escolha o problema que mais o afeta.

– Ei! Eu quero que seja resolvido o problema de atrasos de entrega!

– É bem provável que o problema escolhido afete o prazo de entrega, mas insisto que comecemos por um problema que mais incomoda o grupo.

– Por que teria de ser assim?

– Esse é o primeiro trabalho de melhoria. Normalmente, as pessoas querem ver seu problema resolvido primeiro. Se encontrarmos um problema que afete todo o grupo, os integrantes ficarão motivados. Uma vez que o método tenha sido aprendido e estejam motivados, outros problemas poderão ser resolvidos.

– Ok, mas faça que o problema dos atrasos de entrega diminua.

O grupo tinha representantes das áreas de suprimentos, vendas, produção, qualidade, logística e recursos humanos. O primeiro passo era fazer uma lista de problemas e selecionar o mais incômodo. Jorge esteve presente no início da reunião e falou sobre a importância deste trabalho em grupo, que haveria de ser seguido um método e que ele daria o suporte necessário. Logo após, pediu licença e saiu. Conteve-se para não falar do prazo de entrega. A seguir, Ricardo fez uma breve explicação sobre *o que é problema*. Após intensa discussão, foram elencados os seguintes:

– falta de pessoal para a produção;

– pedidos entregues incompletos;

– pressão dos clientes por prazos de entrega menores;

– horas extras;

– devoluções de pedidos;

– retrabalho nos livros;

– dificuldade de recrutar pessoas;

– má qualidade dos livros;

– falta de treinamento do pessoal.

Como Ricardo previra, a descrição dos problemas era vaga e muito ampla. O método que empregamos diz: I) problemas são efeitos indesejáveis; II) não confunda causa com efeito; e III) somente analise as causas depois de entender profundamente o problema.

Primeiro, Ricardo tomou muito cuidado para definir corretamente o problema. Ficou atento para que o problema não fosse expresso como *"falta de"* alguma coisa:

– Clélio, se o problema fosse "falta de pessoal" qual seria a solução?

– Seria contratar pessoas, ora! – disse para ressaltar o que lhe parecia óbvio.

– Clélio, você já viu alguém cujo problema seja falta de antibiótico? – perguntou Cláudia, gerente comercial, com seu habitual sarcasmo.

– Claúdia tem razão. É bem diferente do que dizer que alguém está com febre. Febre, sim, seria o problema. Seria preciso investigar se a causa é uma infecção. Se isso fosse comprovado, o remédio seria algum tipo de antibiótico – concordou Ricardo.

As pessoas riam enquanto Clélio, corado, tentava justificar que "falta de pessoal" era um problema.

– Nossa tendência é pular direto para a solução do problema. Precisamos ficar atentos com "falta de" porque normalmente é uma causa provável. Portanto, a princípio, *falta de* não é um problema, nem causa comprovada. É necessário expressar corretamente o problema – sentenciou Ricardo, perguntando: – A falta de pessoal causaria qual efeito principal?

– Atrasos na produção, é *óbvio*! – respondeu Miguel irritado e arrependido de ter expressado corretamente o problema, mas sem deixar transparecer.

Miguel achava aquela conversa toda uma perda de tempo e se sentia um tolo por participar. "Sou um gerente de produção. Sei resolver os problemas da minha empresa. Não precisamos de um cara que nada sabe de produção", pensava. Para ele, colocar dúvidas na cabeça de Jorge seria suficiente para *mostrar a verdade*: a de que Ricardo era um incompetente. Notando o desconforto de Miguel, Ricardo prosseguiu, desviando o olhar para outros no grupo:

– Então, nesse nível de análise, atrasos na produção é efeito. "Falta de pessoal" é uma provável causa. Que outras coisas – causas prováveis – fariam que a produção atrasasse?

As respostas se sucediam: o material não chega a tempo para ser processado; há quebras de máquina; os livros com problemas de qualidade têm de ser refeitos; as máquinas têm de ser ajustadas quando entra em produção um novo livro; o pessoal comete erros no ajuste das máquinas, etc.

Foi necessária mais uma reunião para que a descrição do problema e suas causas ficassem mais claras. Os supervisores de produção sentiam-se pressionados a produzir mais para atender aos pedidos. Defeitos nos livros, principalmente os defeitos de impressão, causavam atrasos. Esses atrasos eram compensados com horas extras, o que colocava os supervisores sob uma dupla pressão: reduzir horas extras e aumentar a produção. O setor de recursos humanos também se sentia pressionado a reduzir o prazo das contratações. A área comercial reclamava da demora do cliente para definir o formato final do livro, mas acabava sendo pressionada pelo mesmo cliente para que a entrega fosse rápida.

– Como expressar o problema numa frase? – perguntou Ricardo ao grupo.

– Tempo longo para produzir os livros – sugeriu Cláudia, o que gerou protestos do pessoal da produção.

> *Lead time* do pedido é o tempo desde o recebimento do pedido até os produtos correspondentes serem entregues ao cliente, passando por todos os processos. **Ver A-4.**

Depois de mais um tempo debatendo, o grupo chegou a um consenso: tempo longo para entregar os livros ao cliente. Esse era exatamente o problema que Jorge queria que fosse tratado. Na verdade, essa escolha havia sido conduzida por Ricardo, que sabia que o grupo sempre percebe manipulações. E manipulações são entendidas como engodo pelo grupo. Pessoas que se sentem enganadas não se engajam. Teria de deixar o grupo escolher um problema mais incômodo e ligado às pessoas se quisesse que a motivação e o aprendizado fossem genuínos.

Ricardo sabia que os defeitos, o retrabalho e a demora na definição das características do livro aumentavam o tempo de entrega, que por sua vez gerava uma série de incômodos para todos.

12

O grupo estava diante de uma questão importante: a ligação dos problemas da gráfica com os efeitos indesejáveis. A conexão emocional com o problema é crucial para o interesse, participação do grupo na solução.

– Vamos lá gente, sabemos que prazo longo é um problema da empresa! Mas qual é o efeito indesejado para nós, para cada um de nós? – perguntou Ricardo, num tom de voz intencionalmente baixo.

Seguiu-se um silêncio profundo. Ricardo reprimiu sua vontade de preencher o silêncio.

Clélio pensou no seu salário e no seu esforço, que considerava alto em relação ao salário que recebia. Miguel indignou-se sobre a ingerência de Ricardo em assuntos de produção: "Esse cara está no meu caminho. Cedo ou tarde vai querer me passar a perna. Vem com essa conversa boba, mas tem intenções de galgar posições mais altas na empresa. Eu sei. Eu sei. Preciso fazer algo", pensou.

Cláudia, voluntariosa como sempre, quebrou o silêncio:

– Vivo sob pressão para aumentar vendas, mas os concorrentes têm qualidade e prazo melhores!

Não levou muito tempo para que cada um expusesse seu desconforto.

Clélio e os outros supervisores de produção reclamaram da pressão para produzir mais, mas foram cautelosos com a reação de Miguel.

Miguel imediatamente lançou um olhar de desagrado aos subordinados que silenciaram. Argumentou que a empresa precisava dar lucro e produzir em escala para reduzir custos. Reclamou da área de manutenção e da falta de um sistema de programação para a produção. Desafiadoramente, Miguel, buscando trazer Ricardo para o assunto que dominava e revelar a ignorância deste, perguntou:

– Se você está nessa de reduzir *lead times*, deve conhecer os *softwares* de programação fina de produção* e como funcionam, não é?

– Realmente eu não os conheço em profundidade, Miguel. Sei algo sobre sua lógica de funcionamento, seus benefícios e suas limitações – respondeu Ricardo, percebendo a intenção de Miguel.

– Então, devo informá-lo que esse assunto de redução de prazo já está encaminhado. O investimento no *software* DBR está sendo analisado por Arnaldo e Jorge. Não vejo por que tomar o tempo de todos nesse grupo se a solução está encaminhada! – respondeu Miguel, buscando acabar com o que ele ainda considerava uma perda de tempo.

O ambiente ficou tenso. Ricardo percebia a intenção de Miguel de esvaziar o trabalho de melhoria em grupo.

– Receio que tenhamos de entender o problema mais profundamente antes de achar que um *software* por si vai resolver os problemas atacando suas causas.

Miguel tentou interromper, mas Ricardo prosseguiu usando o mesmo argumento de Miguel:

– Por acaso o DBR resolve os problemas com as paradas de máquina atribuídas à má manutenção? Peço que você pense nisso. Vamos nos dedicar à definição do problema em primeiro lugar?

– Já sabemos qual é o problema e a solução – disparou Miguel, irritadíssimo, mas com voz calma e sorriso irônico.

"Não posso entrar nessa linha de discussão. Tenho de voltar a atenção do grupo para o problema, embora minha vontade seja dar uma lição nesse cara" pensou Ricardo, que voltando-se para Cláudia disse:

– Provavelmente, a pressão por vendas influa até na sua vida pessoal, Cláudia.

– As viagens para apagar incêndios em clientes me afastam da minha filha. Sinceramente, gostaria de ficar mais tempo com ela – desabafou ela.

Nesse instante, Miguel olhou nervosamente para o telefone sem fio que usava quando estava fora de sua sala. Falou sobre uma *urgência* que tinha de resolver e saiu. Pensava em como influenciar Arnaldo, em primeiro lugar, e Jorge, logo após, contra os métodos de Ricardo.

---

* Um *software* de programação fina de produção calcula a capacidade de produção e a compara com a carga de trabalho imposta pelas ordens de produção programadas. Quando a capacidade de produção é menor em relação à demanda, o programador ajusta datas de entrega e recursos necessários para chegar a uma programação de produção viável.

Na sala de reuniões, Clélio falou do desconforto de se dedicar a pedidos que não têm prioridade de prazo para produzir mais e baixar custos.

Varios integrantes do grupo comentaram sobre vários problemas genuínos das pessoas, ainda que eles não estivessem na lista. "Algumas coisas importantes não são escritas", pensou Ricardo enumerando-as para si:

• ausência e distanciamento de Claúdia de casa, especialmente com relação à filha de 2 anos por conta das reclamações de clientes;

• desconforto causado por pressões antagônicas sobre a produção para reduzir custos e prazos;

• excesso de horas extras causava falta de funcionários durante a semana, tirava tempo de lazer dos funcionários e os tornava dependentes desse dinheiro adicional.

Houve outros problemas tratados, aparentemente sem preocupação em resolver o problema da fábrica.

– Ok, pessoal! Mas qual é a ligação destes problemas com a questão do prazo de entrega? – perguntou Ricardo.

Rapidamente, o grupo conseguiu estabelecer essa ligação e chegou a um consenso sobre o problema: **tempo longo para entregar os livros ao cliente**. E Ricardo, satisfeito, havia feito a ligação entre os problemas genuínos das pessoas e os problemas da gráfica.

13

Naquele dia, Ricardo saiu da empresa sem saber direito o que fazer na próxima reunião do grupo de melhorias. "Pelo menos formulamos o problema que Jorge gostaria de resolver", pensou. No caminho de volta para casa, ficou pensando como poderiam resolver o problema do prazo dos pedidos. Resolver os problemas de qualidade também era crucial e certamente reduziria o atraso dos pedidos, mas demoraria muito tempo. Esses problemas de qualidade interrompiam o fluxo do produto, do mesmo modo que um automóvel com defeito interrompe o tráfego.

"Eu deveria saber de antemão o que, especificamente, tinha de ser feito antes... qualidade, prazo ou outra coisa?", refletia. Ricardo já pensava em termos de fluxo:

melhorá-lo seria a primeira coisa a ser feita. Ao melhorar o fluxo, haveria um aumento na capacidade de produção e o *lead time* diminuiria. Contudo, para melhorar o fluxo ele teria de diminuir as interrupções, o que implicava em melhorar os problemas de qualidade. Ele sabia que isso levaria tempo. Seu raciocínio andava em círculos. "Será que melhorar fluxo seria a primeira coisa a fazer? Que outro aspecto do fluxo afetaria o *lead time*?" pensava, enquanto o carro à sua frente se distanciava cada vez mais.

Na produção, os produtos param nos estoques em processo. Andam mais um pouco e param em estoques e filas, esperando até que os outros produtos sejam processados. Isso aumenta o *lead time*.

– Se o espaço entre os carros aumentar, o comprimento da fila crescerá e o tempo de viagem também. O *lead time* de viagem aumentará – disse em voz alta, considerando-se meio tolo.

"Mas é verdade", pensou "demorarei mais tempo para chegar em casa, do mesmo modo que os pedidos demorarão mais tempo para chegarem nos clientes! *Lead time*, fluxo, espaço entre os carros, estoques em processo... Qual a ligação entre tudo isso? Bobagem, nada tem a ver uma coisa com a outra. A fábrica produz livros e estoca livros ou partes incompletas de livros. O que meu carro produz?"

Acelerou para alcançar o carro da frente, consumindo a distância entre eles e... "É isso!", pensou. E a ideia veio clara e forte em sua mente:

– Estou consumindo a distância que o carro da frente produziu. Eu produzo distância para o carro de trás consumir – disse novamente em voz alta.

Surgiu um lampejo de compreensão:

– O que meu carro produz? Isso, só pode ser isso: meu carro produz quilômetros percorridos e estoca quilômetros! A distância entre um carro e outro é estoque!

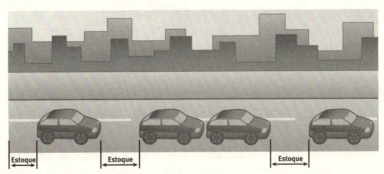

Figura 13. 1 Automóveis produzem quilômetros. O estoque – distância entre eles – é medido em quilômetros.

O tempo perdido quando os carros se afastam entre si (Figura 13.1) não pode mais ser recuperado pelo último carro! Diminuir o estoque de quilômetros entre os carros reduz o tempo de viagem (Figura 13.2).

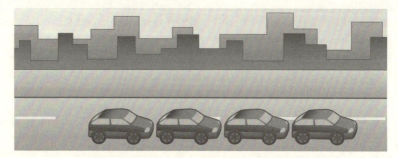

Figura 13. 2 O tempo de viagem do comboio é encurtado quando os automóveis andam próximos uns dos outros e com a mesma velocidade durante todo o trajeto.

A mente de Ricardo fervilhava com as ideias sobre o que deveria fazer.

Logo veio também à sua mente a imagem de Leonardo. "Adianta querer andar mais rápido que a fila?" Não adiantaria fazer cada máquina andar mais rápido que a velocidade média do fluxo.

Lead time do pedido é o tempo desde o recebimento do pedido até os produtos correspondentes serem entregues ao cliente, passando antes por todos os processos. **Ver A-4.**

A máquina que produzisse mais do que a capacidade global somente geraria estoque. E o tamanho dos estoques, medidos em horas ou dias, mostraria onde estão os desbalanceamentos do fluxo. Quem deveria regular o fluxo é o recurso mais lento, aquele que tiver mais estoque para processar. Agora, Ricardo tinha uma ideia do que fazer na próxima reunião.

14

Meio sem jeito, Ricardo pediu um tempo no início da reunião para explicar a relação entre *lead time* e fluxo, analisando o que acontece no trânsito. Os problemas de qualidade teriam que ser resolvidos, mas talvez algo pudesse ser feito antes disso, com algum resultado rápido. Ele estava receoso de que a ideia do trânsito fosse soar infantil, simplista e ridícula aos outros. Entretanto, as ideias foram bem entendidas.

– Isso quer dizer que os estoques em processo aumentam o *lead time*? – perguntou Clélio.

— Sim, do mesmo modo que o tamanho da fila de carros aumenta o tempo de viagem para o último automóvel. E a soma da distância entre os automóveis é equivalente ao estoque de materiais em processo. Esses materiais demoram mais para se transformar em produtos quanto maior for o estoque em processo.

— Quer dizer que onde o estoque for maior provavelmente estará o maior problema de fluxo?

— Exatamente – respondeu Ricardo, sentindo-se recompensado.

— Então é só contarmos quantas unidades há em processo – concluiu Clélio, animado.

— Na verdade, é preciso saber quanto tempo cada um desses estoques representa em tempo de operação para a próxima atividade.

COMO UM LIVRO É FABRICADO

O processo de fabricação de um livro começa com uma bobina de papel. A bobina é cortada na *desbobinadeira* em folhas grandes. Cada folha corresponderá a um caderno com várias páginas do livro. A *impressora* primeiro imprime somente um lado de todos os cadernos da tiragem (lote de produção). Finalmente, imprime o outro lado dos cadernos.

Os cadernos impressos (folhas grandes) são dobrados na *dobradeira* várias vezes até ficarem do tamanho do livro. A montagem e a ordenação dos cadernos do livro são feitas na *alceadeira*. Depois o livro é faceado (corte das bordas irregulares) e a capa é colocada no *encadernamento*.

Ricardo e o grupo acharam melhor ir até a fábrica para medir os estoques e tomar decisões imediatas. A fábrica estava repleta de estoques em processo. O papel em bobina era cortado na desbobinadeira, depois as folhas eram impressas, dobradas e o livro era montado na alceadeira. Após uma breve discussão sobre a capacidade média de cada máquina processar seu estoque, chegaram aos seguintes números:

> É importante *ver* no local onde as coisas acontecem. É lá que estão as informações, os fatos e a realidade, sem distorções. É no local de trabalho que estão as coisas importantes que esquecemos ou não vimos ainda. Há duas expressões japonesas que mostram a importância de ir ver: *Gemba* e *Genchi Genbutsu*. **Ver A-13.**

Recurso	Estoque
	(horas de trabalho para o recurso)
Impressoras	55
Dobradeiras	60
Alceadeira	6

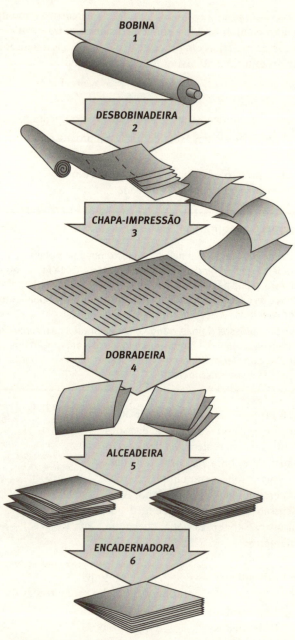

Figura 14.1 Processo de fabricação de um livro.

Apesar do grande volume físico, o estoque para a alceadeira representava somente 6 horas de processamento devido à sua alta capacidade de produção.

– Olhando para o volume de estoque da alceadeira entendo por que é preciso medir o tempo do estoque. Mas ainda não sei o que fazer com essa informação.

– Clélio, é fácil! É só calcular – disse Simone, com ares de entendida, apontando para a pilha desorganizada de cadernos e irritando Clélio.

Simone Garcia era supervisora de PCP. Ao discutir qualquer assunto, dava a impressão de entender perfeitamente do que se tratava, mesmo antes que o seu interlocutor terminasse de explicar. Era uma habilidade que nem sempre ajudava. Nesse caso, a questão principal era o que fazer com a informação do tamanho dos estoques.

– Clélio, se estivéssemos falando na *lógica do trânsito*, o que estas horas de estoque representariam? – Ricardo perguntou, instigando a participação do funcionário.

– Seria o tempo para consumir o "estoque de quilômetros" entre dois automóveis!

Simone acompanhava a conversa girando nervosamente a lapiseira entre os dedos. Num sinal de que estava desconfortável com o fato de Clélio conduzir uma solução para o PCP, apressou-se a sugerir algo:

– Faremos um *kanban*, e desse modo as atividades ficarão sincronizadas entre si e o problema dos estoques estará resolvido. Simples!

Ricardo notou a agitação de Simone e tratou prontamente de voltar o assunto para o ponto em que estava:

– *Kanban* pode ser uma solução para puxar e sincronizar o fluxo, mas você sabe que levará tempo para implementá-lo. Haverá uma solução mais rápida para reduzir o "estoque de quilômetros" entre os carros?

> *Kanban* de puxada. Ver A-9.

Simone ficou levemente desapontada, afinal se considerava conhecedora dessas ferramentas do *lean*.

Clélio, pelo contrário, parecia estar mais à vontade:

– O que nós discutimos na reunião do grupo é que o carro mais lento dita o ritmo do fluxo global. De algum modo, que não sei como, o recurso mais lento deveria regular a velocidade dos outros!

Agora, Simone e os outros participantes do grupo de melhorias da produção pareciam perdidos. Ricardo percebeu o impasse:

– Vamos para aquela sala de reuniões por um instante – apontou Ricardo para a sala vazia do outro lado do pavilhão. Sua intenção era conduzir todos para o entendimento da relação fluxo *versus* estoques levando-os a pensar no fluxo de automóveis, sem pular etapas na compreensão do problema. Esse tema já havia sido explorado na reunião do grupo, mas teria de ser entendido perfeitamente por todos para depois tratar do problema real dos

> O aprendizado ocorre imediatamente após a primeira explicação?

estoques na fábrica. Usando a analogia, não se perderiam em detalhes. Sair da fábrica e ir a uma sala ajudaria também.

Na sala de reuniões, Clélio tomou a iniciativa, desenhou uma fila de automóveis e disse:

– Vejam o primeiro espaço entre este automóvel aqui da frente e o segundo. É a primeira operação, que produz mais estoque que as outras. Veja o próximo espaço, grande, quase igual ao primeiro. O terceiro espaço entre o quarto e o terceiro automóvel é pequeno.

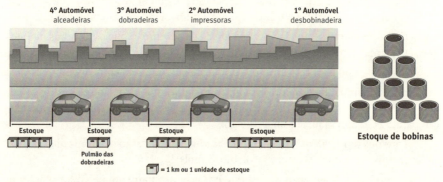

Figura 14.2   Analisando fluxos através da lógica do trânsito.

Ricardo fez um sinal para Clélio não responder e olhou para o grupo, evitando Simone, que parecia ainda constrangida:

– O que significam, em termos de velocidade, essas diferenças de "estoque de quilômetros" entre os carros, pessoal?

Seguiu-se um breve silêncio. Ricardo apontou para o primeiro carro e pressionou o chão como se pressionasse o acelerador do carro.

– É óbvio! O primeiro carro está mais rápido que o resto e está fazendo "estoque de quilômetros" – disse Simone, como se já tivesse entendido há muito tempo.

– E qual é o carro mais lento? – perguntou Ricardo, aliviado por perceber que quase todos estavam entendendo.

– Aquele que processou menos estoque, ou seja, o terceiro automóvel. É esse que tem que regular o fluxo. Clélio estava animado por sua descoberta.

Ricardo, que sinceramente não sabia o próximo passo, não disfarçou:

– Não sei não. Como fazer para que este automóvel mais lento regule o fluxo?

> Teoria das restrições. **Ver Apêndice A-10.**

À dúvida de Ricardo as pessoas responderam com várias ideias. Simone cochichou com alguém: é só fazer um *kanban* de puxada. Clélio, que conhecia um pouco de teoria das restrições (TDR), disse que era só amarrar uma corda ligando o primeiro carro ao carro mais lento.

Sabrina, sempre brincalhona, interpelou Clélio:

– Ah! Esses coordenadores de produção! O negócio deles é chicote, corda e pressão na gente. Sugiro algo mais feminino: coloque uma bandeira no carro mais lento de modo que o primeiro carro a veja e não se distancie muito. Afinal, ele não é um estúpido que precise ser amarrado com uma corda. Não é, Clélio?

Todos riram, inclusive um dos coordenadores presentes à reunião, e a conversa perdeu o rumo.

– Tinha que ser a Sabrina – disse um.

– Ela não vai olhar para trás, pois o retrovisor é para colocar batom – disse outro.

Sabrina Fialho era operadora da alceadeira. Parecia estar sempre contente. Raramente era vista de mau humor e falava a quem fosse o que lhe viesse à cabeça, mas tinha uma relação respeitosa com todos. Só parava de falar quando, no intervalo de almoço, pegava um livro da produção e se sentava ao lado da alceadeira para ler. Era muito popular entre os colegas.

Ricardo caminhou até o quadro branco e desenhou despretensiosamente uma bandeira vermelha no terceiro automóvel. Pensou: "Sei que, no sistema pulmão-tambor-corda da TDR, a corda é que faz a puxada, mas representa algo forçado, inelástico, o que poderia ser drástico para os operadores num primeiro momento e tiraria a oportunidade de aprenderem o que ocorre quando o primeiro automóvel negligencia a velocidade do terceiro automóvel e dispara. Seria necessário deixar algum espaço para o erro e o aprendizado."

– Pessoal, gostei da ideia da Sabrina! – falou alto Ricardo, interrompendo o burburinho. – Acho que já podemos decidir a cor e o tamanho dessa bandeira na produção. Vamos lá?

Enquanto caminhavam, a cabeça de Ricardo fervilhava: se deixar a decisão para o operador da desbobinadeira, ele trabalhará sem parar como vem fazendo. Se continuarmos medindo a produtividade da desbobinadeira por folhas cortadas/hora, a desbobinadeira vai continuar a ser operada continuamente. É preciso colocar algum limite visível. Mas como?

– Pessoal, o primeiro carro é a desbobinadeira, mais rápido que os outros. O terceiro carro, mais lento, corresponde às dobradeiras. Como fazer que a desbobinadeira pare quando só estiver produzindo estoque.

– Você já tem a resposta e está se fazendo de louco – disse Sabrina, achando realmente que Ricardo conduzia a conversa para onde queria chegar.

– Quando você quer que um carro pare quando for para parar, corte o combustível. No caso da produção, limite a quantidade de trabalho que pode ficar em estoque antes e a quantidade que pode ficar à disposição das dobradeiras – completou Sabrina.

De onde Sabrina tirou essa ideia, meu Deus? Faz sentido, mas é uma ideia muito vaga. Ricardo, olhando para os paletes a serem processados pelas dobradeiras, percebeu o que tinha que ser feito. Algo teria de limitar o abastecimento das desbobinadeiras. Algum sinal teria de ser dado para o "abastecedor" da desbobinadeira não alimentá-la quando desnecessário e alimentá-la quando necessário. E teria de ser algo visível a todos que passassem pela produção. A recomendação da teoria das restrições era colocar um pulmão de estoque *antes* das dobradeiras*, mas os paletes estavam espalhados depois de cada impressora. Funcionaria igualmente se fosse utilizada a área *depois* das dobradeiras, desde que as impressoras não deixassem faltar trabalho para as dobradeiras. Quando esta área estivesse cheia de paletes, a desbobinadeira deveria parar de produzir.

Se essa ideia fosse expressa em termos de um fluxo d'água (sistema hidráulico), haveria pontos de fluxo (equivalente às máquinas) e vários pontos de acúmulo de água (estoque):

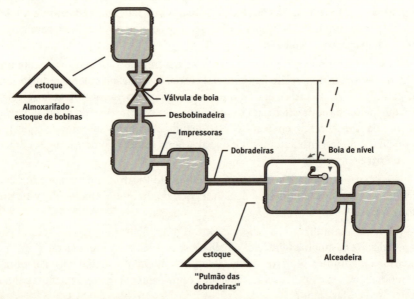

Figura 14.3 Sistema de fluxo representado como um sistema hidráulico.

O recurso mais lento é a dobradeira, cujo diâmetro do tubo é menor, ou seja, passa menos água por hora. O controle de fluxo se dá por uma boia colocada no "pulmão das dobradeiras": quando o reservatório está cheio, a boia fecha a válvula de boia, ou seja, fecha a entrada de bobinas para a desbobinadeira. Quando o pulmão das dobradeiras está cheio de paletes, não se deve liberar bobinas para a desbobinadeira processar.

---

* A teoria das restrições (TDR) recomenda manter um pulmão de estoques *antes* do gargalo. Como a dobradeira é o gargalo, o pulmão de estoque das dobradeiras deveria estar *antes* das dobradeiras. Por isso, não é rigorosamente correto chamar de *pulmão das dobradeiras* o estoque de cadernos dobrados, embora o grupo de melhorias vá chamá-lo assim.

– Temos de sinalizar ao operador da desbobinadeira que é importante parar quando a área encher. O que ele vai fazer quando aquele indicador estiver "piorando"? – e apontou para o quadro de avisos da desbobinadeira. O gráfico mostrava altos e baixos da quantidade de folhas cortadas/hora.

– Quem disse que ele olha para o indicador? – brincou Sabrina.

– Vai continuar fazendo o que sempre fez: produzindo sempre que tiver bobinas à disposição – respondeu Clélio.

– E, quando não tiver o que produzir, vai pedir mais bobinas – completou Sabrina.

Ricardo retirou do quadro o papel com o indicador "folhas/hora":

– Se o operador enxergar que seu indicador de produtividade estiver piorando, vai dar um jeito de produzir mais e encher a fábrica de estoques desnecessários.

Falou para si mesmo: "Estoque é um vício! Uma vez acostumado com o estoque, é difícil livrar-se dele!"

Próximo à entrada da gráfica, Miguel conversava com Arnaldo e observava Ricardo e o grupo de melhorias.

Miguel pensou:

"Mas o que é isso! Eles estão tirando do mural a folha do indicador! Que absurdo! Esse grupo não entende absolutamente nada de produtividade. Deviam ter falado comigo antes! Clélio, Sabrina e Simone vão ter de se explicar. Ah, vão!"

– Quem não mede...? – Miguel iniciou.

– ...não gerencia! – Arnaldo completou rapidamente, olhando para o mural vazio.

Miguel sabia o que Arnaldo, gerente financeiro, pensava sobre os custos de material em processo: maior produção, menor custo. Sentia que tinha que lutar contra essas decisões do grupo de melhorias. Miguel seria cobrado pelas bobagens que esse grupo de "tontos" faria e quem pagaria seria Miguel. Sofreria pressões de Jorge Schmidt se o custo unitário subisse.

– Arnaldo, o que acontece em termos de custo se a desbobinadeira produzir menos?

A pergunta ficou sem resposta porque a secretária de Jorge o chamou naquele momento. Miguel sabia que a pergunta correta era outra: o que aconteceria em termos de custo unitário das folhas em processo quando a produção da desbobinadeira diminuísse para eliminar o excesso de estoques? E conhecia a resposta: pelo sistema de custeio atual o valor calculado do custo unitário aumentaria, pois os custos indiretos seriam distribuídos por uma quantidade menor de folhas em processo.

MUDANÇA **43**

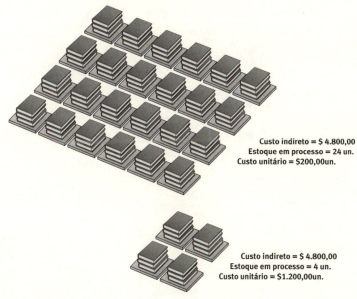

Custo indireto = $ 4.800,00
Estoque em processo = 24 un.
Custo unitário = $200,00un.

Custo indireto = $ 4.800,00
Estoque em processo = 4 un.
Custo unitário = $1.200,00un.

Figura 14.6 Ao reduzir o estoque em processo, o custo aparentemente piora, o que desestimula as melhorias.

O que Miguel não entendia bem é que, na situação atual, de "empurrar" materiais para a produção, o custo unitário mais baixo é ilusório, porque efetivamente o que é produzido antes do momento necessário representa gastar dinheiro muito antes do momento da venda. Retira-se dinheiro do caixa muito antes do momento necessário, isto é, muito antes do momento de entrar o dinheiro das vendas.

No sistema "empurrado", os materiais acabam sendo comprados antes do momento necessário. Só se para de colocar mais materiais na produção porque o nível de estoque em processo tem um limite físico, que é o espaço da fábrica. Então ocorre o que estava ocorrendo hoje na gráfica: empurrando materiais para dentro da fábrica – acima da quantidade necessária no momento – enquanto há espaço disponível. Faltam paletes para armazenar, ocupa-se mais espaço, desorganiza-se a produção e há gastos/perdas desnecessários. São exemplos dessas perdas: compra de paletes, pois se pensa que faltam paletes; manuseio excessivo de materiais que ficam muito tempo dentro da produção, o que aumenta os danos; excesso de movimentação das pessoas e materiais, pois o excesso de estoque torna inacessível os materiais justamente necessários naquele momento; etc.

Entretanto, Miguel sabia muito bem que, com estoques em processo mais baixos, o nível de estoque de folhas em processo simplesmente oscilaria por conta das vezes que a desbobinadeira tivesse que parar de produzir. Estoque oscilando, custo unitário oscilando. Essa pequena oscilação de estoque em processo e de custo unitário não representaria mal algum. Mas a gerência olharia para o custo unitário quando ele

– Falando em indicadores, vi hoje o pessoal do grupo retirando a folha de indicadores da bobinadeira do mural – disse no tom mais casual possível.

– O quê? – bradou Jorge. – Como assim?

– Não sei muito bem do que se trata, pois não acompanhei – explicou Miguel, percebendo que conseguira o efeito desejado – mas os indicadores da desbobinadeira não estão mais lá!

– Bom, por hoje é só. Depois continuamos. Obrigado – finalizou Jorge já mentalizando o que faria a seguir.

Enquanto saíam, Miguel, deixando escapar um sorriso furtivo, ouviu satisfeito Jorge dizer para a sua assistente:

– Silvana, chame Ricardo aqui, imediatamente.

16

Jorge Schmidt estava de pé atrás da mesa, com os olhos chispando:

– Que negócio é esse de retirar os indicadores da desbobinadeira do mural?

– O quê? Como assim? – respondeu Ricardo.

Ricardo fora pego de surpresa. Precisou de um tempo para entender a "gravidade" do que fizera há pouco. Seria grave retirar os indicadores dali? Como essa informação chegara tão rapidamente a Jorge?

– Quero uma explicação coerente!

– Bem – Ricardo parecia hesitante – o grupo está trabalhando na redução dos prazos de entrega – começou, falando propositalmente sobre a maior preocupação de Jorge.

– E de que maneira os indicadores da desbobinadeira prejudicariam o prazo de entrega, ora bolas! Como você vai saber se a desbobinadeira está produzindo a quantidade que as impressoras precisam sem controlar a quantidade?

A cabeça de Ricardo fervilhava. E agora?? "Pense, pense!", dizia a si mesmo. Ricardo buscava uma explicação de modo que Jorge, mesmo não vivenciando o dia a dia da produção, entendesse sua atitude.

– Realmente, é preciso indicadores para gerenciar, mas as pessoas se comportam conforme os indicadores mostram como é o desempenho delas. E, nesse caso, a desbobinadeira produz mais do que a quantidade necessária para as impressoras porque o operador vê o gráfico "baixar".

– Ora, isso é justamente o que eu espero daquele operador: produzir mais! –disse Jorge em tom aborrecido.

– O que quero dizer é que a produção é uma equipe cujo objetivo é todos chegarem juntos ao mesmo tempo. Não adianta um deles, o operador da desbobinadeira, chegar antes e ficar esperando pelos outros.

– Dá para ser mais objetivo? – indagou Jorge já mostrando impaciência.

– É como se o primeiro automóvel dessa equipe disparasse na frente dos outros. Isso não é só desnecessário, como é prejudicial. Nesse caso, a desbobinadeira inunda a produção de materiais que as dobradeiras não têm capacidade de processar. Esse estoque desnecessário custa dinheiro que foi retirado do caixa da empresa. O que o grupo de melhorias está fazendo é tentar devolver esse dinheiro para o caixa da empresa.

– Calma aí, *garoto*, – disse Jorge, fazendo Ricardo irritar-se com a palavra – se eu retirar as folhas da desbobinadeira da produção, o dinheiro não voltará para o caixa. O que me diz?

– Claro que não, se ficarmos restritos ao material produzido pela desbobinadeira. Mas se estendermos essa lógica de redução de estoques à gráfica como um todo, sem diminuir a capacidade de produção, deixaremos de imobilizar dinheiro em estoques sem que haja diminuição da capacidade de produção.

Jorge já parecia mais calmo:

– Isso é fato, mas não vejo vantagem em não medir o desempenho da desbobinadeira!

Ricardo percebeu que precisariam explorar mais profundamente esse assunto e decidiu voltar para a preocupação principal de Jorge:

– A questão principal é que, ao reduzir os estoques em processo, o prazo de entrega diminuirá. Estoques menores, *lead times* menores. O grupo explorou essa lógica baseado numa analogia com o trânsito. A equipe da produção é como um comboio de automóveis, cujo objetivo é chegarem juntos. Se um deles se afasta do outro, fica um espaço. Esse espaço representa estoque no caso da produção. Se um novo comboio – um novo pedido – entrar na estrada, vai levar mais tempo para ficar pronto, pois o espaço (estoque) entre os automóveis do comboio que vai na frente terá de ser percorrido antes que esse novo comboio entre na estrada. Isso consome mais tempo do que o necessário. Aumenta o *lead time*, ou seja, o prazo dos pedidos. Posso explicar melhor como é isso?

– Não, agora não! – Jorge interrompeu – estou de saída. Outra hora. Lembre-se de que quero ver os prazos de entrega diminuírem.

Ricardo saiu da sala. Jorge pegou suas coisas e saiu pensativo.

– É o que eu queria dizer... Chegamos à conclusão que aqueles indicadores não ajudariam.

– Como 'não ajudariam', se até hoje foram úteis?

Simone, sentindo o constrangimento de Clélio, intercedeu:

– Chegamos à conclusão que somente estimulariam o aumento dos estoques em processo.

Miguel sabia disso, mas nunca mandou limitar a produção da desbobinadeira. Estava ressentido por não ter sido dele essa ideia. Acrescentou calmamente:

– Vocês sabem quem mandou colocar aqueles indicadores no mural?

Os dois colegas permaneceram em silêncio.

> Aquele que se opõe às mudanças, pode se chamar fundeador. **Ver A-5.2.**

– Foi Jorge Schmidt. Acho que ele não gostaria de saber que nossa equipe toma decisões precipitadas.

Novamente, Miguel deixou o silêncio se prolongar por um instante, o suficiente para avaliar o efeito que o nome de Jorge tinha causado.

– Espero que não tenha sido ideia nossa.

Clélio deixou-se dominar pelo desânimo, que já tomava o lugar da sua motivação em participar do grupo de melhorias:

– Foram ideias do Ricardo – defendeu-se.

Omitiu que concordava com essas ideias, pois tinha receio do risco que corria se a proximidade entre Miguel e Jorge fosse usada para avaliar um suposto "erro" seu. Para ele, aquele era um terreno minado.

– Portanto – continuou Miguel – peço a você, Clélio, que fale com o operador da desbobinadeira e com a Sabrina, na alceadeira. Sempre tivemos cuidado em fazer mudanças. Se é para mudar, tem que ser para melhor e com segurança.

Clélio e Simone saíram da sala sem se olhar. Clélio falaria com os operadores, mas não sabia exatamente o que dizer.

Cumpriria a ordem recebida, mas a conversa com os operadores pareceu fora do contexto para Clélio. Foi até o operador da desbobinadeira. Falou, consciente de sua hesitação, sobre a importância que o Sr. Jorge dava aos indicadores. Deviam ficar atentos e agirem sobre eles quando estivessem piorando. Sentiu-se envergonhado consigo mesmo, não sabia se os indicadores voltariam para o mural e não concordava com aquilo. Seguia ordens. Repetiu a conversa com a Sabrina Fialho, operadora da alceadeira. Sentiu-se duplamente oprimido.

Simone não se deixou abalar, mas sabia que teria de agir com cuidado nas reuniões do grupo de melhorias.

19

Miguel jogou confortavelmente o corpo para trás, recostando-se na cadeira. Fechou os olhos e repassou mentalmente a conversa com seus subordinados. Saboreou as consequências favoráveis que colheria.

Enquanto isso, na sala de Jorge, este falava ao telefone:

– Alô Moacir, há quanto tempo!

Moacir Ventura era consultor. Havia sido executivo de operações, diretor industrial e tinha experiência e conhecimento em muitas áreas: engenharia de produção, qualidade, *lean*, indicadores de desempenho, teoria das restrições, logística e *marketing*. Sabia que Jorge, normalmente, não contratava consultores. Na verdade, Jorge normalmente recorria a Miguel para discutir questões de gerenciamento.

Jorge e Moacir eram amigos há muitos anos:

– Oi Jorge, você não morre tão cedo – brincou.

– Ué, por quê?

– Vendi minha arma de caçar coelho – riu.

– Ah! Nessa você me pegou – respondeu, rindo também.

– É que estava pensando em te ligar, mas você está sempre correndo. Sempre ocupado...

– Estou enfrentando alguns problemas aqui com relação a indicadores e quero saber tua opinião.

– Diga...

– Há mais de um ano, estabelecemos um sistema de indicadores. Um desses indicadores mede a produtividade da primeira máquina do processo de fabricação. Mas o Ricardo....você conhece Ricardo Tamagna?

– Hum, Ricardo Tamagna? Este nome não é estranho para mim. Ele não trabalhou antes numa montadora de motocicletas?

– Exatamente!

– Isso! Na logística das motocicletas, cheguei a fazer uma proposta por indicação dele, mas não vingou. Lembro de ter visto vários problemas, dentre eles, falta de sincronização e a liderança era do tipo comando-e-controle. Realmente, havia muitas oportunidades lá, mas a minha proposta não foi aprovada.

– Bem... Ricardo está coordenando um grupo de melhorias, e este grupo recomendou a não utilização desse indicador porque levaria ao aumento de estoques em processo. Eu estou quase convencido disso, mas quero uma segunda opinião.

Claúdia sugeriu, lançando o olhar para Clélio, que eles retomassem a conversa com o operador da desbobinadeira e que alguém o acompanhasse por uma semana.

Simone sugeriu que se adotasse um procedimento para controlar a operação da desbobinadeira.

A discussão seguia acalorada quando Miguel Ascorbi entrou na sala:

– Com licença. Continuem! Não quero atrapalhar.

Assim que o viu, Clélio imaginou que, se a situação já não era das melhores, só tenderia a piorar com a presença de Miguel. Sentia que ficaria entre a cruz e a espada: se o processo está ruim, ele deveria melhorar. Se ele tentasse melhorar, Miguel iria pressioná-lo.

Miguel sentou-se próximo à porta e, de imediato, olhou para Clélio, Sabrina e Simone. A atenção desses já não estava mais no que Ricardo dizia:

– Então, temos duas ideias: 'procedimento' e 'acompanhar o operador da desbobinadeira' – disse enquanto ia escrevendo no quadro branco. – Quais dessas ações adotaremos e com que finalidade?

Aqueles segundos de silêncio que se fizeram eram reveladores. Ninguém falava. Quando Miguel percebeu que isso seria atribuído à sua presença e estava prestes a quebrar o silêncio, Cláudia Lira falou:

– Por que não se adotam as duas ações? Pode-se acompanhar o operador da desbobinadeira, como proponho, e adotar o procedimento sugerido pela Simone.

– Para que formalizar um procedimento e falar com o operador? – questionou Ricardo a fim de testar a eficácia das ideias.

O grupo voltou novamente ao silêncio. Dessa vez, nem Cláudia respondeu à questão.

"O que está acontecendo?", perguntou-se Ricardo. Percebia que Clélio, Simone e Sabrina estavam apáticos. Ele até conseguia imaginar que Miguel tivesse algo a ver com aquilo, mas naquele momento precisava concentrar-se em superar o impasse.

> As conclusões válidas são tomadas com base em fatos e dados. Ver no local de trabalho, onde estão os fatos, simplifica a solução de problemas e afasta as falsas suposições.
> **Ver A-13.**

– Pessoal – recomeçou Ricardo – acho que devemos dar um passo atrás e rever nosso método. Quando chegarmos num impasse, penso que deveríamos ir até a fonte do problema, falar com as pessoas e ver o que está acontecendo com nossos próprios olhos. Que acham?

– Acho que é uma boa ideia – disse Cláudia. Os outros ficaram mudos, enquanto Miguel parecia confortável com a situação.

O grupo caminhou até a produção e encontrou a mesma situação da semana anterior: paletes obstruindo corredores, a desbobinadeira a todo vapor, o pulmão das dobradeiras cheio e cadernos de livros no chão. Alguns tinham sido acidentalmente pisados pelos operadores. "Que desperdício", pensou Ricardo, que falava com o grupo mostrando os problemas relacionados aos estoques excessivos. Sentia como se estivesse falando apenas para si, pois a participação era mínima. Miguel afastou-se. Observava ao longe o esforço "solitário" de Ricardo.

Falando com o operador da desbobinadeira, Ricardo percebeu que ele não entendera exatamente o que fazer.

– Eu tenho que produzir para abastecer as impressoras. Não posso deixar faltar folhas – ele disse.

Dessa vez Ricardo explicou por que os indicadores não estavam mais no mural. Contudo, o comportamento do operador continuava o mesmo: produzir enquanto tivesse material e tempo; não parar.

– Pense assim – disse Ricardo ao operador da desbobinadeira – se você chegasse com seu automóvel ao destino de sua viagem, você continuaria correndo?

Quando o operador pareceu entender, o grupo começou a se dispersar para desespero de Ricardo. Aflito, ele tentou reagrupar as pessoas:

– Vamos voltar para a sala pessoal?

Alguns minutos depois, eles recomeçaram a reunião sem a presença de Miguel, que ficou na produção. Após alguns momentos de discussão, chegaram a um consenso influenciados pelas ideias de Ricardo. Por enquanto não seria necessário um procedimento. Bastaria Clélio monitorar o sistema de fluxo, corrigi-lo e explicar ao operador tantas vezes quantas fossem necessárias. Clélio concordou friamente.

Terminada a reunião, Ricardo saiu da sala absorto em pensamentos e frustrado pelo trabalho desastroso com o grupo naquele dia. Um toque no seu ombro, contudo, trouxe-o de volta à realidade. Era Jorge Schmidt:

– Quando é a reunião do grupo de melhorias dessa semana?

– Já foi. Terminou agora mesmo – disse Ricardo, desanimado.

– Puxa, gostaria de participar na próxima. Avise-me, por favor.

– Claro!

– E como está indo?

– Bem – mentiu Ricardo.

Ao conversar com o gerente comercial, Ricardo descobriu que esse pedido era "urgente" para o cliente mais importante do ponto de vista do vendedor, mas menos importante que outros que tiveram seus pedidos atrasados.

Na reunião de PCP do dia seguinte, tratou dessa questão com Fábio:

– Essas alterações de sequência na produção derrubam nossa produtividade e, ao agradarmos um cliente, criamos problemas com outros três. Isso tem de mudar! Quero discutir toda alteração importante que for solicitada pela área comercial.

Todos concordaram, principalmente os analistas de PCP que, depois da reunião, cada um em separado, como se fosse assunto proibido, falaram do problema com Ricardo. Para Ricardo era pura rotina de programação: congelar uma programação por um período era uma regra básica do planejamento de operações.

Passaram-se semanas, e as alterações continuavam ocorrendo sem que Ricardo fosse consultado. Estava sendo negligenciado por Fábio Silva. Pensou: "O que está acontecendo? Há algo muito errado aqui!".

Quando falou com Hamilton sobre isso, ouviu dele uma opinião contrária:

– Precisamos do Fábio. Ele é o único que entende de programação, das máquinas e das particularidades de cada cliente.

– Mas ele *não pode* agir autonomamente. O Fábio faz parte de uma equipe. As alterações na programação estão diminuindo nossa produtividade e, no final das contas, os clientes é que sofrem. Cada cliente favorecido atrasa os pedidos de outros cinco clientes. Quero sua autorização para colocar claramente a situação para ele. Ou criamos um laço de confiança, mesmo que somente baseado em critérios técnicos, ou não podemos trabalhar juntos.

Para Hamilton, estava claro que, se Fábio saísse do PCP, não haveria alguém para programar a fábrica e a compra de componentes. Ricardo não estava preparado para gerir a programação sem ele. Além disso, Hamilton dependeria de Ricardo para saber da situação das ordens de produção, mesmo confiando mais em Fábio. Estava decidido. Definitivamente não deixaria que isso acontecesse. Tranquilizaria Fábio. Afinal, era ele, Hamilton, quem dava a palavra final naquela fábrica.

Hamilton respondeu com uma voz trêmida, que denunciava sua insegurança e temor pelo que poderia acontecer:

– Você *não* vai fazer isso, porque conheço Fábio há muito tempo, muito mais tempo que você, e ele é muito sensível a pressões. Não podemos perdê-lo.

Ricardo saiu da sala aborrecido. Queria ter dito algo como: "Então, passe o PCP para outra área, para a área comercial, por exemplo" ou "Dessa forma eu não trabalho. Ou eu, ou ele". Mas precisava de tempo para pensar. Hamilton e Jorge Damaceno, gerente comercial, eram amigos. Fábio estava há anos na fábrica e se relacionava bem com os vendedores. Hamilton era condescendente com a postura de Fábio, que Ricardo considerava inaceitável!

Quando Ricardo percebeu que Ênio Novak, um dos três coordenadores de produção, tinha preferência de Hamilton e que Fábio o "favorecia" com pedidos "mais fáceis" de serem fabricados, a situação ficou clara. Ou caía nas graças do gerente-geral, ou estaria fora! Agradar não era seu perfil. Seria um caminho sem volta se não tivesse algum apoio. Decidiu ganhar tempo, fazendo o possível: demonstrar respeito pelo gerente-geral, como sempre fizera, informá-lo antes que outros o fizessem, mas não abrir mão dos bons resultados de produtividade e atendimento ao cliente:

– Damaceno, você pode ajudar nessa questão das alterações de programação?

– Depende. O que você sugere, Ricardo?

– Que os vendedores não acessem o PCP diretamente. Venham falar comigo sobre as exceções.

– Da minha parte, tudo bem. Falarei com eles.

Uma das origens dos problemas de programação estava encaminhada. Hamilton fora informado disso por telefone, não gostara, mas não se opusera. Agora, Ricardo só precisava convencer Ênio, coordenador de produção preferido de Hamilton, de que o importante era seguir a programação, obedecer os prazos de entrega e aumentar os três turnos. A situação, contudo, seria constrangedora. Ricardo teria de falar com Ênio, porque Fábio não seguia suas instruções.

Mais algumas semanas se passaram depois que Hamilton chamou Fábio à sua sala:

– Como vai, Fábio? Tudo bem?

– Tudo, exceto pelas modificações na programação. Estamos ficando inflexíveis com relação aos pedidos urgentes.

– Mas os clientes estão sendo bem atendidos?

– Tenho feito o que posso, mas agora tem essa regra de os vendedores só falarem com o Ricardo. Isso limita minha capacidade de atender aos pedidos urgentes.

Com uma frase intencionalmente vaga e maliciosa, Hamilton disse o que Fábio queria ouvir. Tranquilizou Fábio e desautorizou Ricardo:

– É. Eu sei. Ricardo parece não gostar de você, mas continuaremos atendendo bem aos clientes.

22

Definitivamente, Ênio Novak parecia confiante e se apresentava como o mais preparado dentre os coordenadores dos três turnos de produção. Não era do tipo de coordenador de produção que gostava de acompanhar o chão de fábrica. Ficava mais tempo no PCP, com Fábio, e na sua sala do que na produção:

– Você viu a produtividade, *chefe*?

Ricardo não gostava de ser chamado assim. Havia ironia em sua voz:

– Vi! Você sempre consegue maior produtividade do que os outros turnos?

– Normalmente! Modéstia à parte, são mais de 10 anos de experiência – disse com orgulho.

O quadro na parede mostrava uma grande diferença de peças/dia produzidas no seu turno em comparação com os dois outros turnos.

– Posso ver a programação da produção de seu turno?

– Claro, *chefe*!

Numa rápida olhada, Ricardo notou que as ordens eram grandes, de modo que as máquinas ficavam trabalhando por grande período antes de mudarem para outros tipos de peça. Estava aí o segredo da produtividade desse turno: menos preparações, mais tempo produzindo resultavam em mais peças/dia. O prazo de entrega não estava sendo levado em conta. Os clientes eram penalizados com atrasos na entrega de seus pedidos porque Ênio queria aparentar um bom desempenho individual, ocupando-se de aumentar a produtividade do turno 1! A empresa perdia produtividade total porque um turno era favorecido.

Ricardo percebeu que Hamilton não enxergava o estrago que estava fazendo na empresa. Ou não se importa com produtividade ou não entende o que ele, Ricardo, estava tentando explicar. "Não há saída para mim. O círculo se fechou: Hamilton favorece Fábio e Ênio, que por sua vez contam com a simpatia de Jorge Damaceno. Este por sua vez é ligado a Hamilton, com quem eu jamais terei um sincronismo como o do gerente comercial", refletia.

As fofocas circulam muito rápido nessa rede de informações. "Aqui não há futuro para mim, é uma mera questão de tempo", Ricardo resignou-se.

Impulsivamente – pensando em eliminar o mal na sua origem – Ricardo retirou o quadro com o indicador peças/dia da parede enquanto falava:

– A partir de hoje, Ênio, não divulgaremos mais a produtividade por turno. Em vez disso, haverá dois indicadores: peças/dia dos três turnos e aderência à programação*. Somaremos as peças produzidas nos três turnos e vamos ver quantas ordens de produção foram produzidas de acordo com a programação.

Fazendo isso, Ricardo não percebia que tirava algo muito importante para Ênio: um dos motivos de seu orgulho como coordenador de produção. A reação não tardou. Ênio falou com Fábio, que levou a notícia a Hamilton. Ricardo percebeu que tinha criado mais um problema para si quando Hamilton o chamou para dar explicações.

– Os indicadores se tornam parte do sistema de avaliação de desempenho das pessoas. As pessoas se comportam conforme são avaliadas. Se o indicador é peças/turno, cada coordenador de turno vai querer produzir mais peças que o outro, mesmo que haja prejuízo para a produtividade total – tentou explicar Ricardo.

Hamilton desconfiou da explicação:

– Mantendo-se a produtividade dos outros dois turnos, se o terceiro turno aumenta a produtividade, a produtividade total aumenta, não é?

– O que ocorre na prática é que o primeiro turno está criando urgências para os outros dois turnos. Muitas atividades de produção têm de parar para atender às urgências que surgem. E isso torna a fábrica menos produtiva como um todo.

Hamilton parecera entender razoavelmente a explicação, mas, no fundo, preferia confiar em Fábio e Ênio. Nada mais perguntou a Ricardo. Também, não queria demonstrar que não tinha entendido completamente.

Ricardo saiu da sala de Hamilton com a sensação de que agora ele havia entendido. Não gostava do ar de desconfiança dele e imaginava: "A quem Hamilton daria ouvidos? Aos seus preferidos ou a mim?".

Ricardo estava decidido a acompanhar a programação da fábrica e fazer que fosse seguida. Com Fábio, de quem Hamilton achava depender tanto, seria mais difícil. Mas Ricardo faria que ele seguisse suas instruções. Ele reclamaria para Hamilton, por certo. Mas Ricardo daria explicações. Voltaria a falar com Fábio. Seria muito cansativo e estressante, mas teria de ser assim.

Aquele quadro de indicadores era um reconhecimento para Ênio. Melhorava sua produtividade e piorava o desempenho da fábrica! Ele tinha de fazer que o indicador de produtividade fosse utilizado corretamente. Não tinha pensado que mudar o indi-

---

* O indicador de aderência à programação mede o quanto a programação é executada conforme programada em termos de sequência, prazos e quantidades.

cador traria mais incômodo. Agora, o que importava era sua sobrevivência. "Que se dane o quadro de indicadores! Que se danem Hamilton, Fábio e Ênio!", dizia Ricardo a si mesmo.

23

Laura ouvia atentamente a improvável história de Ricardo. A fábrica de motocicletas seria realmente administrada assim? Seria como as conspirações da Roma Antiga, ou seu marido estaria paranoico. Laura não acreditava que uma empresa pagava um gerente e o impedia de fazer seu trabalho:

– Você ganha bem, Ricardo. Faz sentido uma empresa que visa ao lucro pagar para alguém não produzir resultados?

– A empresa é um ente abstrato. Não tem opinião, não faz justiça e não se preocupa necessariamente com resultados. Relacionamentos fortes perdoam resultados medianos, mas resultados bons não tornam necessariamente os relacionamentos melhores. Melhorias geram desconforto aos que estão há muito tempo na empresa e não as fizeram antes.

– Como assim? Você quer dizer que resultados não importam?

A irritação de Ricardo aumentava, como se ela tivesse obrigação de saber:

– Não é isso, Laura! A empresa é um conjunto de pessoas, cada um com seus interesses. Tem uma cultura, comportamentos que se reforçam por terem dado "certo" para uma massa crítica de pessoas. *Você entende*?

– Mais ou menos. É certo agirem contra a vontade do cliente e com produtividade menor?

– Respondo com duas perguntas: você conhece algo mais "certo" do que cuidar da própria sobrevivência? Você sabe de algum incentivo maior do que esse "traga-me as fofocas que eu mantenho seu emprego"?

Laura ainda custava a crer:

– Você quer que eu acredite que alguém pode pôr em risco uma empresa criando falsas informações, diminuindo a produtividade, para se manter no emprego?

Dessa vez Ricardo elevou a voz, não entendendo que a incredulidade da esposa era com a situação e não em relação a ele:

– Você não acredita em mim, não é Laura? A questão é que meu emprego está por um fio. Você não entende?

– Olha, Ricardo. Em primeiro lugar, eu acredito em você. Portanto, acalme-se – disse firme e tranquilamente. – Em segundo lugar, nós precisamos dessa renda. E, finalmente, se o ambiente está tão ruim, você deve sair.

– Só não sei como conciliar sair da empresa e manter a renda ao mesmo tempo – acrescentou, já mais calmo. Percebera que levava sua irritação do trabalho para casa.

– Mantenha-se nesse trabalho até achar algo melhor. Que acha?

– Parece sensato, mas o esforço será enorme.

Diego entrou na sala, pois ouvira parte da conversa:

– O que está acontecendo, pai?

– Há alguns problemas na fábrica... parece que não ficarei muito tempo por lá! – disse, explicando a seguir a situação.

– Por que você não pega um livro e estuda uma solução, uma estratégia? Você gosta de planejar e executar, não é?

– Gosto, mas essa não parece ser uma opção válida. Não há muitos livros sobre isso. Pelo menos não que eu saiba.

– Uê! *A arte da guerra*, de Sun Tzu, *O príncipe*, de Maquiavel e *Leviatã*, de Hobbes.*

– Totalmente inadequados para as organizações e para os dias de hoje. Você já imaginou o líder "cortar a cabeça" de um colaborador na frente da equipe para dar lições de autoridade? Você já pensou no que seria de uma empresa em que a máxima "dividir para governar" fosse levada a sério? Talvez esteja mais para Thomas Hobbes e a fábrica precise de um governo, mas *não sou eu* que faço as *leis*.

Diego Tamagna procurou digerir aquilo a partir da pouca experiência de vida que tinha. Não entendeu muito bem e brincou:

– Acho que uns bons sopapos nesse Hamilton e no outro – como é mesmo o nome? – resolveria o caso.

– Não diga uma bobagem dessas, menino – espantou-se Laura, exatamente como Diego queria que ela reagisse à provocação.

Ricardo deu-se conta de que era isso que acontecia realmente na fábrica: *dividir para governar*. O artífice desses jogos de poder era Hamilton! A partir de agora será o *Sr. Hamilton*. O Sr. Hamilton que dá proteção aos escolhidos em troca de informações. O resultado dessas táticas é a criação de um ambiente horrível para a maioria das pessoas. Lembrou-se do que lera: "O problema com muitos gerentes é que eles consideram a informação como fonte de sua autoridade e tentam controlar seus subordinados monopolizando-a." (Imai, 1997).

Ignorou a brincadeira inoportuna de Diego e a repreensão de Laura para extrair algum ensinamento do assunto:

---

* TZU, S. *A arte da guerra*. Porto Alegre: L & PM, 2012; MAQUIAVEL, N. *O príncipe*. Porto Alegre: L & PM, 1998; HOBBES, T. Leviatã. 2. ed. São Paulo: Martin Claret, 2008.

– Diego, há algumas situações na vida nas quais uma pessoa pode *ajudar muito*, pode *ajudar pouco* e há situações em que *não se pode ajudar*.

– Não entendo!

– Se mais uma pessoa, por exemplo eu, entrar no *jogo* e agir tão mal quanto essas pessoas, para minar o poder do *czar*, a situação piorará. A sua mãe tem razão, o melhor é me manter lá até conseguir algo melhor.

– Que bom que você me ouviu – disse Laura.

– Ouvi e concordo Laura! Irei me esforçar para resistir emocionalmente ao estresse que será conviver com fofocas, bajulações e correções de informações distorcidas. É o máximo que posso fazer, infelizmente.

Laura sentiu-se na obrigação de demonstrar algum apoio ao marido:

– No final vai dar tudo certo, Ricardo!

– Vai sim – disse sem convicção. – E quando falei, Diego, que não há livros sobre isso quero dizer que não é dada a devida atenção aos problemas delicados do dia a dia das organizações.

– Não tenho uma disciplina na Administração chamada "Resolvendo Conflitos com o Chefe" – disse rindo.

– Seria bom – riu também, espantando o desconforto. –E observe que estes problemas que são constrangedores são evitados, embora, às vezes, sejam extremamente importantes. Formas de abordar problemas delicados deviam ser estudadas e praticadas.

– O que é mesmo que falou aquele consultor sobre não escrever sobre problemas?

– O consultor chama-se Moacir Ventura e não foi bem isso que ele disse. Moacir disse uma daquelas frases de efeito: "As coisas importantes não se escrevem".

Flávia, que com Ana juntou-se aos três, tinha uma audição aguçada e uma boa dose de sarcasmo:

– Isso quer dizer que não preciso copiar a lição! Oba!

– Não confunda isso, Flávia, com não anotar o que *você* não dá importância. Moacir entende que há questões que devem ser tratadas com habilidade. Por exemplo: como você faz uma crítica a alguém, Ana? Como você mostra a alguém que cometeu um erro?

– Ora, é fácil! Eu diria: "Sr. Ricardo, você cometeu um engano. Corrija-o, por favor! O senhor já leu Friedrich Nietzche e o eterno retorno? Isso quer dizer que você repetirá este erro infinitamente a menos que o corrija agora" – respondeu em tom de brincadeira e para demonstrar conhecimento.

– Você não acha que, se *você* ouvisse uma crítica exatamente assim, começaria a se justificar ou fugiria deste assunto desse momento em diante?

– Eu, Diego, faria diferente. Colocado dessa forma, parece que a Ana estava falando com uma *parede*. Tem que "arredondar" essa bola: usar um pouco de psicologia com as pessoas não seria uma má ideia.

Ana murmurou algo, enquanto Laura complementava:

– Sensibilidade é importante! Cada pessoa recebe uma crítica de forma diferente e, além disso, não conheço quem goste de ter seus erros revelados por outros e de falar sobre seus problemas delicados. Aliás, pouquíssimas pessoas se sentiriam à vontade para fazê-lo.

– E se você considerar, Laura, que o aprendizado ocorre com a identificação e correção do erro, a consequência é previsível. Quem não admite os seus erros não aprende. Era a isso que Moacir se referia: ter cuidado com o que diz, fala ou escreve.

– Há três coisas que não voltam: a flecha lançada, o tempo que passou e a palavra dita – completou Laura, recitando o ditado para Diego, Ana e Flávia.

– Mas não significa que não devam ser ditas. No livro *Kaizen*, Masaaki Imai diz: "O *kaizen* começa com o reconhecimento de que a empresa tem problemas, desenvolvendo uma cultura na qual qualquer um pode admitir a existência de problemas livremente".* Vocês percebem a implicação disso para as pessoas que trabalham na empresa?

– Claro! – disse Diego. – As organizações e as pessoas que reconhecem os problemas e os corrigem aprendem.

– O que você acha: é fácil criar essa cultura de aprendizado? – retorquiu Ricardo.

– Parece que seria necessária uma boa dose de inteligência e habilidade dos líderes para lidar com os erros – completou Laura.

– Esse, Laura, é um dos motivos pelo qual penso que as empresas falham na melhoria contínua. Os líderes têm que desenvolver essas habilidades e as pessoas têm de se transformar para que as mudanças sejam duradouras. Tenho lido alguns autores sugerirem – com pequenas variações – liderança, conhecimento, disciplina e o comprometimento para transformar a empresa em um sistema enxuto.

– Xi! Lá vem o pai com essa conversa de agregação de valor *de novo!* – começou Ana.

Ricardo ignorou o comentário de Ana:

– Quanto à liderança e conhecimento, tudo bem! Mas como fazer as pessoas se sentirem à vontade com os erros e os problemas? Como fazer as pessoas se sentirem responsáveis pelos erros de seus processos e por corrigi-los? Esse é o papel do líder!

– Pode dar um exemplo, a Ana não entendeu – disse Diego provocativo e ao mesmo tempo tentando esconder que ele não havia compreendido!

– Lá vai um exemplo singelo, mas prático! Vou simular o uso dessa habilidade com vocês!

> O principal papel da gestão visual é tornar os problemas e erros aparentes. **Ver Apêndice A-17.**

– Diego: não há problema em não entender algo. Sinta-se à vontade para perguntar. Ok? Eu levei muitos anos para fazer essa ligação entre aprendizado e tornar os erros aparentes.

---

* IMAI, M. *Kaizen*: a estratégia para o sucesso competitivo. 4. ed. São Paulo: IMAM, 1992.

– Para a Flávia eu diria referindo-me ao fato de ela precisar estudar mais: quando eu tinha tua idade, eu só pensava em jogar futebol, não conseguia dividir o tempo entre estudo e esporte. Foi então que estabeleci um objetivo de estudar numa escola melhor e passei a fazer a lição antes de ir jogar futebol.

– Ana: você gostaria de ouvir de sua mãe como ela conduziu a conversa com o vizinho para que não maltratasse aquele cachorro marrom?

Ricardo sabia que Ana adorava cães e seria um pretexto para ela aprender com a habilidade de Laura ao falar sobre um "erro grave" do vizinho. Esperou que tivesse conseguido se expressar e ser entendido. Queria ter tido tempo para falar de mais coisas: não bastava somente a habilidade de *falar*, tinha de *fazer*; líder tem que *fazer o que diz*, para evitar que o discurso seja diferente da ação. Falaria sobre isso com a família na próxima oportunidade.

A conversa sobre o cão corria em paralelo entre os quatro quando Ricardo os interrompeu:

– Estou planejando mudar de empresa.

Ana e Flávia se revezavam nas perguntas: ué, por quê? Você não está gostando de lá? Não pagam bem?

A conversa em família tinha feito ele esquecer do desconforto de trabalhar num ambiente daqueles. Sentiu certo mau humor e raiva quando lembrou de Hamilton e Fábio, mas um alívio por ter esclarecido a situação à família. Aos poucos, enquanto ouvia Laura e as "crianças" conversando, o humor foi melhorando. Não deveria transferir sua raiva para a família. Nem para outras pessoas. Tinha que ter e demonstrar controle. E era exatamente isso que faria. As suas "lentes emocionais" podiam estar distorcendo o problema. O que seria real nessa "conspiração" contra ele? Quais eram os fatos? Ricardo se concentraria nos fatos para avaliar realisticamente o problema. Assim, 'controlaria' a situação e a si mesmo.

24

Acompanhar a programação diariamente e tentar informar o gerente-geral antes que as informações chegassem por outros adicionava uma grande carga de trabalho às atividades normais de Ricardo. Tinha de chegar mais cedo à fábrica, sair mais tarde e levar o roteiro de programação para casa. Os coordenadores de produção seguidamente ligavam para sua casa para saber o que fazer:

– O centro de usinagem quebrou. Quais ordens de produção devem ser feitas?

Laura era acordada pelo toque do telefone e reclamava:

– Você não me disse que ia só tratar de manter esse seu trabalho até achar outro? Parece que cada vez você se envolve mais com a fábrica.

De fato, Ricardo não imaginou que seu plano de não abrir mão de melhorar os resultados da operação e acompanhar de perto a programação daria tanto trabalho. Manter o gerente-geral informado era particularmente desgastante, pois já não suportava seus questionamentos. Irritava-se:

– Você não entende Laura, não há como fazer diferente. Eu estou na linha de tiro. Se os resultados piorarem, eu estarei fora antes que eu ache outro trabalho!

> As impossibilidades, frequentemente, estão mais associadas a restrições autoimpostas do que à realidade em si: o que eu poderia fazer diferente se não houvesse essa restrição? Qualquer pessoa pode se perguntar e constatará que as alternativas surgem. Johnson, no livro *Quem mexeu no meu queijo*,* propõe algo parecido: "O que você faria se não tivesse medo?"

– Prometa-me que vai pensar nas situações em que você pode fazer de forma diferente, mesmo que seja levemente diferente. Como você pode fazer para trabalhar menos e se manter nesse emprego?

Era fato que Ricardo estava trabalhando mais, mas ele se sentia pressionado com essas perguntas. Quase aos gritos respondeu:

– Você quer que eu faça o impossível, Laura!

O ambiente em casa estava realmente ruim. Ficava menos tempo em casa e frequentemente discutia com Laura e os filhos. Diego, Ana e Flávia pareciam mais próximos da mãe e mais distantes do pai.

Ricardo firmou um compromisso consigo mesmo de questionar seus pressupostos quando a irritação, raiva ou impaciência surgissem. Dessa forma, pensava, conseguiria controlar seu estado emocional:

FALADO PELO OUTRO	PENSADO POR MIM	AUTOQUESTIONAMENTO	FATO
Como você pode fazer para trabalhar menos e se manter nesse emprego?	Ela quer que eu faça o impossível!	Ela está sugerindo algo para me ajudar? De que forma eu poderia trabalhar menos?	Laura não disse que queria o impossível.
O que você veio fazer na fábrica nesta madrugada? (Hamilton)	Hamilton está sempre desconfiando de mim!	Será que ele está realmente desconfiado ou quer realmente saber o que aconteceu? Não há inconveniente algum em informá-lo, não é?	Hamilton não está sempre desconfiado; há ocasiões de descontração durante o almoço, por exemplo.
Pai, por que você ainda não fez o que prometeu?	Meus filhos esperam que tudo seja feito imediatamente por mim, não sabem do sufoco que estou passando!	Se eu não fiz o prometido, custa explicar calmamente por que não dediquei tempo para fazê-lo?	A pergunta não menciona minha negligência ou atraso. A pergunta não indica que eu tenha de fazer imediatamente o que prometi.

Ricardo esforçou-se, mas o aprendizado emocional normalmente não pode ser praticado antecipadamente. Só se aprende na hora que as situações se apresentam. Exatamente quando surge o estado emocional é que a ação adequada deve ser construída e executada. Por vezes, Ricardo conseguiu autocontrole. Entretanto, na maioria das vezes, irritava-se por motivos banais, como a espera na fila de um banco ou o trânsito lento.

> Usualmente, nos diálogos conflitantes há uma boa dose de suposições sobre o que o outro está pensando. Qual a diferença entre se deixar levar por estas suposições e se questionar com base em fatos? Qual a probabilidade de haver um diálogo produtivo baseado em suposições?

A julgar pelo resultado daquele fatídico dia do acidente, o esforço teria sido inútil, pois não conseguira evitar sua demissão. Contudo, seu propósito com o autoquestionamento foi um aprendizado fundamental para seu amadurecimento. Manteve essa prática íntima, sempre desafiando suas suposições com perguntas e as confrontando com os fatos.

25

Começava mais uma reunião do grupo de melhorias da produção.

A sala estava cheia. Inclusive Miguel Ascorbi chegou pontualmente, sabendo da presença de Jorge Schmidt. Jorge disse:

– Pessoal, não quero atrapalhar o trabalho de vocês. Vou ficar um pouco para entender melhor o teor das melhorias e depois terei que sair para outro compromisso. Minha intenção era ter vindo na reunião da semana passada, mas não foi possível devido a compromissos urgentes. Podem dar seguimento normal que eu somente acompanharei. Talvez faça algumas perguntas e sugestões.

Depois desse comentário abaixou a cabeça e fingiu olhar alguma anotação na sua agenda para que as pessoas não se dirigissem a ele quando falassem. Realmente não gostaria de interferir, a menos que fosse necessário.

A presença de Jorge, Ricardo sabia, era muito importante. Se ele apoiasse as atividades, seria um grande incentivo e haveria grande chance de sucesso do grupo. Se, por algum motivo, não apoiasse, seria o fim das iniciativas de grupo.

– Então, pessoal, onde paramos da última vez? – Ricardo resolveu começar.

– Ficamos de acompanhar o sistema de controle de fluxo, o pulmão das dobradeiras e a desbobinadeira, mas não está funcionando – disparou Sabrina, sem sequer dar importância à presença de Jorge Schmidt.

– Muito bem! É isso mesmo que se espera de um time de melhorias: tratar diretamente dos problemas – falou Ricardo para incentivar o grupo e reforçar a atitude de reconhecer problemas, ideia central do *kaizen*. O recado era tanto para Jorge quanto para o grupo.

Miguel, ajeitou-se na cadeira e olhou para Clélio e os outros dois coordenadores, que fuzilaram Sabrina com o olhar. Ricardo pensou em aplicar a técnica dos 5 Por Ques, mas imediatamente descartou essa alternativa.

> Usualmente, nos diálogos conflitantes há uma boa dose de suposições sobre o que o outro está pensando. Qual é a diferença entre se deixar levar por estas suposições e se questionar com base em fatos? Qual é a probabilidade de haver um diálogo produtivo baseado em suposições?

Sabia que os 'por ques' não funcionavam bem para situações em que há atribuições de responsabilidade pessoal pelas falhas.

Ouviria muitas desculpas ou ninguém responderia. Se perguntasse "por que o sistema de fluxo não estava funcionando" a resposta verdadeira seria "porque não o acompanhamos". Mas ninguém daria esta resposta, que é constrangedora. E, se alguém dissesse isso, não seria na presença do gerente-geral. Era melhor, ponderava Ricardo, traçar um caminho em direção à solução e depois voltar a falar das ações necessárias para o sistema funcionar, validando-as. Seria mais produtivo.

A autoridade que Jorge impunha poderia estar contribuindo para inibir os participantes – pensou Ricardo. Avaliou que, por outro lado, a orientação e a objetividade de Jorge para a solução de problemas ajudaria. Por essa razão, Ricardo arquitetou sua próxima fala, ancorando-a na presença de Jorge, a fim de instigar a participação das pessoas:

– Pessoal, poderíamos relatar para o Sr. Jorge a experiência que tivemos essa semana e ilustrar algumas ideias para este sistema funcionar?

Miguel e os outros dois coordenadores permaneciam calados, observando Jorge, que continuava quieto. Clélio se sentiu encorajado a falar:

– Precisamos acompanhar e corrigir o sistema quando ocorrer um desvio qualquer. Se o operador da desbobinadeira produzir quando o pulmão das dobradeiras estiver cheio, é só falar com ele e mandar parar.

– Concordo, Clélio, mas não basta falar uma vez para que as mudanças se firmem. Vai haver muitos desvios até que se aprenda a operar esse sistema – completou Simone Garcia.

– Assim parece ser qualquer aprendizado. Precisa muita repetição até chegar à solução e consolidá-la – afirmou Ricardo. – Esse é um sistema simples, não é? Imaginem, então, a dificuldade que teríamos se estivéssemos implantando um sistema complexo?

A pergunta de Ricardo provocou vários comentários paralelos, até Miguel indagar:

– Se é um sistema simples, não deveria ser fácil de ser aprendido, inclusive pelos operadores?

Ricardo novamente notou a intenção maldosa de Miguel: se o sistema não estava sendo aprendido, não era simples ou não estava sendo ensinado corretamente, ou era um sistema ruim. Quaisquer dessas conclusões colocavam o trabalho do grupo em xeque.

A verdade, Ricardo sabia, era que o sistema de pulmão fora deixado de lado. Miguel tinha constrangido seu pessoal. Ricardo, que já desconfiava, resolveu tirar a dúvida sobre o posicionamento de Miguel:

– Se você pessoalmente dirigisse a implantação desse sistema, Miguel, você o faria funcionar?

Responder que sim equivaleria a dizer que o sistema era simples.

Responder que não mostraria descomprometimento. Miguel, esperto, achou uma brecha para exibir suas qualidades de *entendedor de complexidades* e manter Ricardo em situação duvidosa:

– Eu faria, porque é preciso entender as complexidades sistêmicas envolvidas, não só de produção e estoques. Entretanto, do ponto de vista operacional é um problema simples de ser resolvido.

Jorge, que algumas vezes já ouvira Miguel falar sobre teoria da complexidade, teoria de sistemas dinâmicos e teoria do caos, percebeu que ali havia um problema concreto e a solução era simples. Avaliou as reações de Miguel e Ricardo. A tensão entre os dois era evidente.

Interrompeu Miguel, pois havia um grupo ali que não ligava se os dois não concordassem. Nem Jorge tinha paciência para demonstrações de conhecimento:

– Escuta Miguel! Olha pessoal! Tenho de sair agora e a sugestão que tenho é que experimentem e façam dar certo esse sistema!

Estabeleçam uma meta para aumento de produtividade do recurso mais lento. Ricardo informará amanhã a meta para mim. Muito obrigado a todos e bom trabalho.

A meio caminho da saída, Jorge afirmou, buscando focar o gerente de produção numa tarefa de sua responsabilidade direta e para que não importunasse o trabalho do grupo:

– Miguel, quero saber como estão sendo solucionados os problemas de qualidade de curto prazo. Fale comigo amanhã sobre isso! E quanto aos indicadores da desbobinadeira, não precisamos mais deles – sentenciou.

Miguel ficou surpreso e decepcionado. Subitamente, a questão dos indicadores e dos custos deixou de ser importante para Jorge? "Perdera ele a confiança em mim? E o pior é que ele está dando respaldo para o grupo!", pensou Miguel.

Clélio e Simone sentiram-se novamente encorajados a participar e a discussão tomou novo ímpeto. A meta de aumento de produtividade foi estabelecida mais tarde. O grupo foi até a dobradeira observar a operação e estabeleceu a meta em 15%.

Era pouco do ponto de vista de Ricardo, que cronometrara o tempo gasto com a alimentação de uma dobradeira, as paradas para retirar folhas sem impressão que vinham misturadas e a perda de tempo para desobstruir a dobradeira.

Estimara em 40% a perda de tempo, fora o tempo com preparação da dobradeira. Ricardo também viu que havia problemas de qualidade afetando as dobradeiras. Viu que as folhas sem impressão apareciam como folhas em branco no livro, isto é, o livro tinha de ser descartado quando isso acontecia. O excesso de movimentação do estoque depois da dobradeira ('pulmão da dobradeira') fazia que os cadernos caíssem no chão e sujassem. As operadoras da alceadeira tinham de deslocar os paletes que obstruíam o acesso aos cadernos que elas precisavam. Havia uma variedade de desperdícios que podiam ser eliminados.

Jorge saiu da reunião convicto do que estava acontecendo entre Miguel e Ricardo. Miguel provavelmente não estava gostando que o grupo de melhorias entrasse no seu terreno. Se Miguel sabia tanto de gestão como parecia, por que não tinha sugerido antes algo parecido para reduzir estoques e prazos? Era uma solução simples. Jorge, que não era um profissional de produção entendera razoavelmente pela explicação da lógica do trânsito a relação entre estoques e prazo de entrega. Conversando com Moacir e observando a fila no restaurante, percebera que Ricardo dizia algo que fazia sentido. Era questão de experimentar se o grupo conseguiria aumentar a produtividade e, quem sabe, reduzir os prazos ou *lead times*, como Ricardo dizia.

Fora Miguel que implantara o sistema de indicadores gerenciais.

Por que ele não falara em indicadores que melhoram localmente e pioram globalmente o resultado? Por que Miguel nunca me falou em ótimos globais e ótimos locais? Estaria dosando informações? Isso era algo que Jorge jamais admitiria. Como disse Moacir, os gerentes às vezes têm de assumir aumentos de custo em suas áreas para que haja redução de custos ao longo do processo. Quanto a isso, ele teria de ser claro com Miguel.

"Talvez seja simplesmente ciúmes de Miguel. Com o passar do tempo, descobrirei. O que não é aceitável é deixar de fazer o melhor pela gráfica por conta de questões pessoais", pensou Jorge, tranquilizando-se.

26

Clélio e Simone conversam na fábrica. Dirigem-se até o pulmão das dobradeiras cujos corredores estão obstruídos com paletes. Instruem os operadores a não colocarem os paletes fora da área delimitada.

– Se há excesso aqui é porque estamos liberando mais material do que o necessário para a produção, Simone.

– Eu coloco as ordens com o operador de empilhadeira que leva as bobinas até a desbobinadeira, mas Peterson, o operador da desbobinadeira, sabe que não é para produzir se o pulmão estiver cheio.

Caminharam até a desbobinadeira e Simone acenou para Peterson:

– Ei Peterson! Venha cá, por favor. Você está vendo que tem excesso de estoques no pulmão. Por que você ainda está produzindo?

– É que o operador da empilhadeira chegou aqui com a bobina e disse que eu produzisse essa porque ele não sabia se poderia abastecer a desbobinadeira mais tarde.

– Você entendeu quando expliquei?

Peterson olhou para Clélio:

– É que o senhor veio aqui – disse confuso olhando para Clélio – falou sobre os indicadores e eu entendi que era para ficar atento à produtividade.

Clélio corou ao lembrar que Miguel o pressionara a falar com Peterson para continuar trabalhando da mesma forma. Simone percebeu a situação embaraçosa. Também notou que ela havia cometido três erros: (1) ela não era chefe de Peterson, (2) não dá para assumir que uma implementação funcionará da primeira vez e (3) o sistema inteiro está acostumado a não parar quando não é necessário (o operador da empilhadeira provavelmente também não gostava de ficar parado).

– Ei, Clélio, vamos até o almoxarifado falar com o operador de empilhadeira, ok?

Esse acompanhamento se repetiu mais algumas vezes até que o sistema de pulmão estivesse funcionando.

Numa das vezes que Clélio e Simone estavam na fábrica, Jorge aproximou-se deles:

– Bom dia! Como estão? Já dá para constatar se os prazos de entrega estão diminuindo?

– Ainda não! Mas a produtividade vem aumentando – tentou concluir Simone.

– E qual é a meta?

– Aumentar em 15% a produtividade das dobradeiras dentro de quatro semanas.

– Quantas semanas faltam, Clélio?

– Duas, mas o senhor pode ver – disse Clélio apontando para o gráfico das dobradeiras – que já aumentou aproximadamente 11%.

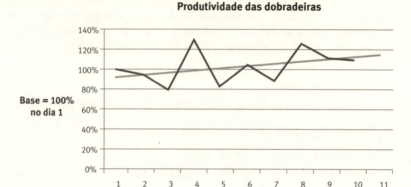

Figura 26.1 Produtividade das dobradeiras.

– E o que vocês fizeram para melhorar?

– Basicamente eliminamos as perdas de tempo: quando o operador mudava de tipo de caderno, ele perdia tempo para buscar um palete vazio e colocá-lo na saída da dobradeira. Perdia tempo para interpretar a informação da ordem de produção e por isso fizemos uma indicação visual de como fazer o ajuste da dobradeira para cada tipo de caderno. E as interrupções causadas por folhas em branco, desobstrução de folhas amassadas e outros problemas diminuíram também.

Jorge olhou para um operador que tentava desobstruir uma dobradeira – tal como acontece com uma impressora de escritório quando o papel tranca dentro dela:

– São muitos problemas que tornam a operação menos produtiva?

– Nós listamos 14, mas os que mais pesam são cinco problemas – disse Clélio apontando para o histograma com os tempos de parada estratificados.

MUDANÇA 73

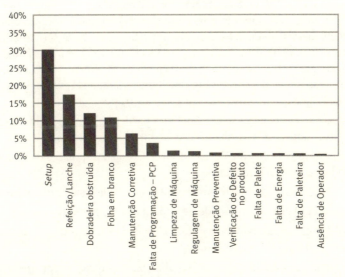

Figura 26.2 Histograma das paradas das dobradeiras.

– E as ações para reduzir estoque em processo?

– O senhor lembra como era essa área depois das dobradeiras? Agora, operamos com um terço do estoque, e a capacidade de produção de livros na verdade aumentou.

– Quanto aumentou a produção de livros? Os mesmos 11% em média?

– Na verdade, um pouco menos, 9%, porque há perdas nos processos posteriores – respondeu Clélio.

Jorge quis incentivar e afirmou:

– Muito bem! Transmita meus parabéns ao grupo. Isso comprova que o aumento de produtividade está sendo feito efetivamente no recurso mais lento. O estoque está menor porque o fluxo está sendo regulado por ele. O prazo de entrega deve estar diminuindo também.

Clélio e Simone ficaram surpresos com a clareza de raciocínio de Jorge, afinal nunca tinham visto ele se interessar tanto pelas técnicas de produção:

– Eu e Simone acreditamos que a redução de estoques vai reduzir o *lead time* de produção.

Lembrando que Jorge havia perguntado antes se os prazos de entrega tinham diminuído, Clélio pensou: "Será que Jorge sabe como se faz para reduzir o *lead time*?"

Jorge também estava surpreso: 9% de aumento de capacidade resultariam num aumento de $ 100.000,00 no faturamento mensal em relação ao último mês. Mas em termos de lucro pouco ajudaria, pois a margem percentual começara o ano muito baixa (2,5% sobre as vendas). Se a margem voltasse aos 8%, já seriam adicionados $ 8.000,00 ao lucro mensal. No ano, seriam $ 96.000,00. Era bom, mas não o suficiente! Melhor do que antes, mas muito longe da meta de 18 milhões e 12% de margem de lucro! "É preciso intensificar a busca por melhores resultados", pensou Jorge. Dirigiu-se à sala de Miguel para comunicar seu apoio ao grupo:

– Miguel, dê parabéns ao seu pessoal pela participação no trabalho do grupo de melhorias da produção. Os resultados estão bons, mas precisam melhorar.

Miguel estava visivelmente desconfortável. Corou e respondeu de imediato para se reposicionar a favor das melhorias:

– Tenho dado todo o suporte possível ao pessoal. Eles estão indo muito bem!

Jorge não perdeu a oportunidade de testar o envolvimento de Miguel:

– Qual é nossa produtividade nas dobradeiras? Onde estamos em relação à meta e em quanto podemos fixar a nova meta?

Miguel não se envolvera a ponto de saber exatamente qual era a produtividade nem pensara em nova meta:

– O relatório mostra que estamos evoluindo e podemos, sim, aumentar a meta – pensou imediatamente em propor uma meta suficientemente grande de modo que o grupo de melhorias não a alcançasse.

– Qual seria a nova meta no teu ponto de vista?

– Acho que dá para aumentar a produtividade para 30% em relação ao que era antes.

– Ok. E como está o trabalho com a qualidade?

– Estou analisando e estratificando os problemas da má qualidade e em breve terei um plano para apresentar ao senhor, *chefe*. Eu gostaria de me envolver mais com o trabalho do grupo de produção, mas estou envolvido com o dia a dia e com a qualidade dos livros – disse para se eximir da responsabilidade pelas melhorias.

Jorge percebeu que ele não falara em números de produtividade, mas propusera uma meta audaciosa. Se Miguel não tinha tempo para se envolver, por que proporia uma meta tão desafiadora? Jorge não gostou do comportamento de Miguel, mas nada falou sobre isso:

– Ficarei aguardando esse plano, então – e saiu da sala levemente decepcionado, pensando: "O que eu preciso é de um gerente de produção que participe ativamente das melhorias. Tenho visto mais o Ricardo na fábrica do que Miguel, que passa mais tempo na sala! Meu sinal está dado ao grupo e a Miguel: quero envolvimento e resultados".

27

– Ricardo, sabe quem esteve na produção? – perguntou Simone.

– Jorge – Clélio respondeu, antes que Ricardo pudesse adivinhar.

– O que ele achou dos resultados obtidos?

– Achou bom. Ficou interessado em como chegamos aos 11% de aumento na produtividade das dobradeiras.

Enquanto o pessoal ia chegando para a reunião do grupo de melhorias da produção, Clélio disse:

– Mostramos a redução de estoques causada pelo sistema de fluxo e ele nos pareceu satisfeito. Primeiro ele perguntou sobre a meta e o que fizemos para melhorá-la. Mostramos o histograma com as perdas de tempo que mais influem na capacidade das dobradeiras. Perguntou se o *lead time* tinha diminuído. Parece que ele está entendendo mais de produção: se o fluxo está melhor, o estoque é menor e o *lead time* deve estar diminuindo, disse ele. Ficamos contentes que ele pediu para dar parabéns ao grupo. Foi um zum-zum-zum na fábrica: os operários raramente o veem por lá. Jorge estava realmente animado!

– Muito animado para o meu gosto – disse Ricardo, bem-humorado. – Alguém dentre vocês sugeriu aumentar a meta para 30%?

– Eu não – apressou-se Cléilo.

– Nem eu – complementou Simone.

– Jorge enviou um *e-mail* dizendo que aumentássemos a meta. Perguntou o que eu achava de 30%. Respondi que preferia falar com o grupo primeiro. Cá entre nós, eu acho possível aumentar para 40%.

– O quê? – exclamou Clélio visivelmente surpreso. – Isso é loucura. Nem atingimos os 15% ainda!

– Calma! Não nos comprometemos nem com os 30%, ainda! Vamos discutir isso nessa reunião? Mas antes vamos ver o que aprendemos até agora com o sistema de fluxo.

Miguel entrou na sala e ficou ouvindo os três conversarem. Simone e Clélio concordaram em discutir a nova meta com base nos dados de tempos de parada das dobradeiras que Ricardo tinha trazido.

– O que os operadores estão achando da gráfica?

– Eu, Sabrina, posso falar pela alceadeira. As meninas estão achando melhor. Não precisam ficar arrastando paletes nem perdem tempo procurando os cadernos dos livros que precisam produzir.

– De forma geral, a área de estoques da desbobinadeira e da alceadeira está mais "limpa", com menos estoques. Não faltou mais paletes e até o estoque geral da fábrica caiu, inclusive nos processos posteriores às dobradeiras – completou Clélio visivelmente animado.

Observando, Miguel pensava:

"Parece estranho, mas a humildade de Clélio lembra meu pai. A diferença é que não lembro de ver meu pai motivado. Ele se aposentou como supervisor de uma fábrica de papel. Não lembro de tê-lo visto em outro trabalho. Para ele o patrão tinha proporcionado tudo que ele tinha. Vindo de uma infância pobre, sem estudos, era compreensível que pensasse assim. Jamais almejara um cargo mais alto. Era irritante vê-lo depender de horas extras para pagar a faculdade do único filho. Pagava religiosamente em dia suas dívidas e não contraía novos compromissos até quitar os anteriores: "Não se dá um passo maior que as pernas", dizia.

Além disso, havia uma lealdade quase canina, totalmente ingênua nas suas ideias. Suas frases típicas eram: "não se despreza quem algum dia estendeu a mão" ou "cavalo dado não se olha os dentes". E o resultado? Uma aposentadoria mísera, viuvez e solidão."

Clélio arrastou a cadeira para perto de Simone.

"Será melhor eu sentar perto dos dois e conduzir a situação" avaliou Miguel, sentindo-se só!

Ao expressar suas opiniões, Clélio e Simone estavam se mostrando confiantes. Miguel percebeu indiferença nos dois, pois não olharam sequer uma vez para Miguel para buscar aprovação, como frequentemente faziam.

Jorge, por sua vez, normalmente prestava atenção no que Miguel dizia, mas agora estava dando mais crédito ao grupo. Miguel pensou que seria bom participar ativamente do grupo, mas não queria se subordinar às diretrizes de Ricardo. Complementou mentalmente: "Farei urgentemente algo para melhorar a qualidade dos livros! A liderança deste trabalho será minha!"

– O que aprendemos com o sistema de fluxo que podemos continuar utilizando? – começou Ricardo, abrindo a reunião.

– Que ao aumentar a eficiência da máquina mais lenta, aumenta a eficiência da fábrica como um todo e... – Clélio tentou continuar, mas Miguel interrompeu:

– Na verdade, o que Clélio quer dizer é que aumentando a eficiência da restrição, ou gargalo, a eficiência global aumenta. Ou, se explorarmos melhor a restrição, o ganho da fábrica aumenta. Temos conversado sobre isso ultimamente. E o time de produção estava começando a utilizar esse conhecimento, não é Clélio?

Clélio, sem saber o que dizer, pois nenhuma ação tinha sido tomada nesse sentido, se deixou levar e aquiesceu:

Ricardo notou o embaraço de Clélio e tentou remediar situação:

– Pode-se dizer isso de outra forma, Clélio?

– Sim – Clélio esforçou-se para responder mais firmemente – ao fazer que o recurso mais lento produza continuamente, de forma mais regular, ele acaba produzindo mais. É como se o carro mais lento do comboio passasse a andar com uma velocidade média maior do que antes porque reduziu os *tempos mortos* e as *paradas*.

– Devido às flutuações estatísticas e à dependência entre os recursos, é a restrição que determina o ganho da fábrica. O que fizemos foi reduzir os tempos de fila, tempos de espera e a variabilidade nas dobradeiras – completou Miguel.

A expressão era de dúvida no rosto dos participantes do grupo de melhorias. Ricardo sabia que ele estava utilizando a linguagem da teoria das restrições e presumiu que sua intenção era ostentar seu conhecimento. Mas, ao interpretar as palavras de Clélio, criara uma situação embaraçosa. Parecia que ninguém havia entendido muito bem. O que Miguel falara sobre as restrições era correto. O que pareceu errado para Ricardo foi o fato de que Miguel – embora não tivesse participado do grupo – dera a entender que estava trabalhando para gerenciar as restrições.

Ricardo não conseguia parar de pensar: "Se Miguel sabia tanto sobre restrições, por que não se envolvera com as ações do grupo de melhorias da produção antes? Era notória a ausência de Miguel no início dos trabalhos e agora dizia que o "time de produção estava iniciando a utilizar esse conhecimento". Quando alguém diz que está iniciaNDO, fazeNDO é porque não iniciou e nem fez ainda."

Miguel deixara a impressão de que havia dois times: o *dele* e o de Ricardo. Ricardo teve vontade de dizer que o grupo não era *dele* e, sim, *da empresa*, mas ficar quieto era mais produtivo – pensou.

Nas reuniões anteriores, Ricardo percebera que Clélio ficava retraído na presença de Miguel. Se Clélio hesitara ao responder que estavam utilizando o conhecimento sobre restrições para aumentar a eficiência é porque, na verdade, Miguel sequer havia conversado sobre a eficiência do gargalo com Clélio. Ricardo suspeitava que aquilo era pura encenação de Miguel. Além disso, Ricardo não tinha visto Miguel na produção, apesar de ele ser o gerente dessa área. Via-o mais na sala dele ou em reunião do que no chão de fábrica.

Ricardo não era ingênuo a ponto de pensar que ele tinha mudado repentinamente e que agora queria participar do grupo. Como gerente de produção, Miguel não devia estar interessado em que o trabalho do grupo de produção desse certo tão rapidamente. Talvez, na sua concepção, sua competência passaria a ser questionada pelas pessoas – especificamente Jorge poderia questionar: por que você não fez essas melhorias antes?

Miguel mostrava que tinha conhecimento, mas lhe faltava a prática.

E Ricardo queria saber se ele estava mal-intencionado. Ou havia será outro fator que o fazia agir assim? Será que ele estaria tentando influenciar seu time a não ajudar?

Ricardo precisava que o pessoal se concentrasse novamente na reunião. Precisavam entender o que Miguel falou. Adaptou a linguagem para ficar mais acessível e intuitiva ao pessoal:

– Vocês lembram que, na lógica do trânsito, um carro não podia ultrapassar o outro. Isto é *dependência entre os recursos*. Já a *flutuação estatística* ocorre quando a velocidade de qualquer carro varia. Mas não nos deixemos atrapalhar pelas palavras. Além de aumentar a capacidade de toda a fábrica através da redução dos tempos mortos e das paradas, o que mais aprendemos?

– Ao regular os fluxos, os estoques caem – disse Simone – e, ao caírem os estoques, o ambiente fica mais organizado. Foi o que aconteceu ao fazermos o pulmão das dobradeiras regular o fluxo.

Mentalizando o sistema de fluxo (Figura 27.1), Simone explicou-o para o grupo com suas palavras.

– Gostei da sua explicação, Simone, mas não se aprende na primeira explicação, nem na primeira tentativa – retrucou Clélio.

Ricardo interrompeu Clélio, embora reconhecesse que as reflexões sobre o aprendizado representavam uma motivação para melhorias:

– Bom pessoal, é hora de revermos nossos objetivos. Já estamos quase atingindo a meta de aumento de 15% na produtividade. Para quanto acham que podemos reposicionar a meta?

Alguns preferiam alcançar a meta dos 15% primeiro. Outros, uma meta maior. Começou, então, um leilão de números que variava de 15% a 25%.

Miguel, com a voz impassível disse:

– A meta pode ser de 30%!

No instante dessa afirmação, Ricardo percebeu: 30%! Exatamente o que dissera Jorge. "Não é mera coincidência! Nem Clélio, nem Sabrina tinham dito a Jorge, que apareceu do nada com esse número!", pensou Ricardo.

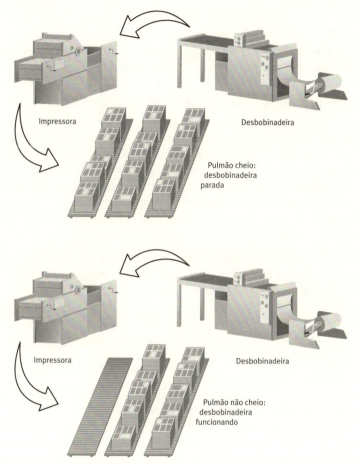

Figura 27.1 O estado do pulmão (cheio ou não cheio) determina o funcionamento da desbobinadeira.

– Vejam o seguinte – Ricardo decidiu continuar com aquele jogo, pois queria ver como Miguel e o grupo se posicionariam. – Se nós eliminarmos os tempos de parada e de espera das dobradeiras, que estimamos em 200 minutos, em um turno de 8 horas, isso dá 40%.

Miguel mostrou-se surpreso, pois era mais do que ele previra ser possível. O grupo atirou-se em conversas cruzadas e, depois, dirigiram uma série de perguntas a Ricardo, que detalhou cada um dos motivos de perda de tempo.

– Isso foi o que observamos. Tenho certeza de que, se fizermos uma observação mais cuidadosa, acharemos mais perdas ainda. Portanto, mais oportunidades de melhorar – continuou Ricardo.

Houve mais questões e conversas paralelas, que foram interrompidas por Ricardo novamente:

– Finalmente, o Sr. Jorge sugeriu uma meta de 30%. Alguém forneceu dados para ele que indicassem ser possível atingir esse aumento de produtividade?

Ricardo olhou instintivamente para Miguel, que estacou silencioso, o rosto vermelho, enquanto os demais integrantes do grupo respondiam negativamente.

"Para mim não há dúvida: foi Miguel quem sugeriu a Jorge uma meta que supostamente não poderíamos alcançar. Aposto que, se tivermos sucesso, vai querer crédito, mas se falharmos dirá que não estava envolvido nas decisões. Repentinamente interessou-se pelo trabalho do grupo, que antes não dava importância. Deve ter desestimulado Clélio e Simone. Agora finge dar apoio. Pretendeu dar um *show* de conhecimento. Conheço esse *tipo* de pessoa", Ricardo pensou.

A nova meta foi estabelecida em 30%, já que 40% poderia ser muito ousada na opinião do grupo.

Acabada a reunião. Ricardo tinha anotado as sugestões do grupo no enorme quadro branco instalado na sala. Mais tarde, transcreveu, com suas palavras, os tópicos principais para seu caderno de anotações:

— Melhorar o fluxo significa menos esforço;

— Regular o fluxo pelo recurso mais lento diminui estoques e lead times;

— Para aumentar o fluxo global (ou capacidade global) é necessário reduzir tempos e movimentos desnecessários;

— O aprendizado se dá pela prática. Não se aprende somente vendo e ouvindo. É preciso experimentar para ter um aprendizado consistente;

— O erro e a incompreensão inicial acerca do problema fazem parte do aprendizado. Quem quer melhorar o aprendizado da equipe deve ficar atento a isso;

— Utilizar o conhecimento na prática e gerar resultados é uma habilidade necessária, importante, mas nem sempre disponível. Talvez a cultura acadêmica de educação tenha valorizado demais a sala de aula e distanciado o aluno da prática. Estudo sem prática pode ser desmotivador. Em que situações o conhecimento agrega valor?

Dito pelo grupo: "Podemos utilizar o princípio do fluxo em outros processos da produção e da logística"

Aqui, Ricardo sublinhou uma observação final e totalmente pessoal:

A *ambição* é legítima, mas a *sabotagem* não. Quando os fins justificam os meios, o trabalho em equipe não prospera porque o requisito de confiança é desrespeitado. Resistência à mudança ou problema de caráter? Se é "resistência à mudança" valeria falar com o resistente à mudança? Sim. Se é problema de caráter, ouviria mentiras, provavelmente não valeria a pena!

Como saber quando vale a pena?

28

Miguel Ascorbi saiu chateado da reunião.

Considerava esses encontros maçantes, mas estava decidido a participar deles assim mesmo. Achava que já haviam percebido o quanto sabia sobre produção. São conhecimentos que ele havia adquirido com sacrifício ao longo dos anos e utilizado para o resultado da fábrica.

Por isso mesmo, Miguel não achava justo ceder gratuitamente sua *expertise* aos outros. Contudo, fora obrigado a explicar o efeito combinado das flutuações estatísticas e da dependência dos recursos.

Informação e conhecimento são poder: preferia falar com Jorge sobre esses assuntos mais complexos, pois achava que o grupo não entenderia. Aliás, achava ainda que o grupo nada havia entendido do que ele dissera. Exceto Ricardo, que dera um exemplo, com sua simplória lógica do trânsito. Embora, de forma simplificada, fazia sentido o que ele dissera sobre a variação de velocidade do carro mais lento.

Seria possível atingir um aumento de produtividade de 40%, ou Ricardo estava sendo político? Miguel duvidava que ele tivesse competência para isso. Agora, contudo, Miguel não poderia ir até Jorge dizer que a meta poderia ser de 40%, sob o risco de o chefe pensar que ele não conhecia os números e a realidade da produção.

Miguel também percebia que Clélio e Simone pareciam estar se aproximando de Ricardo, e isso não era bom. Precisava apresentar melhorias na gestão da qualidade dos produtos para Jorge. Por isso, falaria com Marcos Pereira.

Assim que entrou em contato com Marcos, Miguel perguntou:

– O que estamos fazendo quanto aos problemas de qualidade, Marcos?

– Nós nos reunimos diariamente para falar sobre as não conformidades.

– Com que frequência são coletados os dados de não conformidades e quantos tipos há?

– Coletamos diariamente e há por volta de 80 tipos de defeitos!

– Por favor Marcos, não diga *defeitos*. O termo correto é *não conformidades*. O que é feito com esses dados?

– São estratificados em ordem decrescente de ocorrência e tomamos ações para resolvê-los. Mas é uma luta ingrata, porque as... – Marcos titubeou – não conformidades mudam todos os dias. Além disso, são muitas e distribuídas homogeneamente: não há uma que se destaque das outras. A cada dia aparece um tipo diferente de não conformidade em primeiro lugar no Gráfico de Pareto. Veja, esse é o Gráfico de Pareto de ontem:

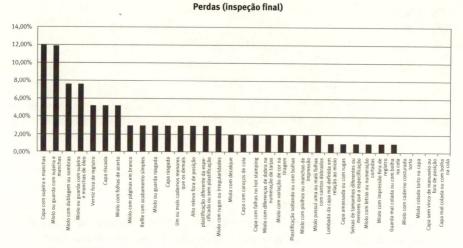

Figura 28.1 Gráfico de Pareto das não conformidades.

– Ao longo do mês ou do ano, há alguma não conformidade que seja maior dentre as outras? Há alguma que se destaque?

– Não! Ontem, 12% de todas as não conformidades encontradas foram *capa do livro com sujeira* e 11,7% *miolo do livro com sujeira*. A distribuição dos defeitos, em ordem descrescente, foi:

12% (capa com sujeira) –11,7% (miolo com sujeira) – outras não conformidades: 7,35%-7,35%-5,17%-5,17%-5,17%-3,00%-3,00%-3,00%-3,00%-3,00%-3,00%-3,00%-3,00%-2,00%-2,00%-2,00%-2,00%-2,00%-2,00%-2,00%-2,00%-1,09%-1,00%-1,00%-1,00%-1,00%-1,00%

Mas – continuou Marcos – aposto que as maiores não conformidades de hoje serão diferentes das maiores não conformidades de ontem. E as de amanhã diferentes das de hoje! Ontem apareceram 29 tipos de não conformidades; 16 tipos de não conformidades são responsáveis por 79,9% das não conformidades, ou seja, 55% dos tipos de não conformidades são responsáveis por 79,9% das não conformidades! As não conformidades são muito aleatórias. Desse jeito não temos como priorizar as ações de qualidade!

– A regra 80-20 ou Pareto nos diria que deveria haver 20% dos tipos de não conformidades responsáveis por 80% das não conformidades – disse Miguel pensativo. Como o controle de qualidade está atacando os problemas hoje?

– Nos reunimos com o pessoal de produção e atacamos aquelas não conformidades mais graves. Por exemplo: ontem achamos *capa do livro com sujeira* e *miolo do livro com sujeira*. Deve haver um foco de pó ou sujeira, e então fizemos uma limpeza nas máquinas que estavam sujas. Outras vezes, é um surto de não conformidades que podem ser retrabalhadas: *miolo com cantos dobrados* ou *capa com caroço de cola*.

– Qual o tamanho do nosso retrabalho?

– Normalmente é 3%, mas há dias que chega a 15% dos livros produzidos!

– Nossa! Tudo isso! – expantou-se Miguel. – O que você sugere que façamos para melhorar a qualidade dos livros?

Marcos explicou o que já havia tentado. Reclamou que tinha poucas pessoas para inspecionar a qualidade e que, eventualmente, essas pessoas eram deslocadas para fazer retrabalho nos livros com defeito. Havia dias em que a inspeção não era feita.

– Pensei que um *software* de CEP (controle estatístico do processo) seria necessário. Mesmo que fosse necessário, depois da reprimenda de Jorge eu não pediria novamente – conformou-se Marcos.

– Jorge tem razão, nenhum *software* vai nos ajudar na identificação das causas das não conformidades. No máximo, vai tornar a análise estatística mais rápida.

Miguel não imaginava que o problema era tão grande assim. "Como eu não vi isso antes? É uma situação realmente incômoda ter de resolver estes problemas. A distribuição das não conformidades é muito aleatória. Isso é completamente contrário ao que aprendi: a regra 80-20; 20% das causas são responsáveis por 80% dos efeitos; separar os muitos problemas triviais dos poucos problemas vitais; a prioridade é atacar os poucos problemas vitais. Estaria Marcos errado quanto ao comportamento das não conformidades? O que fazer se isso for verdade?"

Acompanhou os dados de não conformidades durante duas semanas e constatou que o comportamento dos dados de não conformidades era esse mesmo. Marcos trazia exemplares de livros com as maiores não conformidades para a sala de Miguel. A cada dia eram casos diferentes.

> O problema deve determinar *o que fazer*, caso contrário estaremos inclinados a usar uma *ferramenta conhecida, mas incompatível* com a solução do problema em questão!
>
> É muito mais fácil procurar a solução nas certezas que temos (ferramentas conhecidas) do que tatear na incerteza (pensar em profundidade o problema e questionar a validade das proposições)!

– É um caso para o controle estatístico de processo (CEP) – sentenciou Miguel.

– Como assim, Miguel?

– O que nós temos que fazer é utilizar cartas de controle de processo, de modo que, se alguma não conformidade ultrapassar o limite superior de controle, nós agimos. Eis o plano: vamos selecionar algumas das não conformidades mais importantes e controlá-las com pulso firme. Além disso, vamos descobrir a causa dos problemas e criar padrões de trabalho que evitem o aparecimento dessas causas novamente.

Os inspetores da qualidade coletavam os dados que eram repassados todos os dias para o controle de qualidade (CQ). Este compilava os dados e produzia os gráficos de controle, que eram afixados no mural do CQ.

Foram quatro semanas identificando não conformidades acima do limite superior. Miguel e Marcos tentaram com muito esforço estabelecer as causas dos problemas. Mas as não conformidades insistiam em "mudar de lugar todo dia", como disse Marcos. Estavam visivelmente desanimados.

29

A discussão sobre a elevação da meta de produtividade fora realmente cansativa. Enquanto se dirigia para casa, Ricardo não conseguira se desligar das preocupações com o grupo de melhorias. Não se preocupava com a elevação da meta. Na verdade, Ricardo sentia duas ameaças potenciais: a de o pessoal ser influenciado a não participar ou a de, por alguma razão, ficar desmotivado.

Esperava distrair-se com a presença da família, mas Laura devia estar fazendo compras para a casa. Diego e Ana provavelmente estavam na faculdade. Flávia, na casa de alguma amiga, talvez. Decepcionou-se ao não encontrar ninguém em casa.

O silêncio era anormal. Ricardo adorava quando a família estava toda reunida, mas se convenceu que seria bom aproveitar um pouco daquela paz. Um dia, quando os filhos deixassem a casa dos pais, talvez tivesse outra sensação, de solidão, vazio, falta de propósito. Diego e Ana já eram adultos, em breve deveriam sair de casa. Ana ficaria mais seis ou sete anos.

"Então, ninho vazio. Só eu e Laura. Seria bom eu ir me acostumando", pensou. Já não tolerava tanta agitação quanto antigamente, mas por certo sentiria falta dos filhos quando fossem cuidar de suas vidas.

Naquele momento, subitamente, a imagem da gráfica veio à sua mente e Ricardo percebeu que pensar no trabalho não afastava – como anteriormente – o sentimento de tranquilidade. A paz combinava com as realizações recentes. Resultados? Ainda eram poucos. Mas Ricardo tinha a convicção de que estava na direção certa.

Nem mesmo os problemas com Miguel o incomodavam tanto. "Quando não se tem ideia do que está acontecendo é pior. Acho que sei o que se passa. Mas o tempo mostra quem é quem. E a arrogância se volta contra o arrogante, quando lhe falta o poder. É só eu ter um pouco de cuidado que o curso natural das coisas trará as respostas", Ricardo pensou reconfortado.

Caminhando pela casa e sentindo-se meio perdido por estar sozinho, resolveu fazer algo útil: uma surpresa para Laura. Olhou a pequena "farmácia", um amontoado de envelopes, caixas de remédio, vidros e *blisters* soltos. Retirou tudo do armário e começou a triagem. Prazo de validade: "Nossa! Quanto medicamento vencido!" Todos os medicamentos vencidos foram colocados na lixeira. Medicamentos mais usados: foram colocados numa caixa sem tampa próxima da porta do armário. Remédios para alergia: em outra caixa. Remédios para gripe e resfriado: em outra caixa.

Caneta colorida: as caixas foram identificadas. "Que beleza! Agora está organizado! Ninguém perde mais tempo procurando remédios", orgulhou-se Ricardo.

Na caixa transparente com divisórias ficaram os medicamentos que precisam de reposição contínua. Eram os remédios que os cinco mais utilizavam em casa: ácido acetil salicílico, pomada contra queimadura, remédio para enjoo, etc. "Gestão visual", Ricardo pensou, "quando um medicamento estiver acabando, vamos enxergar pela parede transparente da caixa de plástico e compraremos mais".

– Agora, vamos à cozinha! – disse em voz alta, animado – Meta: reduzir desperdício de tempo e caminhadas desnecessárias!

Ricardo percebeu que o leite era guardado numa caixa com 12 litros, num armário distante. Mas havia um armário ao lado da geladeira. "Se eu organizá-lo, vai sobrar espaço para uma caixa", imaginou. Assim, colocou fora algumas embalagens vazias, trocou uns pratos de lugar e colocou ali a caixa de leite. Agora, era só abrir a porta desse armário, dar um passo para o lado e colocar o litro de leite na geladeira.

Já cansado, Ricardo resolveu sentar, relaxar e ler um bom livro. Da estante, puxou seu volume de *Conhecimento pela ação: um guia para vencer as barreiras da mudança organizacional*. Sentou confortavelmente na poltrona. Estava relendo a narrativa de um caso em que os diretores de uma empresa de consultoria queriam que ela se tornasse uma *organização que aprende*.* O escritor e interventor fez uma proposta interessante: o contrato com a empresa poderia ser interrompido a qualquer momento por qualquer uma das partes. Dessa forma, o interventor e pesquisador não faria concessões que comprometessem os fundamentos da aprendizagem organizacional, e a empresa poderia livremente desistir de se tornar uma empresa de aprendizagem. As razões de quem desistiu do contrato seriam colocadas num documento e discutidas em uma breve reunião. "Era essa liberdade de escolha que significava oferecer *escolhas informadas,* um dos três valores do que ele chama de Modelo II", percebeu Ricardo. Antes de começarem a trabalhar, diretores e interventor já haviam discutido e escolhido o que fazer em algumas situações. Não haveria manipulação quando escolhessem entre A ou B ou C e as respectivas consequências A', B' e C'.

Escolha informada é algo intimamente ligado com liberdade: a liberdade de escolha implica em consequências e em algum tipo de compromisso. Primeiro: quem escolhe algo abre mão de outras escolhas. Segundo: como alguém poderia se comprometer genuinamente com algo que não escolheu?

---

* ARGYRIS, C. *Knowledge for action*: a guide to overcoming barries to organizational change. San Francisco: Jossey-Bass, 1993.

Os outros dois valores: *comprometimento interno* e *informações válidas*. Comprometimento interno com a escolha e constante monitoramento de sua implementação. "Se eu escolhi mudar, estou comprometido com a mudança e monitoro a mudança, posso tornar público meus pressupostos para serem testados por outros. Isso deve exigir muito preparo emocional às críticas", pensou.

Ricardo refletia: "Se a informação trocada entre as pessoas é válida, é passível de ser testada".

Informação válida é mais do que fatos e dados: são também pressupostos validáveis. Ou, mais precisamente: passíveis de serem desconfirmados. Fatos, dados e a apresentação dos pressupostos os tornam passíveis de serem confirmados ou desconfirmados. Isso é ciência ou não? Karl Popper* considera ciência se for refutável, ou seja, se puder ser desconfirmado! Essa definição simples amplia o campo da ciência e inclui nela elementos de desconfirmação. Mistificação e argumentação infundada estão excluídas da ciência, e o homem tem um campo muito maior do que a ciência da confirmação! Assim, ele concluía que o profissional fazendo a mudança organizacional é científico quando baseia sua ação nos três valores.

Contudo, no dia a dia é difícil agir com base em escolhas informadas, informações válidas e comprometimento interno! O que Ricardo via era: pessoas (inclusive ele mesmo) tentando *ganhar* a discussão; discussões com base em informações distorcidas; alguém que usa demasiadamente poder ou habilidade para impor sua escolha aos outros (às vezes isso é necessário); iniciativas de mudança que param no meio do caminho; atribuição de responsabilidade aos outros; etc.

A mudança exige do profissional uma habilidade especial para se comunicar e decidir com base em escolhas informadas, informações válidas e comprometimento interno. A liderança deve ser exercida de modo a criar comprometimento interno no maior número de pessoas que ali trabalham! "Será que eu conseguiria, como gerente médio, desenvolver e praticar essas habilidades?" Talvez. O ambiente do grupo de melhorias é propício para desenvolver estas habilidades. Além disso, há o apoio de Jorge e a todo momento estamos tomando decisões. Mas falta o comprometimento de Jorge com o *lean*. É obvio que sem ele conhecer o *lean*, não se comprometeria com a transformação *lean*."

Por que era necessária ajuda externa para uma mudança do porte da transformação *lean*? Porque aqueles problemas embaraçosos, delicados, que não foram verbalizados disparam rotinas defensivas nas pessoas. Os diretores da empresa, no livro *Conhecimento pela ação*,** apresentam muitas roti-

> De quantas reuniões que tendem a tratar de assuntos superficiais e fúteis você participou? Essas são aquelas reuniões em que o assunto principal não é colocado em pauta. É esse um indício de que há problemas embaraçosos, mas importantes, que não são tratados? Se esse é o caso, *como* e *quando* deveriam ser abordados?

---

* POPPER, K. *A lógica da investigação científica*. São Paulo: Abril Cultural, 1975. (Os Pensadores).

** ARGYRIS, C. *Knowledge for action*: a guide to overcoming barries to organizational change. San Francisco: Jossey-Bass, 1993.

nas defensivas, que tornam esses problemas inconscientes para eles. Os diretores desviam dos problemas embaraçosos ou ameaçadores e os tornam indiscutíveis. Tornam a indiscutibilidade indiscutível, ou seja, não admitem que os problemas sejam discutíveis. Assim, vão empurrando os problemas para um nível cada vez mais inconsciente. Para traçar um paralelo com a empresa, da mesma forma que um indivíduo raramente consegue resolver problemas inconscientes sem a ajuda de um terapeuta, a empresa não consegue tratar dos problemas importantes e constrangedores sem ajuda externa.

Mas, conforme Ricardo via, uma coisa era certa: se os diretores da empresa contrataram o interventor sob essas condições era porque queriam se tornar uma empresa de aprendizagem: pressuposto fundamental para a mudança organizacional.

Com sono, os olhos quase fechando, o fluxo de letras foi ficando embaralhado. As frases foram perdendo sentido. Logo, o livro caiu sobre o peito de Ricardo. Pensamentos soltos transitaram em seu sonho:

... incompetência hábil...escolhas informadas...informações válidas....coleta de dados...comprometimento interno... "Hamilton, você é centralizador e inseguro, será que você não vê isso? Ao dizer isso eu estou te ajudando"... Você cometeu um erro grave, Ricardo, está demitido, vá embora... Não, não, o senhor não entendeu, só estou querendo ajudar. É somente uma crítica construtiva... Ricardo, você estava reunido secretamente com meu pessoal para me sabotar. Não apareça mais aqui a partir de amanhã, Ricardo... No barco Jorge dava ordens, Ricardo pilotava. Miguel com as mãos na cabeça corria de um lado para outro: "esse barco era meu! Onde estão minhas cartas de navegação? Quem as pegou?..." O mastro gira, infla e cai no convés... bang!

Ricardo acorda com um sobressalto. Imagina ter ouvido um barulho de porta batendo. Laura parece ter chegado em casa:

– Alguém em casa para me ajudar com as compras?

Ricardo levanta, o livro cai:

– Oi amor, estou indo!

Ricardo entra na cozinha para ajudar e vê sacolas e mais sacolas.

– Quando nos livraremos destas sacolas plásticas? – pergunta à esposa.

– Já temos várias sacolas ecológicas, mas nunca são suficientes – Laura afirmou.

– Ah, pega a caixa de leite no carro!

Abriu a porta do armário ao lado da geladeira. Laura virou-se:

Ricardo foi até a garagem e voltou com o leite. Abriu a porta do armário ao lado da geladeira para guardá-lo. Laura virou-se:

– Não é aí. É lá nos fundos!

– Agora é aqui. Veja, antes você vinha da garagem e ia até os fundos com a caixa cheia. E cada vez que precisava de uma caixa de leite caminhava até os fundos. Ou seja, 12 caminhadas – desnecessárias!

Laura ficou ruborizada. "Será que Ricardo pensa que a minha cozinha não é suficientemente organizada?", pensou.

– Foi você que mudou as coisas de lugar?

– Sim, pensei em tornar sua rotina menos trabalhosa.

Em tom agressivo, Laura interrompeu:

– Eu gosto da *minha* cozinha do jeito que está. Se eu quisesse, eu mesma a teria mudado. Alguma vez eu te disse que eu estava insatisfeita com ela?

– Mas...

– Eu gostaria que você colocasse de volta a caixa de leite no lugar, lá nos fundos. É assim que me organizei para saber onde as coisas estão!

A reação de Laura surpreendeu Ricardo. Ainda que ele entendesse que aquela era a *sua* cozinha, a nova organização ficara melhor. Foi uma reação desproporcionalmente forte para uma mudança tão pequena.

Ricardo refletiu decepcionado: "Todas essas teorias acerca de mudança... Mas, afinal, quem disse que Laura queria mudar? Não perguntei se ela queria; ela tem de querer a mudança! Posso insistir argumentando que é melhor como organizei, mas acho que seria inútil. Não adianta discutir. É mais prático reconhecer rapidamente o erro e mostrar que não há problema em voltar atrás. Poupará tempo e uma discussão desnecessária."

– Eu quis fazer uma surpresa. Se eu perguntasse a você antes não seria uma surpresa, mas eu posso colocar a caixa de leite de volta onde estava antes.

Laura teve um impulso de apenas responder positivamente com um aceno de cabeça, mas sua calma estava voltando.

– Deixa assim por enquanto – disse.

Ricardo achou melhor não dizer a ela que também havia mexido no armário dos remédios. Ela iria perceber, mais cedo ou mais tarde.

"Escolhas informadas?", pensou ele. "Uma mudança tão corriqueira, como a da cozinha da minha casa, falharia por não ser uma *escolha informada* ou discutida antes com Laura".

Mudanças na empresa são muito mais complexas: exigirão mais cuidados, mais conhecimento e mais habilidade. Ricardo percebeu que tinha muito o que aprender.

Havia muito a explorar sobre a transformação *lean*, mas não se pode negligenciar, já no início, que: 1º.) as *pessoas têm de querer* mudar para *o lean*; 2º.) deve-se oferecer *escolhas informadas*; 3º.) os diálogos e as decisões têm de ser construídos sobre *informações válidas* e 4º.) deve-se proporcionar oportunidades para que as pessoas atinjam *comprometimento interno* com a transformação.

Pensando nisso, Ricardo lembrou-se de um livro sobre transformação *lean* que havia lido há algum tempo. A transformação foi realizada por um líder autoritário, disfarçado de líder respeitado. Autoritarismo travestido de autoridade. Pareceu que a crise na empresa foi colocada artificialmente no enredo do livro para justificar essas ações autoritárias. Ao longo do livro, havia frequentemente ameaças de demissão (havia mais de 13 citações de demissão no livro!). O CEO pregava: "Ou está no *kaizen* ou está fora!". Melhoria contínua imposta aos funcionários! É possível obter *comprometimento interno* por meio do autoritarismo? Ricardo sabia que não. "Haveria uma quantidade de pessoas cujo *corpo* estaria no *kaizen*, mas o *ânimo* (*espírito*) estaria bem longe dali", refletia.

"Além disso, não é incomum as empresas demitirem justamente quem quer fazer melhorias", disse consigo mesmo. Um grupo, que sutil e inconscientemente se opõe às mudanças, trata de *se defender* contra quem apoia as melhorias. O adepto das melhorias desgasta-se com este grupo social. O grupo torna insustentável a presença do adepto às melhorias. De uma forma ou outra, o adepto é excluído. E, como resultado, as outras pessoas dessa empresa entendem que não vale a pena fazer um esforço verdadeiro para as melhorias. O *kaizen* tende a fracassar. "A fórmula para a transformação *lean* pregada naquele livro é desastrosa", Ricardo concluiu.

Em qualquer parte do mundo, as pessoas estão mais informadas. Dificilmente aceitariam manipulações através de técnicas como os 5 Por Ques ou um diálogo "socrático" como sugerido por aquele autor, porque a mudança organizacional é complexa.

O mundo mudou muito desde a década de 1950. Não se pode mais acreditar que fórmulas do passado, como colocar uma pessoa *no Círculo de Ohno*,* irá gerar bons resultados. Permanecerá a eficácia – até certo ponto insubstituível – do *Genchi Genbutsu* de observar, no local, os processos acontecendo, mas certamente não será através da imposição do líder.

À luz de sua primeira formulação sobre transformação *lean*, Ricardo hesitava em pensar que Miguel talvez não estivesse mal-intencionado, assim como Laura não estava ao se opor a uma pequena mudança. Havia de pensar melhor sobre isso. Gostaria de saber o que, realmente se passava pela cabeça de Miguel e de outras pessoas que, em maior ou menor grau, não se entregavam às melhorias.

---

* O Círculo de Ohno foi uma fórmula encontrada por Taiichi Ohno para fazer que o trabalhador observasse por um período um processo de produção. Ohno marcava com giz um círculo próximo ao processo e colocava seu pupilo lá para que ele enxergasse os problemas e as respectivas soluções ou sugestões de solução. Hoje, por questões culturais, não haverá sucesso a não ser de forma consentida pelo praticante do *lean* e adaptada aos tempos atuais.

30

Após 14 semanas de trabalho, Clélio mostrava os resultados aos participantes do grupo de melhorias da produção e aos operadores da desbobinadeira, impressoras, dobradeiras e alceadeira:

Figura 30.1 Aumento da produtividade das dobradeiras.

– Finalmente atingimos, ou melhor – esboçou um largo sorriso apontando para o gráfico – ultrapassamos a meta de 30% de aumento de produtividade nas dobradeiras.

– Como podemos garantir que manteremos essa produtividade? – perguntou Ricardo Tamagna, buscando demonstrar sobriedade para reforçar a mensagem para os operadores presentes.

– Bem, a linha do gráfico mostra uma evolução com altos e baixos na produtividade, mas nos últimos dias o resultado ficou estável. E, além disso, implementamos padrões como, por exemplo, para a preparação (*set up*) das dobradeiras.

Ricardo apontou para a tabela com os motivos de parada projetados na tela:

MUDANÇA   91

Motivo da parada	Minutos	Percentual sobre tempo total de paradas
Parada para *set up*	71,4	36,39%
Parada para refeições	40,2	20,46%
Dobradeira obstruída/folhas amassadas	30,6	15,58%
Folha em branco	26,9	14,44%
Manutenção corretiva	13,1	6,65%
Falta de programação - PCP	5,6	2,85%
Limpeza de máquina	1,9	0,95%
Regulagem de máquina	1,7	0,86%
Manutenção preventiva	1,3	0,67%
Inspeção pelos operadores	0,9	0,48%
Falta de palete	0,6	0,29%
Falta de energia	0,3	0,15%
Falta de paleteira	0,3	0,13%
Ausência de operador	0,2	0,11%
Total	196,3	100%

Primeira medição de produtividade:

5.313 folhas/hora

Motivo da parada	Minutos	Percentual sobre tempo total de paradas
Parada para *set up*	20	40,16%
Parada para refeições	10	20,08%
Dobradeira obstruída/folhas amassadas	8	16,06%
Folha em branco	7	14,06%
Manutenção Corretiva	3	6,02%
Falta de programação - PCP	1	2,01%
Limpeza de máquina	0,1	0,20%
Regulagem de máquina	0,1	0,20%
Manutenção preventiva	0,1	0,20%
Inspeção pelos operadores	0,1	0,20%
Falta de palete	0,1	0,20%
Falta de energia	0,1	0,20%
Falta de paleteira	0,1	0,20%
Ausência de operador	0,1	0,20%
Total	49,8	100%

Última medição de produtividade:
(8 semanas depois)

+ 50,6%

7.999 folhas/hora

Figura 30.2 Razões para o aumento de produtividade através de uma amostragem dos tempos de parada de uma dobradeira.

– Nosso propósito – continuou Ricardo – é verificar *como* e *por que* atingimos a meta de produtividade, o que aprendemos, ou seja, fazer o 'C' (*check* = verificar) do nosso PDCA do grupo. O que fizemos especificamente para atingir e manter o tempo de *set up*?

– Em vez de ajustar com trena a posição das dobras, fizemos réguas-padrão para os tamanhos e o número de dobras mais utilizados. Também, as ordens de produção estão mais claras. Portanto, o ajuste das dobradeiras ficou mais rápido.

– E o que mais contribuiu para o aumento da produtividade das dobradeiras? – continuou Ricardo.

– Acho que, na terceira semana, já não faltou mais paletes – falou um dos operadores das dobradeiras.

– E, agora, são as operadoras da alceadeira que colocam os paletes vazios na saída das dobradeiras. Não precisamos ir buscar paletes. Mas folhas amassadas ainda são um problema sério – completou o outro operador.

– Folhas em branco continuam aparecendo, também – completou o outro.

– O que precisamos fazer para diminuir e garantir que ocorram menos obstruções por folhas amassadas e menos folhas em branco? – provocou Ricardo.

– Pelo que acompanhei – falou Marcos Pereira – acho que se deve fazer o mesmo trabalho que foi feito com a diminuição do tempo de *set up*. Achar as causas dos problemas, estratificá-las, atacá-las e padronizar a solução.

– O item folhas amassadas parece estar relacionado com as ventosas que falham ao movimentar as folhas entre uma dobra e outra, o que é um problema mais difícil de resolver. O item folhas em branco é um descuido na operação de impressão e essa melhoria não está garantida, pois aconteceu graças aos insistentes pedidos de cuidado aos operadores.

– No caso das folhas amassadas – continuou Ricardo – dependemos da atenção do operador para trocar seguidamente as ventosas antes que ocorram obstruções. No caso das folhas em branco, os operadores de impressora precisam ver as folhas em branco durante os testes de impressão e separá-las das folhas impressas. A confecção de dispositivos a prova de falhas (*poka yoke*) resolveria definitivamente o problema, não acham?

– Creio que sim – disse Clélio – mas como deveriam ser esses dispositivos?

– Exatamente como deveriam ser, eu não sei. Mas o princípio deveria ser o do *poka yoke*: a porta do motorista só fecha com a chave para evitar que o carro seja chaveado com a chave dentro; a prensa só opera quando o operador aperta dois botões, um com cada mão, para evitar acidente em uma das mãos; separar e identificar as folhas usadas nos testes de impressão (onde aparecem folhas em branco); etc. Mas este é um assunto para depois. Acho que há uma questão em aberto: vocês acham normal um aumento de produtividade de 50,6%? – Ricardo apressou-se a perguntar para evitar a enxurrada de ideias que surgiriam para solucionar os problemas e para manter o foco da reunião.

– Eu ainda não acredito que seja 50% – disse um operador. – Como pode ser? Nós reduzimos em aproximadamente 30% o tempo de parada das dobradeiras.

– Vamos supor que, durante o tempo que a dobradeira está efetivamente produzindo, isto é, sem contar os tempos de parada, a taxa é de 100 unidades/período. Dizendo de outra forma: a taxa de produção entre duas paradas consecutivas da dobradeira é de 100 unidades/período. Lembram que eu estimei inicialmente em 40% os tempos perdidos na dobradeira? Então, dos 100% do tempo disponível para a dobradeira, somente 60 são aproveitados.

– Sim, eu lembro. As paradas durante a operação para desobstruir as dobradeiras e fazer pequenos ajustes desperdiçavam 40% do tempo em que as dobradeiras deveriam estar produzindo – disse o operador, esforçando-se para acompanhar o raciocínio. – Portanto, só utilizamos efetivamente 60% do tempo. E nesses 60% de tempo estamos supondo que a taxa de produção é de 100 unidades/período.

– Então, 60% do tempo é efetivamente utilizado durante a operação das dobradeiras – continuou Ricardo. – Agora, eleve esse tempo para 90%, ainda produzindo efetivamente 100 unidades/período. Isso significa que, em vez de somente utilizar um tempo de 60, você utiliza um tempo de 90 para produzir, porque aproveitou melhor o tempo da dobradeira. Ou seja,

$$\frac{90}{60} = 1,5 \rightarrow \text{produziu 50\% a mais do que antes.}$$

– Hmm... – murmurou o operador, não parecendo acreditar completamente em Ricardo.

– Sinceramente, sem levar os dados (números) reais em consideração, acho 50% um absurdo. Deve haver algo errado – disse Simone Garcia, deixando a impressão de que tinha profundo conhecimento dos números da dobradeira.

– Na verdade, estamos comparando a primeira medição de produtividade com a última. Então, o máximo que podemos assegurar é que a produtividade aumentou *por volta* de 50%, já que a produtividade oscilará em torno da média de 8.000 folhas dobradas por hora – Ricardo explicou.

Ele havia escolhido bem as palavras para dizer, também, que o aumento de produtividade fora grande porque a situação anterior era muito ruim. Isso constrangeria o pessoal da produção. Olhou para Miguel e notou que ele estava realmente abatido. Não fazia interrupções com suas explicações para mostrar o quanto era inteligente. Pela primeira vez, Ricardo não viu o seu rosto estampado com o velho sorriso irônico. "Será que estou enganado quanto a Miguel?", refletiu.

– Só para citar o tempo de *set up*: caiu para menos de um terço. Isto significa que as oportunidades de redução do tempo de *set up* eram acima do normal. Que bom será se acharmos oportunidades desse tamanho futuramente. Onde mais haverá oportunidades tão boas assim?

– Na qualidade dos livros – falou Simone, instintivamente olhando para Marcos.

Ao ouvir a sugestão da moça, Miguel teve um sobressalto.

"Qualidade. Jorge vai pressionar mais ainda para eu melhorar a qualidade dos livros! Talvez Marcos acredite que possamos atingir resultados da mesma monta que nas dobradeiras. Eu mesmo continuo não acreditando nesses 50% de melhoria na produtividade. Esse sistema de fluxo que Ricardo induziu que fosse implementado está incorreto. O sistema tambor-pulmão-corda da teoria das restrições recomenda que o estoque-pulmão fique *antes* do gargalo, ou seja, antes das dobradeiras. Ricardo colocou-o *depois* das dobradeiras. Não está certo. A sequência correta seria:

almoxarifado– desbobinadeiras-impressora-PULMÃO-dobradeiras-alceadeira

O pulmão é colocado antes do gargalo para protegê-lo de faltas de material porque uma hora perdida no gargalo é uma hora perdida na produção total. O fluxo seria controlado da seguinte forma: quando um terço do estoque-pulmão for consumido, a desbobinadeira produzirá, mas se o pulmão encher, a desbobinadeira tem que parar. Se faltar material para as dobradeiras por uma hora, eu perco a produção de uma hora da gráfica como um todo! Se, por algum motivo, a alceadeira deixar de produzir por um tempo suficiente para encher a área dos paletes antes da alceadeira (o que eles chamaram de "pulmão das dobradeiras"), as dobradeiras pararão por falta de espaço para colocar sua produção. Eu previra que faltaria material para as dobradeiras, mas não foi o que aconteceu até agora. Em algum momento vai faltar, e aí cairá a produtividade das dobradeiras.

O que me preocupa é que não conseguimos melhorar a qualidade dos livros até agora. Tenho que participar mais das atividades do CQ. É fácil alguém de "fora", um visitante, ir "passear" na fábrica, focar num ponto específico (dobradeiras) e obter resultado. Mas eu sou gerente, não posso ficar me envolvendo com um detalhe específico. Tenho o conhecimento e uma equipe que tem que executar as melhorias. Não posso me dar ao luxo de ficar "passeando" pela fábrica e esquecer o resto!", pensava Miguel.

Miguel sentia que o assunto da qualidade era dele. E iria trazer o foco de volta para a produção antes que o grupo apoiasse a ideia de Marcos de montar um grupo de melhorias para a qualidade. Não entendia como Ricardo não respeitava a sequência do tambor-pulmão-corda.

"Se eu tocar nesse assunto, estarei entregando meu conhecimento para Ricardo, mas a essa altura estou numa situação tão ruim que não faria muita diferença. A pergunta que farei distanciará o pessoal do interesse pela qualidade", pensou.

– Você não acha, Ricardo, que a posição do pulmão é um risco para o sistema de fluxo?

Novamente as pessoas se entreolharam em dúvida sobre o que Miguel queria dizer.

Ricardo imaginou que a pergunta podia ser maliciosa, a fim de expor seu desconhecimento, ou realmente Miguel queria ajudar. Mas não tinha certeza: Miguel estava abatido, sua voz realmente expressava dúvida, mas seu olhar apertado denotava cinismo.

"Não sei, não. Mas acho que Miguel merece um crédito", pensou Ricardo. "Agirei como se não desconfiasse de suas intenções. E darei informações para ele desconfirmar nossa hipótese sobre o sistema de fluxo. Acho que ele pode dar alguma contribuição", decidiu.

– Como assim, Miguel? Você poderia explicar melhor o que quer dizer com posição do pulmão?

– A localização correta do pulmão no sistema tambor-pulmão-corda é antes do gargalo a fim de protegê-lo contra variabilidades no sistema.

Miguel ia dizer: "Quando *você* colocou o pulmão ali", mas escolheu melhor as palavras:

– Quando o grupo decidiu colocar o pulmão *depois* das dobradeiras, ficou sujeito a mais uma variação do sistema. Ficou sujeito à variação da alceadeira, e isso não é necessário e representa um risco adicional. Se a alceadeira parar por qualquer motivo e o pulmão atual encher, as desbobinadeiras param. Ou seja, o *gargalo* para.

Ricardo não teve receio de mostrar que não entendera. Foi pensando em voz alta para construir o raciocínio e entender o que Miguel queria dizer:

– O gargalo deve estar protegido contra paradas. Deve funcionar todo tempo disponível para ele. Por isso, se tivéssemos um sistema tambor-pulmão-corda, o pulmão deveria ser colocado antes das dobradeiras. Ao colocar o pulmão depois do gargalo, não há garantia de que haverá sempre um estoque-pulmão para as dobradeiras. Digamos que haja uma quebra da alceadeira por um dia inteiro e as dobradeiras continuem produzindo num ritmo maior: não demorará para o nosso pulmão, posicionado depois das dobradeiras, ficar cheio. As dobradeiras, nosso atual gargalo, pararão! É isso que você quer dizer, Miguel?

As pessoas do grupo, em geral, mostravam que estavam entendendo um pouco melhor do que Ricardo e Miguel estavam falando.

– Isso mesmo, Ricardo – disse surpreso com essa estranha aproximação com Ricardo. Não acreditava que o estava ajudando.

– Eu não havia pensado nisso. Até agora não houve problema de falta de material para as dobradeiras porque estivemos atentos o tempo todo à produção das dobradeiras e da alceadeira. Mas acho que cabe um aperfeiçoamento. Obrigado, Miguel!

Ricardo deixou escapar acidentalmente esse agradecimento, o que não lhe causara uma sensação totalmente boa. Estaria ajudando um "adversário"?

– É só colocarmos o pulmão *antes* das dobradeiras – concluiu Miguel.

– Acho que devemos pensar melhor antes de qualquer modificação nesse sistema de fluxo, pois o fato é que ele funcionou muito bem. Acho que o sistema de fluxo é um misto de *just-in-time*, que admite pequenas interrupções de fluxo para mostrar onde estão os problemas, e de tambor-pulmão-corda, que faz a puxada a partir de um pulmão – disse Ricardo.

Fazendo um pausa para organizar as ideias, Ricardo continuou:

– Há uma questão incorreta no nosso sistema de fluxo: as dobradeiras podem parar se a alceadeira não consumir os cadernos dobrados e o pulmão das dobradeiras encher!

– Talvez não esteja errado colocarmos o pulmão das dobradeiras antes da alceadeira. É só cuidarmos para que as dobradeiras não parem por causa de uma parada na alceadeira – interrompeu Clélio.

– Acho que você tem razão, Clélio. Se as dobradeiras pararem por causa da alceadeira, resolveremos o problema na hora e nos esforçaremos para descobrir por que a alceadeira parou. Na primeira parada das dobradeiras causada pela alceadeira, aprenderemos a lição. Agora voltemos à questão da qualidade – sentenciou Ricardo.

– A qualidade dos livros realmente tem que melhorar – disse Marcos.

– Eu me refiro à qualidade num sentido mais amplo, Marcos. Se você olhar qualquer gráfico, de qualquer processo e identificar variabilidade, é porque ali provavelmente temos um problema de qualidade. Quanto maiores forem os picos e os vales, maior o problema de qualidade. Imagine, por exemplo: um gráfico com a soma de contratações mais demissões mostraria se tivéssemos problema de alta rotatividade; um gráfico com os percentuais de retrabalho; um gráfico com percentual de refugos (se não for baixo e sem oscilações é porque temos problemas de qualidade); um gráfico das entregas no prazo; um gráfico dos custos do produto; etc. É a isso que me refiro. A qualidade deve vir em primeiro lugar. Não vejo como poderíamos aumentar a produtividade com um comportamento variável dos sistemas da gráfica, como RH, logística, qualidade do produto. As dobradeiras não aumentarão sua produtividade se as não conformidades não diminuírem, tais como as folhas em branco e as obstruções. A qualidade dos livros é problema de má qualidade do produto e a redução da variabilidade é um caso mais amplo, presente em todos os processos da empresa. Em ambos devemos utilizar o 'PDCA para Solução de Problemas'.

– Para mim, quando falamos em qualidade, estamos falando da qualidade dos livros produzidos – disse um operador contrariado.

Pense o seguinte – Ricardo tentou ajudar. – Você tem à sua frente o gráfico do tempo de trajeto de carro entre sua casa e o trabalho durante todos os dias do ano. Você fez anotações todos os dias e sabe que os tempos que caíram dentro da área das linhas-limite são normais, porque nada houve de especial naqueles dias para aumentar ou diminuir os tempos de trajeto. Aos tempos de trajeto acima da linha superior você pode atribuir alguma *causa especial* como, por exemplo, um acidente. O que vale também para os tempos abaixo da linha inferior: uma *causa especial* pode ser a estrada com pouco tráfego devido a um feriado na cidade vizinha.

– Se esse gráfico fosse uma linha reta, seria perfeito – ironizou o operador a quem Ricardo falava.

– Exatamente, um processo perfeito do ponto de vista da qualidade não possuiria variações, seria totalmente previsível. Só que não é o caso do nosso tráfego, que é pior do que o nosso gráfico: os picos são maiores e os vales mais profundos! Digamos assim: os problemas de qualidade do tráfego são muito grandes, nossas cidades estão ficando intransitáveis e os tempos de trajeto estão aumentando! Esses problemas, tais como automóveis, ônibus e caminhões dividindo mesmos espaços, acidentes de trânsito, constantes obras viárias afetam o fluxo de automóveis aumentando o seu tempo de viagem. Os problemas de qualidade, no sentido amplo, aumentam a variabilidade, que por sua vez interrompem o fluxo de produção. Consegui explicar claramente?

– Acho que sim: para aumentar a produtividade, tem que garantir a continuidade do fluxo e, para isso, diminuir variabilidades. Essa é uma regra geral, inclusive para a melhoria contínua – completou Marcos, percebendo que o operador havia entendido, mas talvez não conseguisse se expressar claramente.

– Vou apresentar uma regra muito simples, na verdade, que serve para produção, logística e serviços:

1) imagine ou desenhe um gráfico de uma variável importante: se a variabilidade for grande, provavelmente há um problema de qualidade;
2) reduza essa variabilidade para melhorar a qualidade e o processo relacionado a essa variável;
3) melhore o fluxo de materiais, produtos e atividades a fim de aumentar a produtividade.

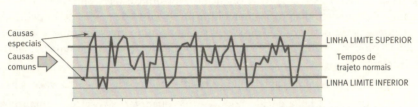

Figura 30.3 Causas especiais e causas comuns da variabilidade.

A regra é simples, mas a identificação da variável mais importante é difícil. Normalmente, a redução de variabilidades é complexa e exige persistência como a maioria das iniciativas para melhorar a qualidade.

– Só tenho uma consideração a fazer com relação ao trabalho do grupo de melhorias da produção, dado que os resultados foram bons: se o grupo fizesse o trabalho depois de melhorarmos a qualidade, os resultados seriam melhores – adicionou Miguel, um pouco mais animado.

– Eu também tenho essa convicção com relação à *qualidade em primeiro lugar* – respondeu Ricardo. –Entretanto, o mandamento da qualidade – *fazer certo na primeira vez*– merece um aperfeiçoamento dado pela nossa prática. Se o problema foi analisado cuidadosamente e há convicção sobre as melhorias, faça. Na primeira vez, não haverá perfeição. Portanto, não acho adequado esperarmos que o departamento de controle de qualidade aja sozinho antes de iniciarmos com os grupos de melhorias. Façamos a nós mesmos dois questionamentos: primeiro, teríamos perdido mais tempo planejando detalhadamente a melhoria da qualidade? Ou, levaríamos mais tempo esperando para *fazer certo na primeira vez*? O fato é que melhoramos rapidamente a produtividade, com alguns pequenos contratempos.

– Acho que assim foi mais rápido – respondeu Clélio.

– Segundo: de certa forma, em alguns momentos, *fazer certo na primeira vez* não causa paralisia em vez de instigar o agir? Minhas respostas às duas questões são sim e sim. Outra máxima da qualidade é *qualidade em primeiro lugar* (ou *cliente em primeiro lugar*), no que eu concordo com Miguel. Sob este aspecto, teríamos que priorizar a qualidade – concluiu Ricardo.

Miguel mostrou certa satisfação com a concordância de Ricardo, que desejava discutir o esforço nas melhorias agora e deixar para outro momento a discussão da *qualidade em primeiro lugar* e *fazer certo na primeira vez*.

– Melhorias na Qualidade, e Qualidade com Q maiúsculo, normalmente exigem esforço e investimento de tempo – disse Miguel, voltando-se para Ricardo.

– Por falar nisso, quanto investimos no aumento de produtividade da dobradeira? Qual o retorno sobre o investimento? – perguntou Clélio.

– Na verdade, investimos praticamente nada de dinheiro para obter um aumento de capacidade global da gráfica que estimo ser da ordem de 35%. Acho que valeria a pena o Arnaldo Casachi (gerente financeiro) quantificar o retorno sobre o investimento do grupo de trabalho. Se contabilizarmos o custo de nossas horas dedicadas para aumentar a produtividade nessas 14 semanas como investimento e o aumento do lucro proporcionado por 35% mais de capacidade de vendas, o retorno sobre o investimento é enorme!

– Acho que deveríamos apresentar os resultados ao Sr. Jorge. O que você acha?

– Que tal você, Clélio, decidir com o grupo quem faria os cálculos financeiros com a ajuda de Arnaldo Casachi e levá-los junto com os resultados operacionais para o Sr. Jorge? Que acha disso Miguel? – Ricardo sugeriu.

Miguel concordou. O grupo decidira que Clélio procuraria Arnaldo e depois Jorge. Ricardo, hesitante, estava tentando se aproximar de Miguel, que se sentia agora menos desconfortável. Mas não havia confiança entre ambos.

31

Jorge Schmidt estava visivelmente contrariado, como se estivesse sendo cobrado por uma dívida. Olhava para os gráficos de controle colocados lado a lado na sua mesa. À sua frente, intimidados, estavam Marcos Pereira e Miguel Ascorbi.

– Não há como adiarmos mais! Nosso maior cliente espera por um plano dizendo o que faremos e como melhoraremos a qualidade, ou o perderemos! O que temos de concreto para apresentar ao cliente, então?

– Estamos agindo para bloquear os problemas. Aspiramos a área das impressoras para evitar sujeira nas capas e miolo dos livros com sujeira – tentou começar Miguel.

– Pelo que vejo nos gráficos, até agora, passados quase dois meses, isso ainda não surtiu efeito algum! O pior é que, se tivéssemos comprado o tal do *software* de CEP, teríamos gasto sem necessidade, piorando mais ainda nosso resultado financeiro!

Marcos não ousou responder. Mudou de assunto:

– O problema da má qualidade é ingrato. O senhor vê que há uma multiplicidade de problemas que ficam se alternando dia após dia! Mas estamos trabalhando nisso.

– Você imagina como o cliente reagiria se eu dissesse a mesma coisa, desse a mesma resposta ao cliente? Não, você não faz ideia!

Os dois funcionários ficaram em silêncio... Jorge ajeitou-se na cadeira, tentando ficar calmo.

– Miguel, você sempre diz que temos de atacar as causas dos problemas. Quais são as causas?

– Para a sujeira, as causas são o pó de papel que provém do corte das bobinas e o pó do ambiente; para caroços de cola provavelmente são os grumos de cola que vêm da máquina de capa-dura e da colagem da lombada; a causa dos cantos dobrados no miolo é o manuseio. Mas há mais 76 tipos de não conformidades – lamentou Miguel.

– E quais são as causas da formação de pó, dos grumos de cola e do manuseio incorreto do miolo ou cadernos?

Miguel silenciou e olhou para Marcos, que se sentiu obrigado a responder:

– Realmente não temos certeza.

– Eu vejo que as não conformidades ainda estão, em média, em torno de 6%, mas há picos de 12% e 14%: o dobro da média! Não entendo como não se pode saber a causa de efeitos tão grandes como estes.

– E não fosse pelo retrabalho, as perdas seriam maiores ainda – completou Marcos, sentindo-se esmagado pela situação.

– O retrabalho também não diminuiu: continua oscilando em torno de 3% em média! – disse Jorge, olhando para Miguel.

– É um trabalho de longo prazo, *chefe*. Vamos continuar insistindo – respondeu Miguel, buscando mostrar comprometimento.

– Nossos clientes não esperarão e nossos concorrentes estão evoluindo!

Jorge não ficaria refém da dúvida e de indefinições de responsabilidades entre Miguel e Marcos. Percebeu a manobra de Miguel e pensou por um instante. Avaliou o resultado da pressão sobre Miguel e decidiu:

– Está na hora de começarmos um grupo de melhorias para a qualidade nos moldes do grupo de produção. Você, Miguel, deverá procurar Ricardo e acertar com ele como funcionará o grupo. Faça isso imediatamente, montem um plano completo e venham os dois falar comigo. Explicarei pessoalmente ao cliente nossas dificuldades e nosso plano.

Miguel tomou as palavras "procurar Ricardo" como algo ultrajante! Sua situação só havia piorado. Pensou: "O que isso pareceria aos olhos de Jorge? Que ele não era tão capaz quanto Ricardo para resolver os problemas de produção?" Jorge provavelmente pensava que ele também não era capaz de resolver os problemas da má qualidade. Ricardo lentamente estava se posicionando melhor do que Miguel. Para ser gerente-geral da gráfica, Miguel supunha que deveria recuperar sua reputação com Jorge e com a equipe. A saída seria aceitar os palpites de Ricardo e fazer Marcos montar o grupo de melhorias da qualidade. Miguel monitoraria as ações e Marcos aprenderia o que houvesse de útil no grupo de melhorias da produção e aplicaria no grupo da qualidade. O mérito seria seu, assim como o controle da situação.

– Eu assumirei o grupo de melhorias da qualidade. Não se preocupe, *chefe*! Assim que possível trarei um plano de melhorias.

"Promessas, promessas... Estou farto de promessas!", pensou Jorge. Parecia, para ele, que Miguel só sabia falar. Na hora de transformar o que sabia em resultados, ele não desempenhava. Como não percebera isso antes? Talvez Jorge tivesse dado muito crédito a ele. Talvez não tivesse dado oportunidades de outros se destacarem, como Clélio, por exemplo. Se ele tivesse frequentado mais a produção, talvez tivesse percebido que as pessoas que executam o trabalho são as que mais sabem sobre sua tarefa e melhor conseguem melhorá-la. Normalmente, sabia Jorge, esses são conhecimentos que não estão escritos, mas são filtrados até chegar no topo da hierarquia. Miguel filtrara muito bem as informações até aquele momento, de modo que o mérito era dele quando as coisas davam certo. Quando davam errado, ele sempre achava um culpado, e Jorge percebia isso agora. Compreendeu que era preciso dar mais espaço para a participação de todos nas melhorias e criar condições para que surgissem novas lideranças. Jorge dava-se conta, naquele momento, de que devia perceber quando a equipe estava sendo tolhida pela gerência. Devia aproveitar o conhecimento do pessoal da linha de frente nas melhorias.

"Tenho que revisar minha forma de agir e o tipo de liderança que fomentei equivocadamente. A liderança que quero nessa fábrica tem de gerar resultados a partir das pessoas. Deixar as pessoas utilizarem suas competências. Mudarei isso já, imediatamente!", Jorge decidiu-se.

– Ok, Miguel! Que seja logo e que conte ativamente com o apoio de Ricardo – concluiu sem paciência!

32

Miguel conversava com Marcos, que estava sentado à sua frente. Chamara Ricardo também à sua sala, pois não queria se rebaixar tanto para contar com a ajuda de Ricardo. Não iria na sala de Ricardo pedir ajuda. Seria embaraçoso demais. Ricardo bateu e entrou na sala dele sem saber do que se tratava:

– Você me chamou? Posso saber o motivo? – começou Ricardo com precaução.

"Bem típico de Miguel", pensou Ricardo. Havia dois diplomas atrás dele, de modo que quem estivesse sentado à sua frente inevitavelmente olharia para eles: *MBA em Gestão da Produção* e *Administração de Empresas*. Ambos tinham a assinatura **Miguel Ascorbi** em letras que pareciam French Script. A sala era organizada, mais ampla que a de Ricardo, com a pequena mesa de reuniões num canto.

– É sobre a qualidade! Estamos pensando em montar um time para a melhoria da qualidade – disse, omitindo que era uma ordem dada por Jorge.

Ricardo procurou algo que fosse consenso entre ambos para iniciar a conversa:

– Como falamos na última reunião do grupo de melhorias da produção, podemos fazer o que não fizemos até agora: qualidade em primeiro lugar! Cliente em primeiro lugar! Realmente, acho que esse deveria ser o primeiro passo em uma implementação de um sistema de gestão. Mas, pela interação de Jorge com o grupo de melhorias, entendi que a gráfica precisava melhorar os resultados financeiros através do aumento de produtividade.

Ricardo pensava num jeito de estruturar sua conversa através de escolhas informadas, informações válidas e para gerar comprometimento interno. Miguel deu um sinal positivo de abertura, revelando uma informação que poderia ter reservado para si:

– Numa conversa que eu e Cláudia Lira (gerente comercial) tivemos com Jorge, ele enfatizou o problema da qualidade e a importância de aumentar o lucro. Enfatizou nossas metas: vendas, $ 18 milhões; margem de lucro, 12%. Segundo sua estimativa, chegaríamos ao final do ano com somente 2,5% de margem. Cláudia havia dito que sem corrigir os problemas de qualidade não atingiríamos as metas de vendas deste ano.

O fato de Miguel ter falado que Cláudia apontara um problema de qualidade – área de responsabilidade de Miguel – deixou Ricardo mais confiante de que a conversa poderia resultar em algo positivo. Afinal, quem pelo menos reconhece seus problemas está inclinado a encará-los e, talvez, com comprometimento para resolvê-los. Ricardo entendia que a grande barreira para a melhoria contínua era a postura defensiva com relação aos problemas pelos quais se é responsável. O grande impulso à melhoria contínua é colocar os problemas à mostra, o mesmo princípio subjacente à gestão visual.

– Devemos pensar como fazer para atingir estes resultados – continuou Ricardo. – A produtividade pode aumentar, mas somente aproveitaremos a demanda se tivermos um nível de qualidade aceitável, ou as vendas podem se deteriorar. O que você acha, Miguel?

– É isso mesmo! Qualidade em primeiro lugar, clientes em primeiro lugar! Só que as não conformidades são muito aleatórias aqui na gráfica. Um problema realmente difícil de resolver. O departamento de controle de qualidade pode resolvê-lo, porém com mais tempo. No mesmo tempo que um grupo de melhorias o faria.

Ricardo não gostava quando Miguel projetava a ponta do queixo acima do plano horizontal. Pensou: "É hora de ver como ele lida com informações válidas, testáveis".

– Acho que há um princípio de trabalho em equipe que não se pode negligenciar: como poderia o controle da qualidade obter resultado mais rápido que um grupo maior de pessoas pensando e agindo para melhorar a qualidade?

– O *Teamwork* é importante e temos incentivado isso, não é Marcos? Mas quanto mais pessoas, mais extensas são as discussões e mais demorado é o processo decisório – esquivou-se Miguel, omitindo novamente que havia uma ordem direta de Jorge para montar o grupo de melhorias. – Portanto, nós teríamos feito o trabalho na qualidade mais rapidamente que o grupo, mas não é questão de discutir isso agora. Vamos falar sobre o grupo de melhorias da qualidade?

"Primeiro, Miguel diz que o controle de qualidade precisa do mesmo tempo que um grupo de trabalho, mas teve algumas semanas para fazer e não fez!", pensou Ricardo. "Depois, diz que o controle de qualidade faria mais rápido! É impressionante como ele sai rapidamente do abatimento para a empáfia!", indignou-se.

Ricardo imaginava que, se Miguel não respondia com base nos fatos, era porque esse era um assunto delicado para ele, uma vez que dizia respeito à sua reputação como gerente. Não conseguira resultados, não queria falar sobre isso. Esse era o limite do diálogo. Essa era a habilidade que Ricardo tinha de demonstrar: falar dos problemas da qualidade sem expor a delicada questão da reputação, ou de não ter obtido resultados. Era hora de evitar esse assunto.

– Sim concordou Ricardo. Como vocês imaginam que deva funcionar o grupo de melhorias da qualidade?

– Acho que nos mesmos moldes do grupo de melhorias da produção – disse Marcos, sob o olhar contrariado de seu chefe.

– Temos de definir um método de trabalho e as ferramentas para achar as causas dos problemas – emendou Miguel – e temos de treinar o grupo na solução de problemas. Acho que talvez tenhamos que reforçar o treinamento nas 7 Ferramentas da Qualidade, MASP, capabilidade de processos, Seis Sigma, Histograma, Pareto...

– Por falar em Pareto, você disse que as não conformidades são aleatórias. Como assim? – perguntou Ricardo.

Marcos explicou a alternância de problemas da má qualidade e o fato de não haver uma não conformidade constantemente maior que as outras.

– É um problema atípico – comentou Ricardo, pensativo – que exige mais do que o conhecimento de ferramentas e a habilidade de utilizá-las.

– Como assim? – perguntou Marcos para desapontamento de Miguel, que entendera como uma alusão intencional à suposta falta de habilidade do controle de qualidade, o que exigia uma reparação a seu ver.

– Essa situação exige alguém preparado para tratar de problemas complexos como esse – respondeu Miguel, referindo-se a si e esboçando um meio-sorriso.

"É só dar um pouco de confiança que ele mostra soberba. Você acha que esse alguém sou eu?", perguntaria Ricardo, mas entrariam num enredado de provocações sem razão de ser. "É melhor colocá-lo no centro do trabalho, pois o controle de qualidade é um departamento dele. Mas afinal, por que ele me chamou aqui? Para dizer que não precisa de mim? Para esse diálogo ser razoavelmente eficaz preciso valorizar a minha experiência sem que pareça provocação":

– Vejo que você é a pessoa preparada para a tarefa. Você pensa que os resultados e o método que usamos no grupo de melhorias da produção podem ajudar de alguma forma?

– Penso que sim, com alguns ajustes.

"Com todo sucesso que tivemos, ele acha que precisa de *alguns ajustes*. Se ele é mau-caráter, só tem uma coisa que funcionaria: o poder. Pessoas mau-caráter só se dobram ao poder. É só invocar o nome de Jorge para ver se ele se dobra", pensou Ricardo.

– O que me preocupa é o que Jorge, sendo prático como é, pensaria em mexer em algo que deu certo. Afinal, os resultados foram *excelentes*! Nós vamos agora juntos até Jorge e falamos para ele que ajustes nós propomos. O que você acha, Miguel?

– Não, não é necessário – Miguel sentia que Ricardo descobriria que Jorge ordenou que procurasse Ricardo e seguisse os moldes do grupo de melhorias da produção. Seria vexatório para Miguel.

"Hora de pressionar mais um pouco e fazê-lo me respeitar" pensou Ricardo. Levantou-se como se fosse sair:

– Tenho algumas coisas urgentes para fazer. Acho que esse é o momento certo de falarmos com Jorge. Ou vamos lá agora ou você me diz que tipo de ajuda quer. Realmente estou muito atarefado.

Miguel ferveu. Seu sorriso se desfez. Seu queixo, sempre tão altivo, finalmente baixou. Seus olhos desviaram de Ricardo e, numa saída diplomática, olhou para Marcos:

– Também estou muito atarefado, mas Marcos precisará de ajuda para tocar o dia a dia do grupo de melhorias da qualidade, não é Marcos?

– É! Eu gostaria de saber o que deu certo e por que deu certo para poder aplicar nesse novo grupo de melhorias.

– Passa na minha sala mais tarde que eu farei um breve relato para você, Marcos – concluiu Ricardo, dando um breve "até mais" para Miguel e saindo.

Ricardo Tamagna realmente não gostava de Miguel. Este, mesmo em situação desfavorável, não pediu ajuda. Pelo contrário, tentou mostrar superioridade. "Não foi dessa vez que conseguimos avançar no diálogo e verbalizar alguns pressupostos acerca das intenções de cada um. Eu teria de criar condições para esse diálogo, mas Miguel só falaria se fosse inevitável", pensou Ricardo.

33

– Alô! É da delegacia? Quero comunicar que pediram meu relógio emprestado e me venderam as horas Ha! Ha! Ha!

– Ah Jorge! Essa piada sobre consultores é velha, conta outra, poxa! É impossível você emprestar o relógio, "Coelho Branco". Você é escravo dele. Além disso, você é tão pão-duro que não contrata consultores! He! He! He! – riu Moacir Ventura.

– Vamos ao que interessa. Você tem tempo para aquele cafezinho com meu gerente, Ricardo Tamagna?

– Sempre. Para os amigos sempre temos tempo!

– Só que eu gostaria que você viesse aqui na empresa. Pode ser?

– Claro! É só ajustarmos a agenda. Mas nem queira que eu trabalhe de graça para ti. Quem trabalha de graça é relógio. Ha! Ha! Ha!

– Tá bom, daremos uma gorjeta para você deixar de reclamar...hehehe.

– Qual é a pauta da reunião?

– Ricardo propôs um grupo de trabalho, concluiu o trabalho há pouco e os resultados foram muito bons. Além do mais, eu passei a entender a relação entre *lead time*, estoques e fluxo, coisa que nunca me chamara atenção antes. Penso que é por aí que devemos repensar nosso sistema de gestão. Quero iniciar já! Mais ainda, dei-me conta que nosso estilo de liderança é inadequado!

– Vejo que você andou fazendo alguns questionamentos profundos ultimamente. O que você anda lendo?

– Alguns livros, Steve Jobs: *o estilo de liderança*,* *Endurance: A lendária expedição de Shackleton à Antártida* sobre Sir Ernest Henry Shackleton e sua saga no polo sul.** *O sistema Toyota de produção*, de Taiichi Ohno,*** sugerido por Ricardo. *O monge e o executivo***** tentei ler, mas não gosto de receitas de bolo. Quero acelerar o processo e preciso de ajuda.

– Quão profunda você quer que seja essa mudança?

– Quero que toda a empresa busque resultados e deixe as competências realizarem seu potencial.

– Se você quer acelerar o processo e fazer mudanças profundas, tem que ler mais um livro antes de nossa reunião: *More than a motorcycle: The leadership journey at Harley-Davidson*, de Rich Teerlink e Lee Ozley,***** mas só tenho o livro em inglês. Você vai ver que fazer mais rápido significa ir devagar e com muito cuidado e envolver as pessoas no processo de mudança.

– Ok, envia para mim que eu lerei antes da reunião. Quem você acha que deve participar dessa reunião?

– O corpo gerencial da empresa.

– Todos os gerentes? – A pergunta continha a vontade de excluir Miguel dessa reunião, o que fez Jorge se dar conta imediatamente que isso não faria o menor sentido. Se ele quisesse um estilo de liderança que liberasse as competências, Miguel deveria ter oportunidade. Caso contrário, não manteria na equipe alguém em quem não confiasse.

– Claro, inclusive e principalmente o gerente de recursos humanos!

---

* ELLIOT, J. *Steve Jobs*: o estilo de liderança para uma nova geração. São Paulo: Lafonte, 2011.

** ALEXANDER, C. *Endurance*: a lendária expedição de Shackleton à Antártida. São Paulo: Companhia das Letras, 1999.

*** OHNO, T. *O sistema Toyota de produção*: além da produção em larga escala. Porto Alegre: Bookman, 1997.

**** HUNTER, J. *O monge e o executivo*: uma história sobre a essência da liderança. Rio de Janeiro: Sextante, 2004.

***** TEERLINK, R.; OZLEY, L. *More than a motorcycle*: the leadership journey at Harley-Davidson. Boston: Harvard Business School, 2000.

Algumas semanas mais tarde, Jorge reuniu-se com Clélio.

– O grupo designou-me para falar dos resultados obtidos – Clélio estava um pouco intimidado por estar na sala do gerente-geral.

Era uma sala ampla, com uma grande Bíblia sobre uma mesa lateral. Ao lado dessa mesa, havia uma estante antiquíssima cheia de livros. A madeira da estante era muito escura e os pequenos sulcos na superfície expressavam a ação do tempo. O resto do ambiente da sala era moderno, mas estranhamente parecia integrada com a estante antiga. "Talvez fosse porque", pensava Clélio enquanto observava o ambiente, "a estante estava parcialmente embutida na parede atrás da mesa de Jorge."

– Senta, sinta-se à vontade. E, então, o que você tem para me mostrar?

– Olha, Sr. Jorge – disse, orgulhoso, mostrando o gráfico – aumentamos em 50% a produtividade das dobradeiras! Dá para acreditar?

– O quê? A meta era 15%, depois aumentada para 30% e você me diz que aumentou em 50%?

– É que realmente os tempos de parada foram diminuídos, ou melhor, o tempo efetivo era de 60% e passou para 90%. Esses 30% de aumento de tempo produtivo representam 50% de aumento na produtividade. A conta que se faz para a produtividade é de 90/60=1,5, ou seja, ao diminuir em 30% o tempo de paradas, aumenta o tempo produzindo de 60% para 90%. Isso significa 50% a mais de produtividade. Claro que não é exato, mas vai ficar por volta disso.

– Espera um pouco, Clélio – Jorge pegou suas anotações de três meses atrás e refez as contas com base na regra de três: 50% de aumento de capacidade resultariam num aumento de $ 550.000,00 no faturamento mensal em relação ao mês de fevereiro. Em termos de lucro, passaria dos 2,5% para uns 9% sobre as vendas se fosse mantido o custo fixo. Seriam adicionados aproximadamente $ 100.000,00 ao lucro mensal. Em 12 meses seriam $ 1.200.000,00. "Muito bom", pensou!

– Vocês falaram sobre o que significa esse aumento de produtividade e vendas em termos financeiros?

– Pedi para Arnaldo Casachi, em nome do grupo, calcular o retorno sobre investimento. Ele fez um cálculo baseado nas horas empregadas nas melhorias e disse que foi o equivalente a colocar em caixa nove vezes o dinheiro que foi gasto em salários.

Jorge repreendeu mentalmente: "Como Arnaldo não me falou isso?!?! Talvez porque ele não enxergue a relação entre as melhorias na produção e os resultados financeiros. Talvez ele pense que esses resultados são localizados."

– Espera um pouco, Clélio – Jorge pediu.

Pegou o telefone:

– Alô? Arnaldo, é o Jorge. Quero que você calcule os resultados desde o início do ano, comparativamente com a produtividade. Você sabe, vendas, giro de ativos, lucro, caixa, custo com horas extras, estoques em processo, enfim. Se precisar de informações, fale com o Clélio. Se ele não tiver todas as respostas, fale com o Ricardo, ok? Quero os números para amanhã de manhã! – Jorge fez uma pausa. – Custo... que custo? Esqueça a desbobinadeira! Eles estimam um aumento de produtividade da ordem de 50%, e vejo que houve um expressivo aumento de vendas, menor que isso, é claro. Mas aumentou! Quero urgência nesses números!

Jorge desligou o telefone e voltou-se novamente a Clélio:

– Como foi obtido esse aumento da produtividade nas dobradeiras?

Clélio explicou a redução dos tempos de *set up*, as réguas-padrão para *set up* das dobradeiras, a melhoria nas instruções das ordens de produção e o envolvimento do pessoal.

– Por que você acha que não conseguimos esses resultados antes? – quis saber o gerente-geral.

Clélio hesitou por um instante, mas não se conteve:

– Não teríamos conseguido.

– Como assim?

– Não tínhamos autonomia para tomar decisões. De certa forma, os supervisores que têm iniciativa são muito cautelosos para agir, os outros ficam esperando ordens para agir – aludindo, ao mesmo tempo, ao estilo gerencial de Miguel e a sua responsabilidade parcial pela estagnação.

– Você pode responder se quiser, mas eu gostaria de ouvir de você: como você acha que seu chefe deveria agir para que as melhorias acontecessem!? – perguntou Jorge.

– Deveria nos deixar fazer mais e cobrar resultados. Há coisas que não precisam passar pelo chefe antes de serem feitas. Ao tratar dos problemas que enfrentamos, depois que ele participa e traduz nas suas palavras, ficamos com a impressão que não conhecemos nosso próprio trabalho. Às vezes não entendemos o que quer dizer – Clélio acabara de dizer o que o incomodava.

– Obrigado! Muito obrigado! – animou-se Jorge. – Não estou interrogando, mas gostaria de saber, se você quiser dizer: o que achou de diferente na atuação de Ricardo ao longo do trabalho do grupo de melhorias da produção?

– Nós tivemos uma autonomia que não é comum experimentarmos. Nós, operadores e supervisores, nos sentimos orgulhosos por poder melhorar a gráfica. Além disso, Ricardo parece usar palavras simples e anda pela produção com a gente. Cumprimenta todos e quase sempre pergunta como está indo o trabalho. Essas são as características interessantes dele.

– E o que você não gosta nele?

– As metas impossíveis! A tendência é ele propor algo que não se pode alcançar – disse, lembrando que, contudo, a meta produtividade de 40% havia sido ultrapassada.

– Obrigado, Clélio! Muito obrigado, Clélio! Parabéns pelo trabalho! Transmita ao grupo em meu nome. – Levantou-se e apertou firmemente a mão de Clélio Vianna, que se sentiu recompensado e orgulhoso. Foi a primeira vez que conversava dessa forma com Jorge Schmidt – o gerente-geral – sendo sua opinião ouvida e sentindo-se importante. Não sentira em Jorge qualquer malícia de buscar informações sobre Ricardo para fazer mau uso delas. Simplesmente, o homem precisava saber o que se passava na sua empresa. Clélio sentira-se confiante como nunca.

Jorge percebia que algo de bom estava acontecendo, e muito rápido, na sua empresa. Ele podia aproveitar ou, distraidamente, deixar passar. Precisavam de uma nova liderança. Quando alguém de um nível hierárquico abaixo do seu entraria na sua sala e falaria como Clélio falou? Que Jorge se lembrasse, isso nunca havia acontecido. A não ser quando chamado por ele mesmo para reclamar de algo.

Pensava que talvez devesse dar um ultimato a Miguel. Se ele não mudasse, deixaria a empresa. Contudo, ele mesmo sabia que agia de modo a reforçar aquele estilo. No passado, ouvira Miguel, mais que os outros gerentes. Não prestava atenção suficiente no que diziam os operadores e o pessoal da linha de frente.

"Não criei espaço para as pessoas liberarem seu potencial, da mesma forma que Miguel não o fez. Eu preciso mudar também! Mas como mudar e em que sentido? Deve haver mais cuidados e dificuldades do que imagino", pensou Jorge.

Logo, ele percebeu também que Ricardo gostava de novos desafios e sentiu que havia feito uma boa contratação ao escolhê-lo para a empresa.

Contudo, ainda restava a dúvida: como posicionar a gestão da qualidade no sistema gerencial? Como estava o planejamento estratégico e por que ele não leva em consideração as operações como deveria?

Decidido a fazer algo a respeito, Jorge pensou em consultar novamente o amigo Moacir.

34

– Silvana, tem um senhor chamado Moacir Ventura que diz ter uma reunião com o Sr. Jorge – anunciou a recepcionista.

A recepção da gráfica refletia limpeza. Moacir notou isso e constatava que os sinais de eficiência de uma empresa estão em todos os lugares, inclusive na recepção. Na parede, um quadro, cujo fundo imitava um pergaminho, dizia:

Missão

Entregar valor ao cliente através de produtos e de serviços gráficos superiores em termos de qualidade, custo e prazos, social e ambientalmente responsáveis, aprimorando continuamente a satisfação de clientes, colaboradores, fornecedores e acionistas.

Visão

Ser reconhecido como líder – nos segmentos em que atuamos – pela nossa eficiência operacional, vigor financeiro e inovação nos negócios.

Valores

Manter relacionamento ético com clientes, colaboradores, fornecedores e acionistas.

Ter o aperfeiçoamento contínuo como nossa motivação.

Perseguir a sustentabilidade financeira e social no longo prazo.

Senhor, pode passar na sala dele? Sabe onde é?

– Nunca vim aqui antes – Moacir respondeu.

– O Sr. Jorge vem buscá-lo, aguarde um minuto. Quer um café ou água?

Jorge desceu a escada rapidamente:

– Bom dia, Moacir!

– Bom dia, Sr. Jorge – o tom era formal entre ambos, talvez porque o ambiente da empresa induzisse as pessoas a agirem seriamente.

Alguns minutos depois estavam fazendo uma caminhada pela gráfica. Como se tratava de uma fábrica de livros, o ambiente era limpo, exceto pelo pó branco de papel em alguns locais. Exaustores recolhiam retalhos de papel e os conduziam para algum lugar através de tubulações no teto da gráfica. O almoxarifado tinha pilhas de bobinas que eram retiradas por empilhadeiras. Equipadas com *clamps*, abraçavam as bobinas, retirando-as das pilhas, colunas de aproximadamente dois metros de diâmetro.

– Hoje, o estoque de bobinas está bem dimensionado, pequeno ou excessivo, Jorge?

– Normal, embora eu preferisse que fosse menor.

– A mim, parece excessivo.

– É que com o câmbio favorável temos importado algum papel da Europa Oriental.

Passando pelo início do processo, Moacir notou que a desbobinadeira estava parada:

– A gráfica está sem pedidos de venda para logo? Ou essa máquina está parada por outro motivo?

– Essa máquina, a desbobinadeira, foi motivo de muitas discussões. Está parada por causa de um sistema de fluxo que foi implementado na fábrica. Esse sistema funciona mais ou menos assim: as dobradeiras comandam a entrada de bobinas na gráfica. Quando enche aquela área ali na frente, a desbobinadeira para. Veja, o pulmão das dobradeiras está cheio de paletes de cadernos dobrados.

– Entendo. É o gargalo que comanda a entrada de materiais da gráfica. Bom, muito bom! E quanto de estoque em processo diminuiu na fábrica?

– O gerente financeiro, Arnaldo Casachi, que você vai conhecer daqui a pouco, está calculando. Mas, nessa área, o estoque caiu a um terço do que era antes, porque o espaço para os paletes foi reduzido à metade e nunca as áreas delimitadas enchem.

– Esse pessoal das dobradeiras tem feito horas extras? – perguntou ao se aproximar dos gráficos no mural.

– Sempre fizemos, mas agora a produção das dobradeiras aumentou significativamente, sem que as horas extras tenham aumentado.

– E no que isso repercutiu no aumento de produção e das vendas?

– A produtividade aumentou por volta de 50% e as vendas um pouco menos – Jorge não tinha, ainda, certeza sobre as quantidades vendidas.

– O quê? Tudo isso?

Imediatamente, Moacir pensou que o gerenciamento deveria estar bem ruim para dar esse salto.

– Sim, veja aqui – disse apontando para o gráfico. – No início do trabalho do grupo de melhorias da produção, eram aproximadamente 5.500 folhas dobradas por hora. A última medição mostra por volta de 8.000 folhas/hora.

– Quem é o gerente de produção?

Jorge esperou um operador passar e respondeu:

– Chama-se Miguel, mas não foi ele que conduziu o trabalho, e esse é um dos assuntos que eu quero tratar antes da reunião. Estou inclinado a demiti-lo!

– Por quê?

– Porque me dei conta de que ele, no mínimo, não aproveita o potencial da sua equipe. Tive de ver o andamento e o resultado do grupo para perceber isso.

– E quem conduziu esse trabalho?

– Ricardo Tamagna, você o conhece. Ele trabalhou numa fábrica de motocicletas, na produção e logística, ou melhor, expedição das motocicletas.

– Ah, agora me lembro! Você já tinha me falado sobre o grupo de melhorias e sobre Ricardo algumas vezes. Inclusive no nosso último telefonema. Desculpe ter me esquecido. Por indicação de Ricardo, fiz uma proposta para repensar a liderança da fábrica de motocicletas, mas não foi aprovada.

– Esse é outro assunto que quero tratar: liderança!

– Vejo que o escopo aumentou desde nossa primeira conversa sobre a gráfica alguns meses atrás. Por falar nisso, você leu o livro da Harley-Davidson?

– Li sim! Eles fizeram um esforço imenso para melhorar a gestão! Você acha isso necessário para nos tornarmos a gráfica número um em qualidade, custo e lucratividade?

– Talvez não tanto e nem em tanto tempo, mas algumas barreiras importantes surgiriam, certamente.

– De que tipo, por exemplo?

– Depende. Qual a profundidade da mudança que você quer imprimir?

– Quero uma transformação radical!

– Bem, nesse caso, você mesmo – como líder – teria de passar por algum tipo de transformação.

– Eu já me dei conta disso, mas não faço a menor ideia do que seria além de mudar o estilo de liderança e de gestão de pessoas. Eu sempre quis ser o número um no que faço, mas sempre valorizei individualidades sem perceber. No entanto, os resultados obtidos com o time de melhorias me fizeram perceber o equívoco.

– Vejo que você já tem um dos predicados para a *transformação*: a autocrítica!

– Isso nunca me faltou! Mas por que não enxerguei isso antes?

– Bom, pela minha experiência, há coisas que alguém imerso na situação não consegue ver. São fenômenos mais ou menos inconscientes.

– 'Fenômenos inconscientes' parecem pouco prováveis numa empresa com centenas de pessoas que se falam todo dia, discutem problemas e tomam decisões.

Moacir lembrou do quadro na recepção: *Valores: o aperfeiçoamento contínuo é a nossa motivação*. Os valores devem ser praticados por todos, todos os dias. Há incongruência entre o que é dito e o que é feito em termos de valores e princípios?

– Antes desse trabalho em equipe, qual foi a última melhoria feita na operação?

– Investimos.

– Não me refiro a investimentos. Falo de aperfeiçoamentos contínuos, pequenos e com frequência diária, e dos maiores, um pouco menos frequentes, mas igualmente contínuos. Quero saber sobre o aperfeiçoamento contínuo que é declarado como VALOR desta empresa.

– Entendo. Talvez não venhamos praticando melhorias continuamente.

– Você acha que uma frase escrita, lida por todos os colaboradores é suficientemente consciente?

– Claro que sim!

– Pois não é, talvez, o que os fatos anteriores revelam. Se melhorar continuamente é um valor e todos estão conscientes dele, alguns deveriam praticá-lo todos os dias, não é? Se fosse consciente o suficiente, o comportamento seria *melhorar continuamente* e haveria evidências por todos os cantos dessa gráfica. A inconsciência aparece justamente frente aos problemas. Melhorar continuamente é resolver continuamente os problemas.

– É o que fazemos todos os dias: resolver problemas!

– Como você sabe que não está tratando dos problemas que realmente impediriam que vocês se tornem líderes em eficiência operacional, vigor financeiro e inovação?

– Ora, se não estou tratando de alguns problemas é porque esses não são importantes.

– Ou será que você *não sabe* que são importantes?

– Entendo o que você quer dizer com inconsciência, mas parece que você está falando de desconhecimento. Vamos falar de algo mais prático – Jorge queria escapar da conversa levemente desagradável. – Por onde você sugere começar?

– Você se dá conta de que, nesse exato momento, estamos evitando o assunto sobre *problemas importantes não tratados* e *inconsciência*? Para você pode parecer chato, mas é exatamente este fenômeno que ocorre em escala maior. Mas vamos às coisas mais práticas.

Moacir trocou de assunto também, mas quis deixar o amigo pensando no que falaram e manter a primeira conversa numa tensão adequada!

– Valores e barreiras, é por aí que sugiro começar! Conhecer sua equipe gerencial! É ali que residem as maiores barreiras, por incrível que pareça. Posso me dirigir um pouco antes à sala de reuniões e você mandar o Ricardo para lá? Preciso de uns 30 minutos com ele. Depois manda Miguel para lá, sem que um saiba que falei com o outro. Preciso de mais 30 minutos com ele. As melhores fontes são quem fez uma mudança e quem supostamente sofreu com ela.

– Ok! E depois disso?

– Depois da reunião com todos, eu pensarei o que fazer e provavelmente enviarei uma proposta de trabalho.

Jorge sentiu um pequeno desconforto. Não fazia melhorias há muito tempo. Essa conversa sobre problemas importantes e inconsciência não lhe agradava. Para ele, foi o único momento do diálogo que pareceu "conversa de consultor", no sentido negativo da expressão. Não teriam tido essa conversa se não fosse a intimidade e amizade entre ambos e a disposição de Jorge para fazer algo.

35

– Já conheço o senhor de algum lugar? – disse Ricardo ao entrar na sala.

– Não fui anunciado pela assistente de Jorge?

– Na verdade, foi ele mesmo que me ligou e disse para eu falar com alguém que me esperava na sala de reuniões. Não disse seu nome, nem o assunto e desligou.

– Sou Moacir Ventura, já nos conhecemos. Não pessoalmente.

– Ah, claro! Jorge disse que tomaríamos um café juntos! Algum sucesso com sua proposta na fábrica de motocicletas? Alguém tornou a levá-la em consideração?

– Não, mas obrigado pela indicação de qualquer forma.

– Eu tenho boas referências suas. Li alguns de seus artigos. Algum que falava sobre liderança e mudança. Gostei da abordagem e acho que serviria para a fábrica de motocicletas, o ambiente lá não era muito propício para as melhorias.

– Eu percebi algum problema em relação à liderança, mas nossa negociação não passou da primeira conversa. Em projetos de consultoria, o limite, até onde se pode ir, é estabelecido logo no início pelas condições da empresa e pela liderança. Só não atingimos todo o potencial nos projetos que envolvem *mudança*, ou seja, em todos – riu animadamente.

– Um ambiente realmente mau! Você provavelmente ouve falar em ambientes pesados, desanimadores. Mas aquele era quase caricatural. Escancaradamente complicado. E posso afirmar: a confusão provinha do líder.

– A responsabilidade é *sempre* do líder, pelo menos parcialmente.

Essa observação animou Ricardo a falar mais, pois além do crédito da própria família, ele não comentava com ninguém para não correr o risco de a história parecer fantasiosa:

– No fim, provoquei minha demissão, o que foi bom para minha qualidade de vida, mesmo que não fosse minha intenção no momento. E aqui estou eu. O ambiente é bom, exceto por questões normais em qualquer ambiente de trabalho.

Dando-se conta de que poderia estar indo longe demais, Ricardo quis mudar de assunto e perguntou:

– Qual é mesmo o objetivo da nossa conversa?

– Fui convidado por Jorge para elaborar uma proposta de trabalho a fim de melhorar o sistema de gestão da empresa. Essa é uma primeira conversa, sem roteiro pré-elaborado por mim.

Moacir fez uma pausa e continuou:

– Você lembra de algo que recentemente tenha tentado implementar e não tenha conseguido por causa de uma ou de um conjunto de pessoas? Ou tenha tido grande dificuldade? – Moacir perguntou a Ricardo.

– Lembro sim! Nosso trabalho do grupo de melhorias. Houve um colega que aparentemente, mas não tenho certeza até que ponto intencionalmente, colocou empecilhos nas iniciativas do grupo.

– O que você, de sua parte, teria feito diferente do que fez para ser melhor sucedido?

– Acho que eu teria conversado "abertamente" com esse colega, mas creio que tenha me faltado habilidade e tranquilidade emocional.

– Ambas são qualidades importantes para um líder. Você tentou falar com esse colega?

Ricardo pensou em que resposta dar a Moacir. "Se eu não estiver enganado, por outro lado, acho que estão se criando as condições para essa conversa, porque não haverá outra alternativa para ele. Ele precisará de minha ajuda", pensou em dizer.

– Tentei, mas, quando conversamos, minha iniciativa parou quando ele disse que fez coisas que eu sei que ele não fez. Senti-me pouco a vontade com essa situação. Meu nível de confiança oscilou durante toda a conversa.

– Acho que você fez bem em tentar falar com o colega e, também, em não insistir na conversa. Falar "abertamente", com sinceridade, exige condições propícias para tal. Agora ouça com atenção, por favor: quando não houver alternativa para essa pessoa, a não ser falar contigo, fale hábil e abertamente com ele. Pode ser que você não entenda o que vou dizer agora, mas se vocês dois anotarem seus pensamentos enquanto falam e assumirem o compromisso de questioná-los será um grande passo. Questione com ele durante a conversa somente o que você achar que não vai torná-lo defensivo. Separadamente, você questiona seus pressupostos e ele os dele. Entendido?

– Entendi o que fazer, mas não vislumbro o resultado disso?

– Vocês dois provavelmente fazem inferências acerca do comportamento do outro. Esses questionamentos vão revelar o que são pressuposições e os pressupostos não válidos deixarão de atrapalhar vocês. Talvez ajude a trazer um pouco de confiança mútua. Faça isso. Pode considerar isso como parte do meu trabalho no sistema gerencial da empresa.

Para Ricardo, Moacir falava como se a proposta de trabalho já tivesse sido aceita e aprovada. Continuou:

– Quais as questões técnicas desse trabalho em equipe que fizeram os resultados?

Ricardo retomou o fôlego, meio aturdido pela sugestão de falar com Miguel e ambos anotarem os seus pressupostos:

– Deixa eu ver – ele pensou por alguns segundos. – Um sistema de fluxo controlado pelo recurso mais lento do nosso sistema produtivo e a melhoria contínua.

Moacir ouviu a explicação do sistema de fluxo, representada pela lógica do trânsito em alguns rabiscos numa folha de papel:

– Engraçado! Eu nunca tinha ouvido uma explicação tão simples assim. É a ideia do fluxo contínuo do *lean*, não é?

– É isso mesmo – confirmou Ricardo.

A conversa entre os dois continuou sobre questões mais técnicas, mas não falaram sobre qualquer ferramenta em particular. Moacir notou com satisfação que Ricardo mostrara autocrítica e assumira a responsabilidade pelos seus próprios limites no trabalho em equipe. "Ele pratica o valor de melhoria contínua, principalmente parece ter envolvimento com os problemas da empresa e vontade de resolvê-los" pensou Moacir.

Chamou atenção o fato de Ricardo ter tentado tratar de uma questão delicada com um colega. Seria esse o colega que Jorge estaria inclinado a demitir? Não quis perguntar, pois não era tão relevante naquele momento. Mas, "a dúvida em relação a esse colega é um bom sinal, pois dá crédito à pessoa antes de julgá-la definitivamente" refletiu.

Ricardo saiu da sua sala e ligou para Jorge dizendo que tinha terminado a reunião.

Minutos depois, Miguel entrava na sala de reuniões. Notou que o homem de camisa azul e sorriso contido estava bem à vontade na sala:

– O senhor Jorge disse que viesse falar com você. Do que se trata?

A pergunta de Miguel visava a situar o que queria aquele homem que ele não conhecia. Estava desconfiado e temeroso que fosse alguma surpresa ruim, afinal as coisas não andavam muito bem para ele ultimamente.

– Fui convidado por Jorge para pensar numa proposta de trabalho a fim de melhorar o sistema de gestão da empresa. Apenas quero trocar algumas ideias contigo.

– O senhor é consultor?

– Não gosto de dizer que *sou* consultor. Realizo trabalhos de aperfeiçoamento na gestão das empresas dos meus clientes.

– Você conhece Jorge há muito tempo?

– O suficiente para me chamar aqui, embora ele não goste de consultores – sentiu necessidade de mostrar que tinha a confiança de Jorge, já que seu interlocutor, de certa forma, pedira por uma 'prova' de credibilidade.

– Entendo. Eu sou, ou melhor, fui uma espécie de consultor interno de Jorge. Tenho experiência em gestão da produção, qualidade e algumas técnicas avançadas de produção – Miguel disse para causar uma boa impressão, sem que fosse perguntado – e uma boa dose de conhecimento sobre teoria das restrições, sistemas complexos.

"Não basta ser, tem que parecer ser", pensou Miguel.

– Eu estou aprendendo, ainda – alfinetou Moacir que não gostara da "exibição de virtudes" do outro – e cada vez mais vejo que as certezas absolutas são os maiores inimigos do aperfeiçoamento.

– Vejo que você gosta de filosofia.

– Faço minhas leituras – Moacir respondeu, frio – mas vamos ao que nos trouxe aqui. O que você acha do sistema de gestão da empresa?

– Estamos melhorando aos poucos. Eu estou construindo um sistema de indicadores baseado no BSC, *Balanced Score Card*, para cobrir as dimensões clientes, finanças e processos internos.

– E também aprendizado e crescimento? Talvez o fator mais importante na sustentabilidade de uma empresa – disse para mostrar conhecimento e marcar posição. "Tipos assim, que tentam se colocar num patamar superior, precisam de um sinal para respeitar os outros" pensou.

– Claro – respondeu Miguel, envergonhado por ter esquecido de citar uma das dimensões do BSC. – Essa é a dimensão em que trabalharemos a gestão do conhecimento.

– Você lembra de algo que recentemente tenha tentado implementar e não tenha conseguido por causa de uma pessoa ou de um conjunto de pessoas? Ou tenha tido grande dificuldade?

– Bem, assim, de imediato, não lembro...

– Alguma melhoria que tenha tentado implementar e tenham se apresentado dificuldades?

– Sou responsável pela qualidade e iniciamos um trabalho recentemente para elevar a qualidade dos livros, mas é um problema que demanda tempo, justamente o que nos faltou.

– Você quer dizer que com mais tempo disponível teria alcançado metas ou resultados?

– Veja bem, implementamos cartas de controle e vimos que a capabilidade dos nossos processos é baixa. Ninguém melhora capabilidade rapidamente. Você conhece algum caso em que se tenha atingido capabilidade maior do que 1 em menos de quatro semanas?

– Não – respondeu para mudar o rumo da conversa e porque não achou mais necessário mostrar que sabia sobre capabilidade – mas se Jorge tivesse dado mais tempo você teria conseguido?

– Ah, sim. Sabemos o que estamos fazendo. De qualquer forma, resolveremos os problemas no grupo da qualidade que será conduzido por mim.

– Que tipos de dificuldades acha que enfrentará nesse trabalho em equipe?

– A falta de conhecimento do pessoal sobre qualidade. Sabe, temos tentado preparar as pessoas, mas não é fácil fazer que entendam o que é qualidade. A outra gerência pode impor dificuldades porque somente conhece genericamente qualidade e pode induzir a decisões equivocadas.

– Qual gerência?

– A gerência de logística. Logística não é produção. São atividades de natureza diferente. Claro, não é culpa de Ricardo. Na verdade, ele é muito esforçado – ironizou.

– O que você acha que deve fazer para ser bem-sucedido nesse trabalho de equipe?

– Um bom planejamento: mapear os *gaps* de conhecimento do grupo de melhorias da qualidade e treiná-los. Fazer que aprendam um pouco de pensamento científico para achar as causas dos problemas. Utilizar MASP – método de solução de problemas – e algumas ferramentas simples como cartas de controle estatístico. Não precisam aprender os fundamentos, mas saber usar as ferramentas.

"É o suficiente, já ouvi mais do que eu precisava, melhor parar aqui para não perder minha paciência" pensou Moacir.

– Obrigado Miguel! Foi muito boa nossa conversa – disse forçando uma pretensa simpatia.

– De nada! Se precisar de mim, pode contar comigo. Posso ajudar muito nesse trabalho. Não hesite em me procurar.

Moacir percebera que Miguel não mostrara a mínima autocrítica. Os outros eram responsáveis pelos resultados não atingidos. Já, por outro lado, os méritos eram dele: 'eu estou construindo', 'será construído por mim', 'vou fazer que aprendam um pouco'. Parece não ter afinidade alguma com trabalho em equipe: 'não é fácil fazer que entendam ', disse ele. "Ele é do tipo 'o problema são os outros'" refletiu Moacir!

Moacir não via como Miguel podia praticar consistentemente o *valor* de melhoria contínua. "Quem não enfrenta os problemas, não os resolve; quem não os resolve, não melhora; se os problemas se apresentam continuamente, quem foge não pode fazer melhoria contínua. Além disso, ao dizer que 'Ricardo é muito esforçado... não tem culpa... falta-lhe conhecimento', parece uma forma de plantar uma dúvida sobre sua competência e tentar afastar esse outro rapaz do meu trabalho", concluiu Moacir.

Já Miguel, na sua avaliação, achou que tinha demonstrado conhecimento suficiente para liderar a construção do novo sistema de gestão, caso o consultor fosse contratado.

36

Conversavam os dois na sala de Jorge, agora com menos formalismo, mas sem a casualidade de sempre:

– Então, Moa, que conclusão você tirou da conversa com Ricardo e Miguel? Podemos chamar o pessoal para a reunião?

– Olha, Jorge, pelo que vi dá para vislumbrar o tamanho do trabalho. Você tem a dimensão do que significa *transformação*?

– Não tenho uma ideia clara, mas me diga o que é transformação para você?

– É um processo profundo de mudança, em que não somente os sistemas, tal como a gestão, têm de mudar. Os grupos têm que mudar, os líderes têm que mudar, as pessoas individualmente têm que mudar. Não é um processo em que se possa conhecer claramente o caminho, embora seja possível vislumbrar o final.

– Bem, você sabe que sou decidido. As dificuldades, nós a conheceremos no caminho, não é?

– Até certo ponto, podemos antecipar algumas barreiras. A vontade de superá-las define o limite da transformação ou se haverá transformação, de fato.

– Você quer dizer que é possível não termos lideranças que nos levem a um patamar diferente e melhor que nossos concorrentes? – indagou Jorge.

– O que quero dizer é que não é possível antecipar o sucesso e que, como numa corrida com obstáculos, o corredor pode ficar pelo caminho. Ou o atleta pode desviar de alguns obstáculos. Ou, para que a transformação seja completa, todas as barreiras importantes têm que ser ultrapassadas.

– Se eu não te conhecesse, nem você me conhecesse, eu diria que você está tentando me provocar ou intimidar ao expor essas dificuldades. Mas este não é o caso, eu sei.

– Se nós não tivéssemos a aproximação que temos, eu provavelmente estaria abordando indiretamente essas questões para não colocar em risco um possível contrato. Mas, no meu estágio profissional atual e nas condições que reúne a empresa, eu não poderia agir de forma diferente.

– Como assim?

– Eu perguntei qual a profundidade das mudanças que você imaginava fazer. Você me disse: *transformação*! Transformação implica em lidar com os problemas importantes; não em desviar deles. Se eu dissesse que o caminho é conhecido ou mais fácil do que realmente é, não estaria sendo coerente com a natureza da transformação. "Meu estágio profissional atual" permite que eu me dê ao luxo de perder uma proposta de trabalho, mas eu não perderia a oportunidade rara de ajudar *realmente* na transformação.

– Essa oportunidade é tão rara assim?

– Veja bem – Moacir rabiscou no seu caderno. – Do universo de empresas, quantas empresas são medíocres, quantas são medianas e quantas são excelentes?

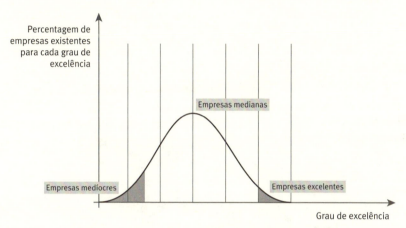

Figura 36.1 Distribuição das empresas excelentes, medianas e medíocres. O tamanho da área sob a curva indica o percentual de empresas. São poucas as empresas excelentes.

Observação: A área sob o gráfico totaliza 100% das empresas existentes. A área menor sob o gráfico, para empresas excelentes, significa que elas existem em menor quantidade.

– Claro, entendo! Intuitivamente sabemos como é a distribuição estatística das empresas de acordo com a excelência. Sabemos que há pouquíssimas empresas excelentes, poucas empresas medíocres e que a grande maioria é mediana. E isso explica o que você quer dizer com "oportunidade rara". Agora me diga: o que a minha empresa tem de raro, dado que somos uma empresa boa, mas um pouco distante da excelência?

– É prematuro afirmar, mas se não estou errado, sua empresa reúne as condições para se tornar uma empresa excelente. Veja bem: a liderança quer mudar; refiro-me especificamente a você, Ricardo e o grupo de melhorias; a empresa expressa como valor o *aperfeiçoamento contínuo*; você já fez um trabalho para melhorar a eficiência e começará em breve um trabalho para melhorar a qualidade; e, pelo que sei, a situação financeira é relativamente confortável.

– Tudo isso é fato, mas primeiro você fala em barreiras e agora dá a entender que é fácil mudar.

– As barreiras existem e não é fácil mudar. A primeira delas diz respeito a valores, a quais valores são praticados e quais devem ser internalizados pelas pessoas da empresa. Vi a ponta do *iceberg*: há condições favoráveis, mas não sei se serão suficientes para a transformação. O modelo que proponho pode ser expresso assim – e Moacir mostrou Jorge a figura a seguir:

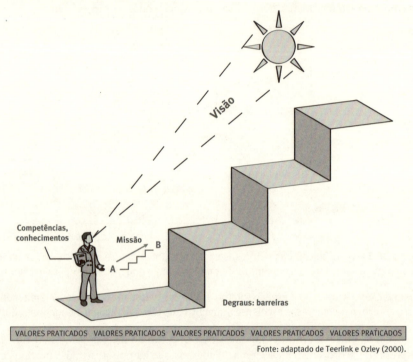

Fonte: adaptado de Teerlink e Ozley (2000).

Figura 36.2 Transformação: barreiras e valores praticados.

Depois de mostrar a figura, Moacir continuou:

– Qualquer indivíduo sujeito a uma situação de mudança tem um degrau à sua frente, mais alto que ele. Portanto, o que está além dele é o desconhecido. Para atingir a visão, essa pessoa tem que subir todos esses degraus, que representam as barreiras à transformação.

– Boa imagem! Essa figura é quase igual ao modelo de mudança organizacional utilizado pela Harley-Davidson!

– Exatamente! Porém com um acréscimo muito importante: uma forma explícita de agir quando as barreiras aparecerem. Não pode estar total e somente na cabeça do presidente da empresa e de um consultor. Os outros líderes devem desenvolver a habilidade de lidar com as barreiras à transformação.

– Entendo.

– Qualquer indivíduo está no seu primeiro degrau – prosseguiu Moacir – com seus conhecimentos e competências ainda não suficientes para realizar a mudança. A base da transformação são os valores praticados. Não importa quanto discurso se faça em prol dos valores, é a prática dos valores que compõe o alicerce.

– Intuitivamente, eu concordo com isso.

– Os líderes são os promotores dos valores e da visão. São eles, em número suficiente, que fomentam o compartilhamento dos valores e a busca incessante pelo aperfeiçoamento. Além disso, a "nuvem" que envolve a empresa representa o ambiente propício ao aprendizado. Veja essa figura – e Moacir mostrou a Jorge a figura a seguir:

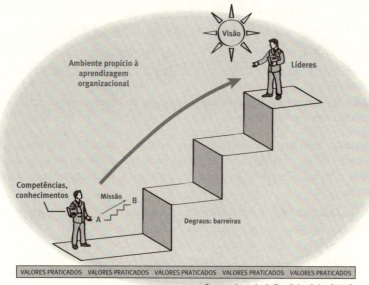

Fonte: adaptado de Teerlink e Ozley (2000).

Figura 36.3 Transformação: liderança, ambiente propício e valores praticados.

Depois de mostrar a figura, ele prosseguiu:

– Finalmente, a habilidade de identificar, resolver problemas importantes e se comunicar é um dos fatores facilitadores para fazer frente às barreiras. Ela está representada por uma escada de encosto, dessas que os pintores de parede usam, que torna mais fácil transpor o degrau. Com essas habilidades é possível vencer os altos degraus. Sem a habilidade de tratar de problemas delicados e importantes, os degraus são intransponíveis. Veja na figura – Moacir mostrou mais uma figura a Jorge:

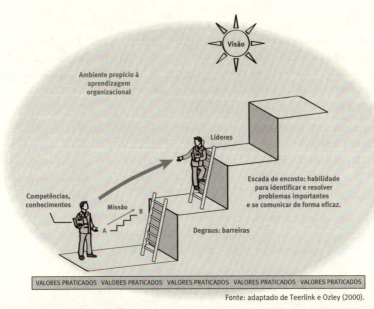

Fonte: adaptado de Teerlink e Ozley (2000).

Figura 36.4 Transformação: habilidade de comunicação, identificação e solução de problemas importantes e delicados.

– Enfrentar barreiras e problemas é um aspecto de natureza humana, de habilidade emocional, de comunicação interpessoal e, talvez, de natureza psicológica. Porém, falta algo nesse modelo: como operacionalizar o aperfeiçoamento contínuo? – indagou Jorge.

– Na verdade não falta. A operacionalização do aperfeiçoamento contínuo é inerente a esse modelo de mudança organizacional e está escrito como habilidade para identificar e resolver problemas importantes. Você pode eleger o *lean*, como aparece no livro *O Sistema Toyota de Produção* que Ricardo sugeriu para você, como método para atingir a *visão* da empresa.

– Como assim?

– A motivação central do *lean* é identificar e resolver rapidamente os problemas, eliminar as perdas e desperdícios e agregar valor ao cliente. O que está escrito como visão da gráfica é *Entregar valor ao cliente através de produtos e de serviços gráficos superiores em termos de qualidade, custo e prazos*, não é? As técnicas do *lean* foram elaboradas com essa finalidade.

– Confesso que, quando li esse livro do Taiichi Ohno, vi claramente as questões ligadas com o grupo de melhorias da produção. Como disse Ohno: "O trabalho em equipe é tudo". A questão da redução do tempo de *set up* das dobradeiras e a eliminação do trabalho sem valor agregado são duas faces da mesma moeda. Compreendi como o *kanban* acelera as melhorias. Percebi a relação do *kanban* com o sistema de fluxo que implementamos a partir das dobradeiras. Claro que fiquei com algumas dúvidas. Por exemplo: o que fazer para puxar a produção a partir do cliente? Ah! E a analogia que Ohno faz com a tartaruga e a lebre lembrou-me de como você me apelidou – Jorge brincou.

– "Coelho Branco!" "White Rabbit!" – riu Moacir. – Mas fica tranquilo que tua equipe não saberá desse apelido.

– Estaria descontratado mesmo antes de começarmos – disse Jorge, devolvendo a brincadeira. – "A velocidade não tem sentido sem continuidade", como diz no livro.

Moacir imprimiu novamente um tom sério à conversa:

– Uma jornada de transformação como essa é adequada para sua empresa?

– Não é só adequada. É necessária! Mas me diga uma coisa: você já enfrentou um desafio desses? Você já fez esse trabalho?

– Nunca fiz um trabalho assim. Todo trabalho que faço envolve alguma mudança, mas há sempre um limite de aprendizado. Quando chegamos frente a uma barreira importante, quase 100% das empresas com que trabalhei dão alguma desculpa para o próximo passo. Ou estão muito ocupadas, ou já estão fazendo a mudança da sua forma, ou no momento têm uma prioridade maior, etc. São desculpas. O que acontece, na realidade, é que chegaram frente a um problema delicado, tal como aquele diretor que anulou todo o trabalho de *kaizen* (melhoria contínua) na sua empresa porque um dos times detectou um problema sério de responsabilidade desse diretor. Ele simplesmente não discutiu o assunto. Na verdade, sua inconsciência era mais profunda: negava a existência do problema embora os fatos estivessem bem ali na sua frente.

– Entendo. Os problemas dos outros é fácil de tratar. Quando o problema é comigo, é mais difícil. Mas pode estar certo de que eu costumo encarar de frente os problemas e minhas responsabilidades sobre eles – asseverou Jorge.

– Só mais um comentário sobre isso: eu nunca fiz um trabalho de apoio à transformação, do início ao fim. Fui reunindo elementos de sucesso e de fracasso, aqui e ali, até montar esse modelo. A questão de você decidir ou não por me contratar é: sua empresa poderia realmente copiar resultados comprovados de outra empresa? Ou tentaria fazer algo melhor e diferente das outras empresas? Se você copiar, poderia ser melhor que os outros?

– Eu quero que minha empresa seja a número um!

– Então podemos nos reunir com o pessoal para que eu possa sentir o "clima" e elaborar uma proposta. Eu peço que conversemos com o pessoal como se já fosse algo definitivo, ok? Se porventura não trabalharmos juntos, você explicará para eles.

– Por mim, está ok.

Jorge se deu conta que não perguntara a Moacir como posicionar a gestão da qualidade no sistema gerencial da gráfica. Tampouco lembrara de questionar como o planejamento estratégico deveria levar em consideração as operações.

37

O diálogo entre Jorge e Moacir não atrasou o início da reunião com a equipe gerencial, que tinha sido previamente agendada. Silvana, assistente de Jorge, chamou as pessoas que ainda não estavam na sala de reuniões. Poucos minutos depois, lá estavam todos: Arnaldo Casachi, gerente financeiro; Miguel Ascorbi, gerente industrial; Ronaldo Schuch, gerente de RH; Ricardo Tamagna, gerente de logística; Cláudia Lira, gerente comercial; Marcos Pereira, supervisor de qualidade; Clélio Vianna, supervisor de produção; e Simone Garcia, supervisora de PCP.

– Pessoal, quero apresentar-lhes Moacir Ventura.

Após uma breve pausa e alguns sorrisos de boas-vindas dirigidos a Moacir, Jorge continuou:

– Moacir possui grande experiência como executivo e consultor empresarial em áreas como engenharia de produção, qualidade, *lean*, indicadores de desempenho, teoria das restrições, logística e *marketing*. Mas o que o traz aqui é seu *expertise* em mudança organizacional.

Moacir observou que algumas pessoas se entreolharam. Miguel olhou de soslaio para Marcos, que estava ao seu lado, como a dizer "Mudanças? Que mudanças viriam por aí?". Ricardo mirou Jorge como a se perguntar "Mas o objetivo de ele ter vindo não era o sistema de gestão?".

– Nossos resultados do início do ano deixaram muito a desejar. Entretanto, experimentamos uma melhora significativa na capacidade de produção e, consequentemente, de vendas. Levará algum tempo ainda para que consigamos transferir a melhora na produtividade para as vendas de livros.

Olhando para Ricardo, Jorge continuou:

– Nossa experiência com o grupo de trabalho para a produção mostrou que vivenciamos algo importante e diferente. Deveremos continuar nessa direção, agora focando na qualidade. E, já simultaneamente, melhorando os outros processos da empresa. Não será uma mudança temporária. É definitivo. Devemos alcançar nossa visão. Devemos ser capazes de criar um ambiente propício para o aperfeiçoamento contínuo. É um caminho bom, difícil e sem volta. Moacir irá falar mais sobre isso agora.

O time gerencial respondeu com silêncio à clara mensagem de Jorge.

– Bem pessoal, acho desnecessário apresentar-me além do que Jorge já disse a meu respeito. Ao longo do trabalho, iremos nos conhecendo. Quero explicar, de forma simplificada, o complexo processo de transformação.

Rabiscou um desenho no quadro branco:

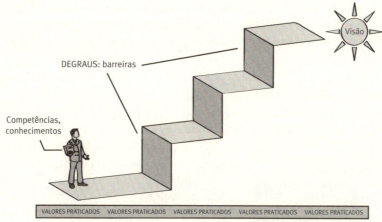

Fonte: adaptado de Teerlink e Ozley (2000).

Figura 37.1 Explicando de forma simplificada o processo de transformação.

– Na abordagem de transformação que utilizo, não bastam conhecimentos e competências. Toda mudança implica em algo "maior do que nós" como aquele degrau na figura. Por ele ser mais alto do que nós, não conseguimos ver o que há do outro lado. Alguns tratam isso como o desconhecido e o medo da mudança diante do desconhecido. Eu prefiro dizer que o "desconhecido" é composto de duas partes: i) o que é imponderável, e quanto a isso pouco se pode fazer; e ii) o que é inconsciente para o indivíduo, que é a parte gerenciável por nós. Quando pequenas escolhas conscientes são feitas por nós, é como se nos fosse dada uma escada de pintor da altura do degrau. Cada degrau que subimos na escada de pintor, mais enxergamos acima e além. É a nossa forma de vencer as barreiras à transformação, ou seja, de subir o degrau. A cada degrau que subimos, mais conscientes ficamos do que fazer a seguir. Ou não. Podemos decidir parar por ali ou voltar atrás.

Ricardo não se conteve:

– Estaria correto chamar de escolhas informadas estas escolhas conscientes? Informadas significando que as consequências das escolhas são discutidas antes da decisão.

– Exatamente! Escolhas informadas são uma parte da abordagem de transformação. Antes de cada um de nós acatarmos uma decisão de avançar ou recuar, as consequências das decisões devem ser discutidas à luz dos fatos e dados. Cada um tem de prover ao interlocutor, seja ele líder ou liderado, instrumentos para invalidar a argumentação sobre a decisão. Somente desta forma ficamos livres de manipulações inconscientes. Mas não quero falar agora das complexidades da mudança – hipóteses invalidáveis e manipulações inconscientes – pois não agregam muito valor no momento. Por ora, gostaria de saber se estou me fazendo entender quanto aos outros aspectos do modelo de transformação.

– Entendi que você não quer descer aos detalhes do seu modelo de mudança agora, mas eu gostaria de saber se o objetivo é dar às pessoas instrumentos para invalidar uma argumentação e obter informações válidas para as decisões? – Ricardo perguntou.

– Sim, Ricardo, mas eu pediria que miremos simplesmente na figura e se estes aspectos desenhados são entendidos.

– De que tipo são essas barreiras e o que você fará especificamente para superá-las? – perguntou Miguel provocativamente.

> Os **5S**s são as iniciais das seguintes palavras em japonês:
> Seiri – classificar os itens em necessários e desnecessários.
> Seiton – classificar os itens pelo uso para minimizar tempo de procura e esforço e se desfazer do que é desnecessário.
> Seiso – limpar o ambiente de trabalho, os equipamentos, etc.
> Seiketsu – sistematizar, garantir que os 3Ss anteriores sejam colocados em prática.
> Shitsuke – padronizar, seguir e fazer seguir as regras e os padrões.
> Os 5Ss são ferramentas eficazes quando visam a eliminar perdas seguindo a lógica de Ohno.

– Seu questionamento é muito apropriado. Vejamos alguns elementos de duas abordagens de mudança: 1) abordagem A: criar necessidade para o *lean*, estabelecer a visão, conseguir comprometimento, mudar sistemas e estruturas para a implementação do *lean*; 2) abordagem B: estabelecer senso de urgência, desenvolver a visão e a estratégia, comunicar a nova visão e estratégia, livrar-se dos obstáculos, fixar a nova abordagem na cultura. Há questões que não consigo responder a partir dessas abordagens: como conseguir comprometimento na abordagem A? Como livrar-se dos obstáculos na abordagem B? Você há de concordar comigo que sem se livrar das barreiras e sem conseguir comprometimento torna-se difícil sustentar qualquer mudança, não é? Como disse Imai: "Forças poderosas que atuam no *gemba* tentam empurrar as condições ao seu estado anterior, tornando imperativo para a gerência construir um sistema que assegure a continuidade das atividades de 5S".*

Moacir fez uma breve pausa e continuou:

– E veja que ele não está falando em uma mudança complexa. Está falando em "forças poderosas" que aparecem no programa 5Ss, que não é nem um pouco complexo. Ora, se há barreiras em algo simples de mudar, a abordagem para enfrentar as barreiras numa grande mudança é mais importante ainda. Essas abordagens não dizem *como* fazer? Se a abordagem de mudança não diz como enfrentar as barreiras, você acredita que essa abordagem é acionável? Isto é, se a abordagem de mudança não diz *como* fazer, de que maneira irá projetar os resultados da mudança? Então, sua preocupação sobre especificamente o que fazer para enfrentar as barreiras é de suma importância. Primeiro, é preciso identificar as barreiras. Genericamente, as barreiras são: conhecimento, estrutura e incentivos, comportamento da gerência e

---

* IMAI, M. *Gemba kaizen*: estratégias e técnicas do kaizen no piso de fábrica. São Paulo: IMAM, 1997.

liderança, insegurança e inconsciência e mentalidade. Nós precisamos detalhá-las e depois decidir como cada uma será enfrentada. Eu fornecerei instrumentos para que se reconheça a barreira na hora que ocorrer e se construam habilidades para superá-las – respondeu calmamente sob o olhar de Miguel. Este, por sua vez, ficou satisfeito que sua pergunta merecera a uma longa explicação.

– Quanto tempo levaria nossa empresa para atingir a visão e qual o papel de RH na sua abordagem de mudança? – perguntou Ronaldo.

– Não existe meio seguro de prever, já na nossa primeira reunião, quanto tempo levaria para que todos os valores fossem praticados no dia a dia pela liderança e a empresa passasse a ser reconhecida como líder nos segmentos em que atua – disse Moacir olhando a anotação sobre valor e missão da gráfica que havia feito no seu caderno. O setor de recursos humanos ajuda a criar o ambiente fértil para as mudanças no grupo e no indivíduo.

– Quais são os resultados concretos que seriam alcançados com esse trabalho? – perguntou Arnaldo.

– Isso vai depender do sistema gerencial adotado. Como vejo que há uma inclinação para o *lean*, posso prever uma melhora na qualidade, redução dos prazos de entrega, aumento de margem de lucro e maior produtividade. E, por trás disso tudo, desenvolvimento pessoal e profissional da equipe.

– Quando começará este trabalho? – questionou Cláudia Lira, olhando primeiro para Moacir, depois para Jorge e pensando no possível aumento de vendas.

– Eu diria que já começamos, mas para deixarmos um marco do nosso início proponho uma primeira prática. Eu gostaria que cada um de vocês, anonimamente, escrevesse quais os valores que são efetivamente praticados pela empresa, quais são escritos, mas não são praticados, e quais você acha que faltam para a empresa ser considerada excelente, ok? Temos 5 minutos.

Ver **Prática P-2**.

As questões que Moacir fez sobre os valores foram propositalmente genéricas para proporcionar maior variedade e liberdade de respostas. O tempo exíguo – de 5 minutos – daria condições de saber o quanto os valores estavam internalizados e eram conhecidos pela equipe gerencial. Cada um dos participantes entregou um papel A4 dobrado duas vezes. Moacir, mais tarde, tabulou e analisou as respostas:

	VALORES PRATICADOS	VALORES ESCRITOS, MAS NÃO PRATICADOS	VALORES QUE FALTARIAM PARA A EXCELÊNCIA
1	Relacionamento honesto com clientes	Melhoria contínua	Priorizar a qualidade Atender prazos prometidos
2	Sustentabilidade financeira pela responsabilidade com gastos e custos		
3	Ética com todos *stakeholders* Sustentabilidade financeira	*Kaizen* como motivador constante das melhorias Responsabilidade social	Liderança pela eficiência operacional Consciência e responsabilidade sobre os problemas Liderança interna voltada para a excelência Rentabilidade de longo prazo; visão de longo prazo
4	Ética, busca pela liderança, responsabilidade social e ambiental, aprimoramento contínuo; busca pela sustentabilidade	Busca pela inovação	Manter pessoal com competência capaz de diferenciar a empresa através dos resultados; Focar também o longo prazo
5	Relacionamento ético com colaboradores	Satisfação dos colaboradores	Valorização dos colaboradores Valorizar esforço e resultado; não somente o resultado
6	Ética	Falta de autonomia para pessoal com tempo de serviço na empresa desenvolver liderança. Valorização de novos contratados externos em detrimento do pessoal da empresa.	Valorização proporcional à competência profissional
7	Honestidade e ética com fornecedores	Prioridade com a qualidade	Aperfeiçoamento contínuo e qualidade em primeiro lugar
8		Compromisso com prazos	
9	–	–	–

Moacir tinha uma ideia de quem havia escrito cada uma das respostas, mas chamou sua atenção o fato de que uma das folhas estava em branco. "De quem seria? Alguém que em 5 minutos fora incapaz de responder as questões sobre os valores da empresa? Ou simplesmente não quis responder?", pensou ele.

Quase todos respondentes consideraram que a ética é um valor praticado pela empresa. As respostas sobre os valores escritos continham termos que não estavam na declaração de valores da empresa, o que mostra que os valores escritos não eram profundamente conhecidos pelas pessoas!

Bastava comparar as respostas com o que Jorge, Miguel e Ricardo haviam dito antes para concluir que melhoria contínua não era um valor praticado pela empresa. Moacir concluiu que o respondente número 4 ou não sabia o que significava melhoria contínua – pois para ele não havia foco no longo prazo – ou tentava se convencer de que a empresa praticava o aperfeiçoamento contínuo.

O respondente número 5 dera uma resposta bem interessante: valorizar tanto o resultado quanto o esforço. A resposta mostrava que conhecia com certa profundidade o *kaizen*.

O respondente número 6 não falava de valores. Sua resposta era provavelmente uma queixa por ser um funcionário antigo e não estar sendo valorizado tanto quanto algum funcionário contratado há pouco tempo. Pela resposta, devia considerar-se competente.

As respostas do respondente 3 eram muito interessantes: faltava liderança, foco na eficiência operacional, consciência e responsabilidade sobre os problemas, visão de longo prazo e manter a competência da equipe; os valores que eram declarados e não eram praticados, na sua opinião, eram a melhoria contínua (*kaizen*) e a responsabilidade social.

Finalmente, notou que ninguém falou sobre o valor ao cliente já que a missão da empresa era *Entregar valor ao cliente*.

Depois que Moacir recebeu o último A4, observou rapidamente as respostas e retomou sua palestra:

– Obrigado pessoal, irei compilar e analisar as respostas mais tarde. Agora, eu gostaria de falar na relação entre valores praticados e o sucesso do sistema gerencial *lean*.

– Há algum comentário que você possa fazer agora sobre nossas respostas acerca dos valores da empresa? – perguntou Jorge, observando que Moacir havia olhado as respostas.

– Eu gostaria de analisá-las com mais profundidade antes de tirar qualquer conclusão precipitada. De forma geral, há muitas queixas pelos praticantes do *lean* sobre sua sustentabilidade. As ações iniciais têm sucesso, mas depois perdem vigor e o *lean* enfraquece ou desaparece. Para que o sistema gerencial baseado no *lean* seja sustentável acredito haver um conjunto de valores que devem ser praticados pela empresa, os quais são suficientes e necessários para o *lean* dar certo e durar no longo prazo.

– Necessários e suficientes? Como assim? – perguntou Jorge.

– Quantos pontos são necessários para definir uma reta?

– Dois – disse Miguel – sentindo-se meio tolo por responder uma questão tão singela.

– Ou seja, um ponto é necessário para definir uma reta, mas não é suficiente. Dois pontos são necessários e suficientes para definir uma reta. Três ou mais pontos em linha são mais do que suficientes para definir uma reta.

– Você pode explicar quais os valores suficientes e necessários para o sistema de valores da empresa? – questionou Clélio.

– Uma reta é um sistema unidimensional. Um plano é bidimensional: precisa de três pontos para defini-lo. Um sistema de valores é multidimensional: então é questão de achar os valores compatíveis com o sistema gerencial e com os valores da empresa. Dando um exemplo: a simplicidade é um valor necessário para o sucesso do *lean* porque, se complicarmos o sistema com excesso de ferramentas, com modismos gerenciais e com métodos de análise complicados, o *lean* não será praticado. Então, simplicidade é necessário, mas não é suficiente porque sozinha não é capaz de dar sustentabilidade ao *lean*. Paradoxalmente, é preciso conhecimento profundo em *lean* para usá-lo com simplicidade. Entretanto, só simplicidade e conhecimento *lean* ainda não é suficiente. É preciso ir acrescentando valores ao sistema gerencial até que não falte mais valor algum para que o *lean* se sustente no longo prazo. Entendido?

– Sim. Se simplicidade, conhecimento *lean* e liderança, por exemplo, fossem valores necessários e suficientes para o sucesso do *lean*, esses três valores teriam de ser praticados e não precisaria de valor adicional para o *lean* dar certo – Clélio apressou-se a responder.

Ver **Apêndice A-15**.

– Perfeito! – continuou Moacir. – Agora, eu gostaria de explorar um sistema de valores de referência. Digo *referência* porque cada empresa terá o seu conjunto de valores necessários e suficientes um pouco diferente deste que mostrarei. Um sistema de valores necessários e suficientes ao *lean* – escreveu no quadro branco – é composto dos seguintes valores:

• Simplicidade – é preciso ser simples para ser *lean*. Há o caso conhecido de uma empresa que adotou 63 ferramentas gerenciais para o "escritório *lean*" e falhou na implantação do sistema. Simplicidade não significa ser superficial, nem simplório. É preciso conhecer muito o sistema *lean* para ser simples.

• Prática – o *lean* é prática. Significa trabalhar com dados e fatos e ver no local do trabalho. *Gemba*. O conhecimento não pode ser separado da prática. As melhorias só podem ser realizadas na prática, o que é óbvio.

• Exigência – deve haver uma exigência constante consigo e com os outros para tornar os processos cada vez melhores. O sistema nunca está bom o suficiente para quem é exigente. A exigência torna a visão aguçada. Enquanto uma empresa mediana acha que atingiu o máximo, uma empresa exigente acha que deve melhorar ainda mais.

• Responsabilidade – cada um deve ser responsável pelo resultado dos seus processos. Se houver um resultado ruim, um problema ou um desvio em relação ao padrão do processo, o dono do processo deve corrigi-lo na hora. E deve comunicar o seu líder imediatamente. Se nenhum dos dois conseguir resolver o problema, devem procurar e comunicar a liderança imediatamente acima. Aqui há uma sutileza com relação à autoridade: responsabilidade sobre o processo no *lean* não significa ter uma autoridade proporcional a esta responsabilidade, porque a autoridade total sobre o processo pode prejudicar a comunicação sobre os problemas da empresa. Se eu resolver o problema totalmente sozinho, porque tenho autoridade, e não comunicar meu líder, ele não saberá. Consequentemente, o conhecimento sobre a solução do problema ficará somente na minha cabeça.

• Respeito – respeitar as pessoas significa ouvir e levar em consideração seus problemas reais. Significa ter a sensibilidade de ver que os problemas individuais são diferentes dos problemas da empresa. Ouvir significa não desqualificar o outro porque tem um argumento crítico ou antagônico: é bom existir perspectivas diferentes! Significa valorizar a pessoa pelo seu esforço e não reduzi-la a seu resultado. Paradoxalmente, apontar um comportamento improdutivo, apontar uma deficiência, uma falta de conhecimento é uma forma de respeito, porque dá ao outro a oportunidade de crescer.

• Consciência – a consciência sobre os seus erros, problemas e deficiências é o primeiro estágio para o aperfeiçoamento. Quem não detecta o erro, não o corrige. Consciência sobre si e sobre os outros. Como lidar com os próprios problemas é difícil, embaraçoso e desagradável, muitas vezes não temos consciência dos nossos erros e da nossa responsabilidade pelos problemas. A inconsciência é uma grande barreira ao *lean*.

• Liderança – o líder influencia os outros. O que o líder faz, diz, veste e o que ele não faz induz o comportamento das outras pessoas. O comportamento ético, como todas as qualidades anteriores, é necessário ao líder. Além do mais, é necessária uma massa crítica de líderes que compartilhem os valores mencionados para fazer a transformação.

A explanação pareceu um pouco complicada para os participantes, que não tinham conhecimento sobre *lean*. Contudo, as explicações de Moacir foram suficientemente entendidas para que Ricardo perguntasse:

– E como saber se esse conjunto de valores é suficiente para ter sucesso e o *lean* se sustentar no longo prazo?

– Não tenho certeza – disse Moacir com sinceridade – mas, após conhecer em profundidade o sistema *lean* e acompanhar alguns casos de empresas que foram bem-sucedidas e outras que fracassaram, é possível formular que esses valores são suficientes. Faça você mesmo uma análise dos valores aos pares, perguntando se eles são necessários e suficientes.

– Os valores que nós praticamos no nosso sistema de gestão são necessários e suficientes para o sucesso do sistema *lean*? – perguntou Jorge.

– Não – respondeu Moacir secamente. – Mesmo depois de avaliar os valores necessários e suficientes, deve haver alguns cuidados. Por exemplo: verificar se os valores praticados, que excedem aos valores suficientes, não conflitam com o sistema de gestão; não prover uma lista grande de valores, pois isso enfraquece a comunicação. Além disso, não se pode reduzir os valores e princípios de uma empresa aos valores do sistema de gestão.

– O que vem depois dessa análise dos valores? – perguntou Jorge, evitando aprofundar a discussão.

– O alinhamento da missão com os valores e a estratégia. Depois vem a reestruturação do sistema: nova estratégia e valores ao cliente, organização, responsáveis, indicadores, recompensas, processos, rotinas e padrões.

– O que deve ser um processo bem longo – alguém comentou.

– E não necessariamente com esses elementos na reestruturação. Vai depender de *onde* estamos e *para onde* vamos. Descobriremos exatamente *o que* mudar ao longo da jornada.

– Essa jornada parece um tanto incerta – ironizou Jorge.

Moacir respondeu lenta e pausadamente:

– É incerta. Seria possível copiar os passos das poucas empresas bem-sucedidas? A experiência de outros seria aplicável aqui na gráfica? Esta empresa aqui, onde estamos agora, assume arriscar uma nova jornada para ser melhor e diferente em relação a outras empresas? Essas são as questões que tratam da decisão sobre aceitar a incerteza a fim de buscar a diferenciação. Logicamente, meu, digo, nosso papel nessa jornada é reduzir as incertezas.

– Poderemos explorar melhor os detalhes quando eu tiver elaborado uma proposta de trabalho. Há mais alguma questão sobre os aspectos gerais dessa abordagem de mudança? – perguntou Moacir finalmente.

Ninguém respondeu. Uma breve explanação de Moacir sobre *como* e *quando* entregaria uma proposta sucedeu o silêncio que se estabelecera na sala. Agradeceu a participação de todos enquanto recolhia seu material e colocava as folhas com as respostas sobre os valores da empresa na sua pasta.

Depois, houve uma rápida conversa com Jorge:

– Você acha que o pessoal reagiu bem a minha apresentação? – indagou Moacir.

– Claro que sim! Deu para perceber o quanto prestaram atenção. Alguns pareciam até receosos. Mas tenho certeza que alguns não entenderam bem.

– Ficará mais claro quando eu enviar a proposta. Aliás, primeiro preciso saber se você não mudou de opinião sobre eu enviar uma proposta.

– Obviamente que não! E espero que essa sua tática de se apresentar como se já estivesse contratado não seja para negociar uma remuneração melhor, não é? – disse Jorge, entre sério e brincalhão.

– Não se preocupe que, se a proposta não for aceita, eu assumirei a responsabilidade perante o grupo gerencial. Direi, nesse caso, que não pude aceitar as condições. E não é tática, Jorge, é porque acredito que acertaremos um contrato de trabalho.

– Ok, então – já olhando para o relógio – espero a proposta para analisarmos e decidirmos.

Da sua sala, Jorge ouvia as máquinas parando. O nível de ruído era bem menor na gráfica quando havia a troca de turno. Silvana Carvalho, sua assistente, já havia saído. Recostou-se à cadeira, colocou as mãos cruzadas atrás da cabeça e começou a pensar na reunião e nas mudanças que viriam.

"Achei que conhecia melhor o Moa! Eu esperaria de um consultor que propusesse um diagnóstico de algumas semanas. Mas não. Já na primeira reunião ele começou a pesquisar os valores da empresa. Mostrou objetividade e segurança. Foi sincero quando disse que a transformação é um processo incerto. Eu, sinceramente, não toleraria um consultor tradicional que desse a entender que os caminhos são conhecidos.

Quanto esforço e tempo precisaríamos para nos tornarmos excelentes, para fazermos a transformação? É um processo demorado, certamente. Um ano. Dois anos ou mais, com certeza. Quanto custaria o trabalho de Moacir e que resultados poderíamos esperar? Ele respondeu para Arnaldo que dependeria do sistema gerencial adotado. No *lean*, haveria uma melhora na qualidade, redução dos prazos de entrega, aumento de margem de lucro, o que parcialmente foi comprovado pelo grupo de melhorias da produção. O custo-benefício é uma questão a avaliar quando eu analisar a proposta.

Será que teremos massa crítica de líderes para fazer a mudança? Eu, Ricardo, Clélio. Miguel me deixa em dúvida. Sei que normalmente a resistência vem da média gerência. Envolver os outros colaboradores não seria problema", pensava Jorge.

"Moacir quisera dizer que, embora valores, tais como aperfeiçoamento contínuo e a nossa motivação estejam escritos, não são seguidos por nós? É o que parece quando falei que estávamos investindo e – exceto pelo trabalho do grupo de melhorias – não houve melhorias recentes. NÃO estamos tratando dos problemas que impedem nos tornarmos líderes em eficiência operacional, vigor financeiro e inovação? Na visão de Moacir, não estamos. Não entendo como problemas importantes podem passar despercebidos! De qualquer forma, esta será uma tarefa e tanto!" refletia Jorge.

Organizou os papéis sobre a mesa. Levantou-se e saiu pensativo.

38

Laura arrumava um quadro na sala de estar:

– Está torto ainda, Ricardo?

Pegou a trena e mediu a altura de ambos os cantos do quadro em relação ao chão:

– Não, agora está bom.

Era um quadro de fotos de viagens. A última viagem fora para os Estados Unidos. Do alto do Empire States, às costas do casal, dava para ver o Rio Hudson. No Marco Zero, os cinco tiraram uma foto no imenso buraco onde antes eram as Torres Gêmeas. No Museu de Cera, Ana ao lado de Brad Pitt. Diego com Pelé. Flávia pousou ao lado de Julia Roberts. Não poderia faltar no quadro uma foto da família no gramado da Ellis Island tendo a Estátua da Liberdade como pano de fundo.

– Temos que decidir sobre nossa viagem – disse Laura. – Quanto antes melhor, senão fica tudo mais caro: passagens aéreas, hotéis.

– Essa será a nossa viagem. Dessa vez iremos somente nós dois.

Flávia, que tinha a audição aguçadíssima, desceu a escada:

– Eu também irei, mas tem que ser para a França.

Logo apareceram Diego e Ana:

– Eu prefiro ir à Espanha – contrariou Diego.

– Nem França, nem Espanha – Ana responde. – Vamos para a Inglaterra!

– Ei, calma aí, pessoal. Vocês não escutaram direito. Nessa viagem irei somente eu e a mãe de vocês. *Did you get it*? *Capito*? *Verhstehe sie*? – brincou Ricardo.

– Não entendi, não, pai. Nós temos o direito de ir, também – reclamou Flávia, elevando a voz.

Laura já havia concordado em irem só os dois, mas foi sensibilizada pelos pedidos dos filhos:

– Ricardo, quem sabe podemos ajustar o roteiro e irmos todos.

– Não dá para fazer tudo. Temos de escolher entre a viagem nós dois e comprar um automóvel novo ou nós todos iremos e não tem troca de carro.

– Financie o carro e a viagem. Dá para irmos todos e você trocar de carro – sugeriu Flávia.

– É pai, eu gostaria de dirigir aquele BMW que vimos. Já pensou? Eu chegando na "balada" de BMW?! – brincou Diego.

– Eu acho que não precisamos trocar de carro, pai. Vamos todos à Inglaterra, França e Espanha – Ana disse.

– É, Ricardo. Quem sabe podemos contentar todos – disse Laura em sintonia com os filhos.

Ricardo percebeu que estavam todos contrários a uma decisão que já estava tomada... Inclusive Laura, que havia feito esta escolha, estava contra! "Acho melhor transferir a resposta final para depois de uma conversa a sós com a esposa" pensou ele e disse:

– Estamos falando de alternativas que não calculamos quanto vai custar. Façamos o seguinte: vou estimar os gastos dessas alternativas, falarei com Laura e depois decidiremos, ok? Parece bom assim, Laura?

Laura respondeu com silêncio, mas Flávia e Ana retrucaram:

– Xiiii! Começou a enrolação!

– Ah pai, vamos. Você sabe que dá para fazer as duas coisas.

– Ok, Laura? – insistiu Ricardo.

– Está bem, gente! Vamos decidir depois.

Os filhos se dispersaram contrariados. Na saída, Ricardo ouviu Diego repreender as irmãs:

– Viram? Vocês duas querem tudo de uma vez, não ganhamos nada. Espertas, vocês!

Mais tarde, sozinho com a esposa, Ricardo começou:

– Laura, achei que já tivéssemos conversado o suficiente sobre esta viagem, nossos planos, os lugares que podemos ir. A decisão estava tomada, não? Seríamos só nós dois.

– Eu sei, mas é uma oportunidade para as crianças, e elas querem tanto ir.

– Ora, eles não são mais crianças, Laura! Diego e Ana estão na faculdade. E Flávia é adolescente.

– Por questão de segurança, não é bom deixá-los sozinhos. E se Flávia se distrair quando estiver sozinha em casa e esquecer alguma porta ou janela aberta?

– Podemos pedir para ela ficar na casa de algum amigo. Ciro e Daniela, por exemplo.

– Não é certo deixar um filho nosso com amigos. Eles têm suas preocupações, seus trabalhos. Cuidar de um filho de outra pessoa é muita responsabilidade. Tenho certeza que eles diriam sim, mas a contragosto.

Nesse ponto da conversa, Ricardo lembrou do que lera outro dia: postura defensiva, argumentos não válidos, escolhas informadas, diálogo improdutivo.

Argumentação defensiva: toda alternativa que apresentou para viajarem sozinhos foi rejeitada. Primeiro, é uma oportunidade para os filhos. Depois, a questão da segurança. Em seguida, não é certo deixar Flávia com amigos. E por último, Ciro e Daniela aceitariam ficar com os filhos, mas a contragosto.

Ricardo já estava ficando irritado quando percebeu que esse diálogo improdutivo seguiria até virar uma discussão sem sentido. Percebeu que Laura não olhava para ele. Olhava para as roupas que guardava no *closet* e andava de um lado para outro. Percebeu que seguia Laura por onde ela ia, como que pressionando a mulher. Voltou para o quarto do casal. Recompôs-se. Sentou-se na beirada da cama.

Sob a argumentação defensiva há uma situação embaraçosa, algo que alguém não quer verbalizar. Algo que se sente envergonhado de dizer. Ou que não se quer admitir. Ou que magoaria outra pessoa. O que Laura não quereria admitir ou falar? O que a incomodava acerca da decisão de viajarem sozinhos?

– Lembra de quando casamos? Nossa lua de mel foi num hotel da cidade. Vendemos nosso carro novo e compramos um usado para comprar nosso primeiro apartamento – Ricardo começou.

– O *concierge* do hotel espantado com o mau estado do carro – Laura riu.

– Você sentiu vergonha de nós naquele dia?

– Claro que não! Foram dias muito felizes!

– Decidimos esperar para ter o primeiro filho a fim de dar boas condições a ele. Uma boa escola, boa educação, não é?

– E conseguimos. Não tenho dúvidas de que estão prontos para conduzirem bem suas vidas.

– Não nos preocupamos se poderíamos proporcionar viagens para eles, não é?

– O intercâmbio foi importante para o desenvolvimento de Ana e Diego – replicou Laura voltando à defensiva.

– Claro que sim. Mas se não tivéssemos conseguido proporcionar o intercâmbio, estaríamos em dívida com eles?

– Não, claro que não. Mas acho que eles merecem.

– Certamente merecem. *Nós merecemos.* Mas é uma questão de escolha.

"Escolhas informadas", pensou Ricardo.

– Se formos os cinco e formos a mais dois lugares escolhidos pelos nossos filhos, gastaremos três vezes mais do que gastaríamos. Isso daria aproximadamente € 15.000,00 euros. Só nós dois, e indo para um país somente, gastaríamos € 5.000,00 euros. A diferença entre estas duas alternativas é o adicional que temos que dar sobre o valor do nosso automóvel para comprar o BMW. Podemos fazer os dois, mas teríamos de absorver essa dívida de € 10.000,00 durante o ano, com o que não me sinto confortável.

Laura mostrou-se mais calma:

– Concordo. As duas coisas não dá para fazer. Ou é o carro, ou é a viagem com toda a família para três países.

– Para falar a verdade, o carro novo não é prioridade para mim – Ricardo ponderou.

Ricardo deu-se conta nesse momento que estivera com o pensamento fixo na viagem a dois. Não trocar de carro era uma alternativa viável.

– E se fôssemos nós todos para um país somente? – indagou Laura.

– Aí, sim, poderíamos fazer as duas coisas.

– Para mim, esta é a melhor solução. Você concorda?

– Concordo. Você diz para Diego, Ana e Flávia que há duas alternativas: irem conosco à Espanha ou ficarem em casa?

– Sim, mas acho melhor falarmos juntos com eles.

– Perfeito – disse abraçando-a. – Mas me diga uma coisa.

– O quê?

– O que você sentiria em relação aos nossos filhos se fôssemos somente nós dois? – perguntou Ricardo.

– Sei lá. Sinto-me meio egoísta em deixá-los aqui.

– E em relação a mim?

– Adoraria irmos só nós dois, mas também queria que todos fossem, afinal somos uma família.

Ricardo supôs que agora sabia o que ficara escondido. Laura estava achando que Ricardo estava sendo egoísta, mas não falara para não magoá-lo.

"O cuidado para não magoar os outros também evita que os problemas sejam enfrentados? A superproteção também é uma forma de comportamento defensivo? Acho que sim. Mesmo que eu esteja errado e Laura não estivesse me achando egoísta, uma boa solução foi encontrada. De qualquer forma, Laura estava dividida, talvez não quisesse magoar nem a mim e nem aos filhos", pensou Ricardo.

Ricardo percebera que, estranhamente, estava se comprometendo internamente com uma nova forma de agir em relação à Laura. Comprometido com escolhas informadas e informações válidas. E o resultado fora bom.

– Por falar nisso – Ricardo chamou Laura para sentar-se ao seu lado – o que nós queremos para nossa família? Faz tempo que não falamos sobre isso!

– Eu quero que as crianças vivam com saúde, em segurança, tenham bons amigos e uma situação financeira confortável.

– Somente as crianças?

– Digo, nós. Ah! Você não vai ficar com ciúmes, vai?

– Não, óbvio que não. Eu também quero o mesmo para nós. Eu imagino que, em dois anos, estaremos vivendo muito melhor. Quero esquecer aqueles tempos difíceis – referia-se ao período em que trabalhou na fábrica de motocicletas. – Diego, Ana e Flávia terão suas casas, uma profissão rentável e muitos amigos. Nós viveremos uma vida confortável, também com muitos amigos, com saúde e dinheiro o suficiente para uma casa de verão e viajar pelo menos duas vezes por ano. Dois bons carros na garagem. No trabalho, conseguirei implementar sistemas que façam a empresa se destacar e eu ser reconhecido como profissional.

– É uma boa visão para o nosso futuro. *Mas?* Sempre há um *mas* – brincou Laura, ao que Ricardo respondeu com seriedade.

– Mas há algo mais importante com relação aos filhos: desejo que eles sejam independentes, tenham iniciativa, sejam seguros, tenham autoconfiança. Assim estarão preparados para a vida.

– Diego já chegou lá, creio eu. Ana parece um pouco dependente ainda. Falta um pouco de iniciativa. Flávia precisa começar a tomar pequenas decisões e aprender a lidar com as restrições.

– O que me preocupa com relação à Ana e Flávia é que parece que elas 'podem' tudo. Certamente não falta autoconfiança a elas. Mas elas têm que perceber que normalmente uma escolha impossibilita outra escolha. É como você disse: elas têm de aprender a lidar com as restrições.

– Estamos fazendo algo errado? – Laura preocupou-se.

– Talvez precisemos deixar que eles se responsabilizem cada vez mais e mais, proporcionalmente à idade de cada um.

– Com o que, por exemplo?

– Com pequenas coisas primeiro: Flávia tomar iniciativa de buscar informações sobre suas atividades fora da escola. Diego cuidar melhor do material esportivo, que fica espalhado pelo quarto. Ana já poderia depender menos de nós para ir aos lugares. Pode tomar um ônibus ou trem ou ir a pé – sugeriu Ricardo.

– Levamos e buscamos para saber onde eles estão, o que estão fazendo e se estão em segurança!

– Eu sei, mas será que estamos dando oportunidade para eles se tornarem responsáveis pelas suas vidas e independentes no futuro? A forma como estamos fazendo é melhor para nós ou é melhor para eles? É essa a forma melhor de se preparar os filhos para a vida?

– Realmente, não sei. Gostaria de ter essa resposta. Você não acha que estaríamos sendo muito exigentes com eles?

– Acho que estamos sendo exigentes conosco ao tentar sempre o melhor para nossos filhos. Seremos exigentes com eles também. Acredito que no final ficará melhor para todos. Um-exige-do-outro é uma dinâmica que faz a família progredir, desde que seja um processo harmonioso.

– Lembro de minha mãe e de meu pai – disse Laura – que sempre estavam se propondo formas melhores de fazer as coisas. Das coisas importantes como, por exemplo, cuidar das economias da família, às mínimas coisas, como tornar o jardim mais bonito.

– E eles foram bem-sucedidos, não foram?

– Tanto com a educação dos filhos, quanto financeiramente, como você sabe.

Ricardo levantou-se da cama:

– Sabe que provavelmente vamos passar por uma mudança grande na empresa?

– Como assim? – Laura 'gelou'. Lembrou dos tempos difíceis na fábrica de motocicletas, da demissão de Ricardo. – Que tipo de mudanças?

– Bem, a empresa vai tentar mudar a forma de gerenciamento, a maneira como as coisas são feitas, vai buscar melhorias contínuas de verdade, vai discutir os valores.

– E isso implica em algum risco para você? – perguntou ainda desconfiada.

– Depende. Toda mudança tem algum grau de risco. Tudo depende de como alguém encara a mudança. Se eu me opuser às mudanças, será um risco. Se eu não me adaptar, será um risco. Se a mudança tornar o que faço desnecessário, também será. No meu caso, é muito mais uma oportunidade.

– Você pode explicar melhor?

– Jorge trouxe um consultor para dar uma palestra e propor um trabalho para a gráfica. Antes de se reunir com os gerentes, ele falou comigo sobre melhorar o sistema de gestão da empresa. Falamos, também, sobre liderança e mudança. Depois, na reunião com os gerentes, apresentou um modelo de transformação, um roteiro em que diremos onde estamos, para aonde vamos e o que precisamos fazer para chegar lá. Bem, ele falou sobre valores praticados como base para este modelo de transformação e eu me sinto confortável, pois realmente pratico esses valores.

– Deixa ver se eu entendi o que você quer dizer com a palavra *valores*: se os valores que você pratica são a base da transformação, essa seria uma oportunidade para você.

– Valores, como honestidade, respeito às pessoas, amizade.

– Esses são valores pessoais!

– A lógica é a mesma. Se você pratica lealdade como um valor pessoal, será mais fácil ter amigos de verdade. Do mesmo jeito – pensou por um momento, sem ter certeza se o que diria teria uma ligação forte de causalidade – se a empresa quer ser sustentável, por exemplo, ela pratica a melhoria contínua.

– Entendi, entendi, mas o que afinal tem isso a ver com oportunidade? – perguntou já impaciente.

– Os valores guiam nosso comportamento e afetam nossa experiência. Valores são estáveis no longo prazo. Sendo estáveis no longo prazo, eles guiam o comportamento das pessoas por muito tempo, às vezes pela vida toda. Então, se melhorar continuamente é um valor praticado por mim e é requisitado pela empresa – e está lá na declaração de valores da gráfica – não haverá conflito entre esse meu valor pessoal e o valor da empresa de melhorar continuamente. Então, não é um risco para mim.

– Ok, entendo – disse. – Não é um risco porque você está sempre querendo praticar essas coisas de fazer em menos tempo, de forma mais organizada, mas não risco não quer dizer oportunidade.

– Correto, mas quanto aos valores que a empresa terá que aprender a praticar, acredito que sejam totalmente favoráveis a mim. Tudo indica que o *lean* terá grande importância no sistema de gestão. A "pedra de toque" do *lean* é ter consciência e responsabilidade sobre os problemas, uma habilidade que venho tentando desenvolver há muito tempo. Ora, se eu tenho, como penso que tenho, uma habilidade importante para que ocorra uma mudança, e esta habilidade é muito necessária... – Ricardo deixou o resto da frase subentendido.

– Entendo. É esse negócio de *lean* que você vive falando: quem não identifica os problemas não os resolve; colocar os problemas à vista; que é difícil discutir problemas; eliminar continuamente os problemas, enfim.

– Achei que você iria dizer que é *blá-blá-blá* – Ricardo sorriu, acompanhado por Laura, agora um pouco mais relaxada. – Mas é pura questão de analisar um pouco mais profundamente os valores. Além do mais, o ambiente na gráfica parece favorável. Você acha que estou excessivamente otimista?

– Digamos que sim. Um pouco...

– Se eu não estou enganado, quando Jorge toma uma decisão não há retorno. Pelo menos essa é a minha experiência até aqui e é o que se comenta sobre ele na gráfica. Se ele traz um consultor e diz "quero mudança" é porque ela vai acontecer. Não sei se exatamente como o consultor propõe, mas *vai acontecer*.

– E o que fará esse consultor que vocês não podem fazer sozinhos?

– Ele mostrou um modelo de transformação, simples de explicar, mas complexo na sua execução. Falou mais ou menos como se faz a mudança.

– Mais ou menos? Imagino que um processo *complexo* como você diz, não pode ser feito *mais ou menos* desse jeito ou *mais ou menos* de outro jeito.

– Eu entendo o que você quer dizer, mas a mudança não é totalmente previsível. Foi apenas uma reunião. Em uma reunião não teríamos como explorar todo o modelo, mas eu senti convicção nas explicações dele.

– Você o conhece?

– Você também já ouviu falar dele. Lembra? Diego perguntou sobre algo que o consultor disse: "as coisas importantes não se escrevem". E, na ocasião, você falou sobre sensibilidade ao fazer críticas. O nome dele é Moacir Ventura.

– Ah, sim – lembrou Laura, mais tranquila por saber que talvez fosse mesmo uma oportunidade para Ricardo – você tentou levá-lo para a fábrica de motocicletas. Mas o que ele falou sobre valores?

– Ele disse que não se pode prever quanto tempo a empresa levaria para praticar aqueles valores que ainda não pratica. E eu acredito nisso, mesmo sem conhecer profundamente a realidade da empresa. Moacir conduziu uma prática bem interessante: eu, pelo menos, não tinha parado nem 5 minutos para avaliar os valores praticados e não praticados pela empresa.

– Não é uma coisa que se faça muito seguido: pensar sobre valores, embora seja mais importante que outras tarefas – concordou Laura.

– Ele deu a entender que a empresa não pratica alguns valores – Ricardo fez uma pausa e perguntou. – Se nós fizéssemos uma conversa sobre valores praticados e não praticados em nossa família, provavelmente chegaríamos à mesma conclusão, não é?

– Claro que não! Você tem alguma dúvida se praticamos honestidade e se temos, nós cinco, bom caráter? Se você não tem certeza, fale por você – respondeu indignada, como se estivesse sendo questionada quanto à sua integridade.

> **Princípios e valores**
> Princípios são metas de vida – tais como respeito e honestidade. São, *a priori*, para toda vida e miram no longo prazo.
> Metas de comportamento representam valores de médio prazo e metas de recompensa são de curto prazo.*

– Calma. Não é isso que estou dizendo. Estou falando que há uma quantidade maior de valores envolvidos. Ajude-me a completar a lista. Vejamos... Quais são as nossas metas de vida?

– Amizade, respeito, solidariedade, valorizar a vida, companheirismo, lealdade, justiça, polidez, cultivar a autoconfiança dos nossos filhos, dar exemplo através da prática desses valores – disse a esposa.

– Laura, diferentemente das metas de vida, há mais alguns valores, que visam ao curto e ao médio prazo: iniciativa (não esperar para fazer o que tem que ser feito), eficácia (obter resultados no que faz), competência (ser bom no que faz), coragem (não fugir dos problemas), etc. Alguns valores são um fim em si, outros são um meio para atingir uma meta.**

– Solidariedade, para mim, é uma meta de vida, mas confesso que não tenho me dedicado a essa meta ultimamente. Lembra como ajudávamos as crianças órfãs? Não temos mais ajudado e isso é frustrante! Deveríamos achar tempo.

---

* BAÑOLAS, R. G. Uma abordagem para a transformação enxuta. *Revista Tecnologística*, ed. 148, ano 13, p. 98-104, 2008. Disponível em: <http://www.prolean.com.br/wp-content/uploads/2011/12/12.pdf>. Acesso em: 30 dez. 2012.

** Os valores são classificados por Dolan e Garcia (2006) como valores terminais (subdivididos em valores pessoais e ético-sociais) e valores instrumentais (subdivididos em ético-morais e de competição).

– Concordo, mas quero voltar ao raciocínio anterior. Você se deu conta que, mesmo conosco, há valores não praticados.

Laura ficou em silêncio por um instante, pensando nos outros valores. Ela achava que tinha coragem, pois enfrentava os problemas, mas reconheceu que havia uma reação quando alguém apresentava um problema seu. Se Ricardo perguntasse: "Você acha que estamos sendo honestos o suficiente?", Laura percebeu que provavelmente retrucaria ofendida: "Você já deveria me conhecer o suficiente!". Laura tinha iniciativa, mas achava que eles, os pais, não estavam incentivando os filhos a praticar este valor.

– Ricardo, você não acha que é uma lista de valores longa demais? Não seria uma exigência muito pesada para Flávia, Ana e, por que não, para Diego?

– Também me questiono isso às vezes. Mas se não houver exigência com relação a valores, com o que mais seríamos exigentes?

– Mas praticar tudo isso beira à perfeição!

– Acho que há duas posturas em relação a ideais de perfeição – lembrou do valor aperfeiçoamento contínuo da sua empresa. – Pode ser frustrante e desanimador ou motivador. É desanimador se alguém sente que é muito difícil de atingir. É motivador se parece viável e recompensador. Você sabe, manter a casa limpa e em ordem é importante para você e vejo sua satisfação quando está arrumando a casa e depois que está tudo em ordem. Por isso, prefiro o termo melhoria contínua porque não é relativo a um estado absoluto. Melhoria contínua diz respeito ao progresso em relação à sua situação atual, o que é mais motivador.

– É. O problema não é ser exigente. Pelo contrário, seria um problema se, como pais, não cobrássemos. Meus pais eram assim: eles tinham o hábito de exigirem um ao outro a realização de melhorias na casa, nas finanças e na educação dos filhos sem que isso colocasse um contra o outro. Eram parceiros na exigência consigo mesmos e se ajudavam. Acho que foi esse um dos fatores que os fez progredir. Eu diria que devemos falar mais sobre nossos valores e exigir mais. Exigir, na medida do estágio de cada um. De Diego, que depois dessa nossa conversa já não me parece tão independente assim. De Ana, exigir iniciativa. Dizer para Flávia que esperamos que ela comece a tomar pequenas decisões e mostrar que não pode se frustrar se não conseguir *tudo* o que quer.

Ficaram os dois absortos em seus pensamentos. Laura levantou-se e recomeçou a arrumar suas roupas pensando como e quando praticariam o que falaram.

Ricardo recostou-se na cabeceira da cama, transpondo as conclusões que tiraram sobre valores para a realidade da gráfica. Realmente estavam longe de praticar melhoria contínua. Pegou o livro *Kaizen* de Masaaki Imai* e foi direto à página marcada:

> Qual foi a última vez que você participou de uma conversa sobre valores? Quais as decisões tomadas? Quais são as metas de vida, metas de comportamento e metas de recompensa? As metas estão alinhadas com os valores praticados no seu ambiente de trabalho?

---

* IMAI, M. *Kaizen*: a estratégia para o sucesso competitivo. 4. ed. São Paulo: IMAM, 1992.

"Valores do *kaizen*. A essência do *kaizen* é simples e direta: *kaizen* significa melhoria. Além disso, *kaizen* significa melhoria contínua envolvendo todos, inclusive gerentes e trabalhadores. A filosofia *kaizen* pressupõe que nosso modo de vida – seja no nosso trabalho, na nossa vida social ou em casa – merece ser constantemente melhorado".

Ficou pensando por um momento: "Efetivamente, não praticamos alguns valores". Pegou outro livro, procurou e procurou até achar a página 33. *Gestão por valores* de Dolan e Garcia:* "Na essência, os valores esposados representam um descompasso entre o que dizemos e o que fazemos. Valores vividos se demonstram através de um comportamento constante e duradouro [...] Valores que são demonstrados através do comportamento são valores vividos, ao passo que valores esposados são aqueles expressados tanto verbalmente como por escrito, mas que não são seguidos de maneira constante".

Ricardo percebeu o quanto isso ocorre nas empresas e o quanto viu ocorrer onde trabalhou. Pensou que os problemas são potencialmente mais graves quando a dissonância entre os valores esposados e os valores praticados é maior. Entendeu por que a base do modelo de transformação eram os valores. Não se lembrava de conhecer alguma empresa que tivesse feito uma profunda discussão sobre valores antes de dar início a um processo de mudança do sistema gerencial.

"Por que se fala pouco sobre valor nas empresas, sendo que é um dos assuntos mais importantes?", perguntou-se Ricardo. Talvez pela mesma razão que se fale pouco sobre valor nas relações sociais. Talvez porque, estranhamente, os assuntos triviais tendem a tomar mais tempo do que os assuntos importantes. Lembrou dos assuntos fúteis tratados na maioria das reuniões gerenciais.

39

Em sua sala, Jorge analisava a proposta de Moacir. O preço era alto, mas de pronto decidiu que não discutiria os custos da consultoria. Moacir tinha experiência e uma abordagem que talvez tenha levado toda a vida profissional para construir. Talvez fosse discutir o preço da proposta, mas já estava quase decidido a embarcar no processo de mudança.

Jorge pensou: "Quanto vale a implementação de um sistema gerencial? Quanto vale a aplicação de uma abordagem para a mudança consistente e com chance de sucesso?"

---

* DOLAN, S. L.; GARCIA, S. *Gestão por valores*: um guia corporativo para viver, manter-se vivo e ganhar a vida no século XXI. Rio de Janeiro: Qualitymark, 2006.

Jorge Schimdt esperava um trabalho de imersão total do consultor. Mas a proposta de acompanhamento era por um período relativamente curto: quatro meses! Trata-se de uma proposta de *coaching*, que ampliava alguns temas falados na reunião com os gerentes e que podia ser resumida assim:

• *Workshops* sobre mudança organizacional para os envolvidos – tratarão da visão (já revisada pelo gerente-geral) e valores praticados *versus* declarados, das barreiras à mudança através do registro dos diálogos, de comunicação produtiva, de liderança e comportamentos.

• *Workshop* sobre valores – os valores serão discutidos em etapas. Primeiro, analisar visão e valores com o gerente-geral. Depois com os gerentes. E, finalmente, com os trabalhadores.

• *Workshops* práticos sobre *lean* – a partir dos quais será elaborado o primeiro diagnóstico sobre as barreiras encontradas.

• Autoavaliação e avaliação entre os colegas com base em comportamentos mensuráveis e desejáveis.

• Plano e metas de comportamento e de resultado.

Um item da proposta chamou a atenção: liberdade total para parar o projeto de transformação, mas, se alguma das partes desistisse, as razões da desistência seriam tratadas numa reunião de 2 horas e seriam transcritas e divulgadas a todos participantes. Esse item colocava uma grande liberdade correspondente a uma responsabilidade enorme. Se Jorge desistisse, teria de explicar para todos os gerentes e talvez para os funcionários, caso estes questionassem a interrupção do projeto.

– Alô, Moacir? Aqui é o Jorge. Que negócio é esse de cláusula de desistência?

– É o seguinte: o pressuposto é de que a empresa quer a transformação. Nesse caso, se este pressuposto for invalidado ou o tamanho das mudanças for muito pequeno, caberia uma discussão sobre a continuidade do projeto. Se chegarmos a uma situação muito defensiva por parte dos *atores*, a mudança tende a ser nula ou insustentável no médio prazo.

– Ora, nós queremos a transformação! A desistência nos colocaria na obrigação de explicar para todos os envolvidos?

– Sim, porque será explicado que todos entrarão num processo de autossuperação, de esforço, que mexe primeiro com o comportamento, mas visa a mudar atitudes e modelos mentais. O mínimo que se pode fazer para aqueles que deram o máximo de si é explicar por que o processo foi sustado.

– E quanto ao registro dos diálogos? Por que isso?

– Fatos e dados! Você verá que todos nós temos uma "habilidade" de ignorar os fatos quando nos deparamos com questões delicadas e importantes. É um tipo de autoproteção contra a insegurança – trazida pelas mudanças – que todos nós temos.

O lado ruim de ignorar problemas é que eles continuarão lá. O antídoto para isso é registrar e analisar os fatos.

– Ok, ok! Embora para mim pareça estranho.

– Esses dois pontos são parte inegociável do nosso contrato – impôs Moacir. – Você continua com o propósito de entrar nesse processo de transformação? Pode me responder depois, pense com calma.

Cláusulas desse tipo talvez não fossem aceitas por um líder menos determinado. Mas Moacir já o conhecia de antemão. Para Jorge, ele poderia propor um projeto de transformação. Se fosse outro líder, haveria provavelmente a justificativa de que não eram necessárias tais cláusulas. Nesse caso, Moacir retiraria a proposta – como já fizera antes – pois este seria um sinal claro de que o líder não estava suficientemente comprometido nem preparado para a mudança.

– Respondo já! – e num impulso arrematou – Quando começaremos? Quando você vem aqui para alinharmos os detalhes do projeto?

– Bem, obrigado pela confiança Jorge! Vamos marcar a partir da semana que vem. Ok?

Finalmente, havia chegado o dia da reunião.

– Jorge, falemos primeiro da prática sobre valores que realizamos com o grupo gerencial. É consenso total que a ética é um valor praticado. A partir daí surgem divergências. Sustentabilidade financeira parece ser algo mais praticado no curto prazo. Alguém respondeu que aperfeiçoamento contínuo é praticado, mas os outros não.

– Eu acho que aperfeiçoamento é um valor praticado.

– Pode ser, então, que haja entendimentos diferentes sobre melhoria contínua. Se nós considerarmos que para existir melhoria contínua a cada semana tem de haver uma melhoria e que ela tem de ocorrer em todos os departamentos da empresa, você ainda afirmaria que a gráfica pratica melhoria contínua?

– Bem, você não explicou que o conceito de melhoria era esse quando aplicou a prática sobre valores.

Percebendo que Jorge saíra na defensiva, Moacir foi enfático:

– Não deve haver interpretações diferentes para gerentes diferentes de uma mesma empresa quando se trata de melhoria contínua!

– Nesse caso – respondeu Jorge, visivelmente desconfortável e organizando os papéis da sua mesa – a resposta é não!

– Continuando. Fazem parte da lista de valores que faltariam para a excelência: melhorar continuamente (*kaizen*), priorizar a qualidade, atender aos prazos prometidos, liderar pela eficiência, rentabilidade no longo prazo, manter competências, valorizar esforço e resultado ao mesmo tempo. Você concorda em discutir no futuro e mais profundamente esses tópicos?

A pergunta de Moacir tinha o objetivo de não iniciar a discussão naquele momento.

– Sim – respondeu Jorge, aliviado por não ter que falar agora de valores não praticados e faltantes.

– Uma outra resposta às minhas questões sobre valores mais pareceu uma queixa de alguém antigo na empresa e que se sente menos valorizado do que alguém que foi recentemente contratado. E, finalmente, é preocupante que um dos participantes tenha entregado a folha em branco. Qualquer gerente deveria saber sobre os valores da empresa.

– Para mim, são surpreendentes tais resultados!

– Não se preocupe, Jorge, que eu não esperaria algo diferente em qualquer empresa que fosse realizada a prática sobre valores. O diferencial é o que cada empresa faz com essas respostas. Não seria bom você fazer algo diferente e melhor do que seus concorrentes? Você prefere construir um sistema de gestão com "alicerce resistente" e de acordo com o "solo" da sua empresa, ou não?

– Eu realmente não tinha pensado sob este ângulo!

Depois de uma pequena pausa, Jorge continuou:

– Você espera que haja demissões ao longo do processo de mudança?

– É possível. Se há incompatibilidades sérias com valores, as demissões deveriam ocorrer antes. Por exemplo, se há um desvio ético, que se faça a demissão agora. Se são comportamentos de que não gostamos, devemos investigar mais a fundo o que está por trás desses comportamentos. Idealmente, exceto por esses casos dos valores fundamentais (ética, respeito, honestidade, etc.), as demissões ocorreriam organicamente, ou seja, o grupo social estabelece e pratica os valores e se encarrega de sinalizar aos outros comportamentos compatíveis com estes valores. Durante a mudança, é preciso muito cuidado com sinais equivocados do grupo social: justamente quem está sendo exigente e proativo é quem acaba desagradando alguns líderes informais. Logicamente, esses, descontentes com a mudança, tratam de se "*defender do* exigente ou *atacá-lo*", que é justamente quem pode ajudar mais no processo de mudança. Uma decisão errada quanto ao *exigente* pode ser desastrosa.

– Entendo. Nos valores fundamentais somos inflexíveis. Quanto a comportamentos inadequados, levamos um tempo para decidirmos – pensou inevitavelmente em Miguel e não soube como classificá-lo dentre os casos ilustrados por Moacir. – Quanto aos "*exigentes*" seremos cuidadosos. Comportamentos derivados de um caráter duvidoso são classificados por você como valor fundamental ou comportamento inadequado?

– Ser mau-caráter é uma questão de atitude. O sujeito pode apresentar um comportamento inadequado e sua atitude ser fundamentada em problemas pessoais mais profundos, ou pode realmente ter uma índole má. Como saber? Perguntar ao sujeito provavelmente não trará a resposta. A prática, diante de certos desafios relacionados a comportamentos eficazes, é mais reveladora. É preciso revelar os pressupostos subjacentes a tais comportamentos antes de qualquer decisão.

– Percebo – disse, disfarçando suas dúvidas – mas *eu quero* resultados de curto prazo como os que obtivemos com o grupo de melhorias da produção. O modelo de transformação é compatível com resultados de curto prazo ou somente mira o longo prazo?

– Os resultados de curto prazo servem para alimentar as mudanças subsequentes. O *lean* ajuda muito ao eliminar as grandes perdas rapidamente. Mas precisará de líderes internos com conhecimento em *lean* para ajudá-lo. Não pretendo inventar algo. O melhor é acrescentarmos o que falta ao grupo de melhorias. Já aconteceu uma pequena experiência de mudança através do grupo de melhorias. Imagino que tenham aparecido talentos que não eram notados antes. Deve ter havido situações que revelaram fundeadores, ou seja, os que foram conscientemente resistentes às mudanças na produção. Algumas barreiras à mudança já estavam lá e possivelmente apareçam novamente nas novas iniciativas.

– Sugiro, Moa, que você fale com Ricardo Tamagna para resgatar as mudanças observadas no grupo de melhorias.

– Ok, mas seria bom você também conversar com ele depois sobre liderança e barreiras à mudança no grupo de melhorias.

Jorge concordou.

40

– Entre Ricardo, o Sr. Jorge já está aguardando – anunciou Silvana.

Jorge estava de costas para a porta, pensativo. Moacir trouxera mais dúvidas do que certezas sobre os valores e como lidar com comportamentos inadequados. Jorge virou-se para Ricardo e foi direto ao ponto:

– Onde você acha que podemos chegar com o processo de transformação?

– Acho que dará tudo certo – Ricardo disse, pego de surpresa – isto é, chegaremos a um patamar de desempenho melhor. Não tenho dúvidas disso.

– É sempre bom ouvir uma resposta otimista e convicta – verbalizou como se falasse para si. O que você conhece sobre *lean*?

– O suficiente, acho eu – Ricardo afirmou, mostrando humildade.

– Suficiente para estender os resultados obtidos no grupo de melhorias e obter melhorias de curto prazo?

– Sim. Com o que sabemos poderemos gerar mais resultados imediatos. Particularmente, domino *kaizen*, conheço as perdas do *lean*, sei mapear as perdas. Consigo estender agregação de valor e eliminação de desperdícios para situações, digamos, fora da cartilha do *lean*.

– Sinceramente, os resultados do grupo de melhorias foram, em grande parte, não em razão do "que sabemos", mas do que você sabe. Então, sem falsa modéstia e com clareza quero saber se alguém mais aqui na gráfica tem conhecimentos suficientes em *lean*?

A situação era constrangedora – falar de colegas. Ricardo tentou ser diplomático:

– Creio que não! Sou um tanto intuitivo nessas questões do *lean*. Falei das ferramentas que conheço, mas o mais importante é conhecer os princípios e aplicá-los. O senhor lembra que lhe falei da lógica do trânsito?

– Sim, mas o que isso tem de importante para os resultados? – Jorge disfarçou que lembrara e emendou essa pergunta para saber do que se tratava.

– *Lean* é intuitivo até certo ponto. Se alguém não tem esses conhecimentos pode aprender facilmente. O mais difícil é colocar em prática. Qualquer pessoa sabe o que é fluxo contínuo, mas não transforma essas intuições em algo prático e sistemático. Com a lógica do trânsito conseguimos explicar de forma simples os impactos do fluxo contínuo no *lead time* e o impacto da qualidade no fluxo. Qual a importância disso? Primeiro, as pessoas têm que entender do que se trata e ver algum benefício na mudança. Depois, têm de transformar isso em decisões e ações. A lógica do trânsito ajudou a entender a situação do recurso mais lento e seu impacto na produtividade da gráfica – disse, enquanto rabiscava num papel a fila de automóveis. Deixou-se levar pela empolgação e mostrou graficamente a lógica do trânsito para Jorge. No desenho, foi assinalando estoques, *lead time*, fluxo contínuo, perdas, qualidade, variabilidade.

– Do seu ponto de vista, há alguma razão identificável para não transformar esses conhecimentos em prática cotidiana e em processos sistemáticos?

> No **Apêndice A-7 – 2º) Estabilizar a operação**, ver a explicação sobre tamanhos de lote, *lead time*, estabilidade e flexibilidade da operação.

– Há, porque eventualmente a noção de produtividade é equivocada, como a ideia de permanecer fazendo o mesmo tipo de tarefa por um longo período. Pensa-se que retirar do estoque, de uma vez só, todos os itens do mesmo tipo é mais produtivo. Pensa-se que produzir lotes grandes do mesmo tipo de peça é mais produtivo. Esse pensamento se opõe à lógica do fluxo contínuo. Essa lógica equivocada aumenta o *lead time* e diminui a *flexibilidade* das operações. Pelo contrário, fazer primeiro as atividades de um mesmo tipo e produzir grandes lotes é improdutivo.

Jorge pensou um pouco, olhou direto nos olhos de Ricardo:

– Quero respostas claras e diretas. Qual é a sua avaliação de cada um sobre o conhecimento *lean*? Miguel, Clélio, Marcos, Simone. Preciso saber. Não se preocupe, porque esse assunto ficará entre nós.

Agora a pressão de Jorge era inescapável:

– Bem, Clélio demonstra muita curiosidade e vontade de praticar, mas precisa adquirir mais conhecimento, ainda. O aprendizado dele foi muito bom no grupo de melhorias. Simone está no mesmo nível, mas não mostrou seu aprendizado no PCP (planejamento e controle da produção e dos materiais). Marcos precisa ser mais prático nas ações de qualidade e tomar mais decisões.

Ricardo não queria falar de mais ninguém. O assunto era desagradável e delicado, mas Jorge insistiu:

– E Miguel? Sinto que há divergências entre vocês, mas saberei dosar minha análise sobre ele, então diga.

Ricardo refletiu por um instante, sentindo que estava pisando em campo minado, mas percebeu que era um desses momentos cruciais: a oportunidade de falar poderia não se repetir.

– Miguel se preocupa muito em mostrar que é inteligente. Entretanto, não transforma os conhecimentos em resultados. Falta um sentido prático a ele. E existe uma barreira de desconfiança entre nós.

– Então fala com ele. Eu não posso ajudá-lo nisso, exceto por dar apoio e controlar as consequências dessa conversa.

Seria fácil para Jorge falar sobre isso com um subordinado. Ele era direto, não fazia desvios quando queria falar algo. Além do mais, ele era o gerente-geral. Para Ricardo, seria uma conversa de igual para igual que dependeria da vontade de Miguel também.

– Já pensei em falar com ele, mas não encontrei um bom momento para isso.

– Crie o "clima" para falar com ele – sentenciou Jorge. – Eu já me questiono se ele não apresenta os problemas mais complicados do que são. Além disso, sua equipe, PCP e Produção, parece travada, amarrada.

– Também tenho a mesma impressão. Houve momentos que Sabrina e Clélio simplesmente ficaram apáticos no trabalho do grupo de melhorias – disse sentindo um alívio e, ao mesmo tempo, como se estivesse fazendo algo errado, pois achava que deveria falar antes com Miguel a fim de não fazer afirmações levianas. Não gostaria que fizessem o mesmo com ele próprio algum dia.

– Isso faz pensar que Miguel *propositalmente* "segura" sua equipe!

Ricardo ficou em silêncio, afinal era algo que ele não tinha certeza, mas se lembrou da sugestão maliciosa de Miguel para que Jorge colocasse uma meta de 30% para a produtividade das dobradeiras.

– Como foi a participação dele no grupo de melhorias?

– No início, ele se ausentava frequentemente. Depois começou a participar. Nesse momento, coincidentemente, a participação de Clélio e Simone diminuiu.

Jorge levantou-se, foi até a janela. Ficou de costas por um momento para Ricardo e virou-se:

– O grupo de melhorias da qualidade vai funcionar com seu apoio a Marcos. Ou a Miguel se, e somente se, Miguel mudar suas atitudes. Falarei sobre seu apoio ao grupo da qualidade com Miguel no momento apropriado. Quando você falar com ele, não precisa dizer que esta é a minha decisão.

Ricardo não teve coragem de perguntar a quais atitudes específicas ele se referia, mas era um sinal claro de que deveria conversar com Miguel e decidir sobre o apoio ao grupo de melhorias da qualidade. Jorge pensou por alguns segundos e perguntou:

– Qual é a relação entre logística e PCP?

– São fortemente interligadas. Logística trata de fluxo de materiais e produtos e do fluxo de informações: pedidos, ordens, etc. Os fluxos atravessam a cadeia de suprimentos desde o fornecedor, passando pela produção e PCP e indo até a distribuição. É o PCP que determina *o que* e *quando* comprar, fabricar, separar, embarcar e se os prazos são viáveis. Nos organogramas modernos, PCP é parte da logística.

Jorge fez uma ligeira pausa. Pensou mais um pouco. Estava decidido a entregar o PCP aos cuidados de Ricardo Tamagna.

– E como vai seu trabalho na logística? Quais as melhorias que estão planejando fazer?

– Estive muito envolvido com outras questões além da logística. O trabalho com o grupo de melhorias, por exemplo, tomou muito tempo. Se não fosse assim, o ritmo das melhorias teria sido melhor.

Ricardo sentiu que, se continuasse explicando, soaria como justificativa e Jorge pediria para não dar desculpas, pediria para responder diretamente sua questão. Então, continuou:

– Na linha de livros infantis, na qual temos de manter estoques, há alguns erros de separação de pedidos que estamos atacando. Temos que melhorar nossa integração com a produção e o controle de qualidade para que problemas de má qualidade de produto não cheguem ao estoque nem à expedição quando se tratar de entregas sob pedido. Estamos analisando como minimizar "a síndrome do final do mês": as sobrecargas de entrega que acontecem nos últimos dias do mês.

– Parece que você tem bastante trabalho pela frente.

– Nos suprimentos, temos um excesso de cobertura de estoques. Alguns itens dariam para a produção de cinco meses ou mais!

– Com todas essas questões, você deveria se concentrar mais na logística a partir de agora, não acha? Mas gostaria de ter seu apoio, quando necessário, para o grupo de melhorias da produção e para o grupo da qualidade. Clélio poderia assumir o grupo da produção e Miguel, o grupo da qualidade.

– Acho que sim. Não há melhor maneira de aprender e se desenvolver – Ricardo pensou em falar novamente sobre a falta de prática de Miguel, mas sentiu que seria inapropriado fazê-lo. Poderia parecer que estava tentando depreciá-lo, o que não era o caso. Estava decidido a conversar com Miguel.

> A partir do **Apêndice A-5 – Barreiras à mudança,** quais as barreiras identificadas no seu ambiente de trabalho? Em situações concretas vividas, você identificou as barreiras insegurança e inconsciência?

– Concentre-se na logística, Ricardo, mas quero que você dê apoio às melhorias nos momentos críticos.

Ricardo percebera a mudança que estava ocorrendo: estava conquistando a confiança de Jorge e, informalmente, assumindo liderança nas questões sobre melhorias. Previa que Jorge iria envolvê-lo mais no processo de transformação. Ricardo relatou a Jorge a conversa que tivera com Moacir:

– Sim, darei todo apoio possível e, sendo o aperfeiçoamento contínuo um de nossos valores, as melhorias dos grupos serão muito importantes. Foi o que Moacir me disse.

– Sobre o que mais vocês falaram?

– Dei minha opinião sobre Clélio, Miguel, Marcos e Simone. Pedi que guardasse com ele, já que são opiniões sobre meus colegas. Em uma hora, ele me explicou sobre as barreiras à mudança. Basicamente, se dividem em barreiras de conhecimento, de mentalidade, de comportamento da gerência, de insegurança e inconsciência e estrutura e incentivos. As mais surpreendentes são as barreiras de insegurança e inconsciência.

– Como assim?

– Ora, nós sabemos que, se faltar conhecimento em *lean,* não se pode obter todo o potencial do *lean*. Quanto à mentalidade, percebi que a rejeição à teoria é uma rejeição disfarçada à prática, já que "não há" obtenção de conhecimento sem prática. É importante a gerência ir ver "com seus próprios olhos" o que acontece no local de trabalho. O sistema de avaliação de desempenho e incentivos tem que estar alinhado com o *lean* e com os valores da empresa. Agora, é surpreendente quando somos lembrados que há coisas que a gente *não sabe que não sabe.* Isso é inconsciência. Baseados numa insegurança natural – foi assim que entendi – adotamos uma postura defensiva, o que reforça a inconsciência sobre os problemas delicados e, talvez, importantes. A postura defensiva então se torna uma "habilidade de comunicação", que Argyris chama de incompetência hábil. É uma coincidência que tenhamos lido o que diz esse brilhante autor, que infelizmente não é muito lido, conhecido e entendido.

Ricardo estava empolgado com o tema e prosseguiu:

– É surpreendente que inconscientemente ajamos de maneira incompetente, diminuindo nossa capacidade de aprendizado. Havendo inconsciência e comportamentos arraigados que mantêm esses assuntos inconscientes, é natural que a empresa precise de ajuda externa para trazer habilmente esses temas delicados à consciência. Buscar ajuda externa é uma forma inteligente de mudança, a meu ver. Se quisermos impor a discussão de problemas ameaçadores e delicados, as rotinas defensivas vão tornar esses problemas mais indiscutíveis ainda.

– Se fosse Moacir a me falar que a empresa precisa de ajuda externa para fazer a transformação, acharia que ele estaria tentando me empurrar uma venda de projeto de consultoria ou estaria justificando sua importância como consultor, mas os argumentos sobre consciência e incompetência são consistentes com a prática empresarial porque identifico essas situações cotidianamente. Eu mesmo fomentei um tipo de liderança que dificulta a discussão e solução dos problemas. Notei que, ao ouvir somente os gerentes, os problemas não chegam até a mim – Jorge se referia indiretamente a Miguel. Esperou um pouco e ratificou sua decisão sobre o PCP:

– Você aceita coordenar o PCP?

Ricardo manifestou sua preocupação com a reação de Miguel, pois o PCP era, naquele momento, dirigido por ele. Jorge tranquilizou Ricardo, pois era um assunto dele, gerente-geral. Na visão de Jorge, Miguel teria oportunidade de mostrar novos comportamentos e de adquirir prática no grupo da qualidade. Ricardo não comentara, mas achava que, para Miguel, ser tirado do PCP seria um rebaixamento, e coordenar o grupo de qualidade seria um prêmio de consolação para ele. Ficou pensando se ele aceitaria continuar trabalhando na gráfica depois disso.

– Então, você aceita? – insistiu Jorge.

– Aceito – respondeu imediatamente.

Jorge aguardou um tempo para decidir como lidar com Miguel e tratou pessoalmente da transferência do PCP para a logística.

41

– Moacir, vi que você falou com Ricardo. Gostei da explanação dele sobre as barreiras à mudança. Agora é hora de começar a agir.

– Exatamente! Primeiro nós dois. Depois com a equipe gerencial.

– Pode ser agora? – forçou Jorge.

– Sim. Vamos à teoria, à prática e à minha experiência em processos de mudança. Via de regra, as mudanças começam bem, mas perdem o fôlego logo adiante. O potencial de diferenciação se perde e a sustentabilidade da mudança não é garantida.

Moacir prosseguiu com a explanação sobre o processo de transformação: num primeiro momento, é preciso deixar claro para toda a empresa que a mudança é um caminho sem volta, dizer o que se espera de cada um e ver até que ponto a visão do líder máximo da empresa é compartilhada pelos trabalhadores e gerentes. É preciso realizar a discussão sobre a visão e os valores em toda empresa e revisá-los como construção conjunta. Por mais que você imponha o que quer para a sua empresa, vai depender do comprometimento dos colaboradores. O objetivo é conquistar o *comprometimento interno* da grande maioria das pessoas. Depois, iniciam-se as mudanças visando aos resultados de curto prazo. Nesse momento, será observado, na prática, o nível de maturidade profissional da empresa para a transformação *lean* e os *gaps* de conhecimento e de habilidades para enfrentar problemas. Esses *gaps*, normalmente, são barreiras à mudança. É aí que a ajuda externa entra mais eficazmente. Na questão do *lean*, Ricardo poderia ser de grande ajuda. Os outros sistemas da gestão poderiam ser suportados pelos outros gerentes, especialmente por Arnaldo e Miguel.

Moacir sugeriu que o melhor a fazer parecia ser a união do modelo de transformação com o *lean* e fazer um processo de transformação *lean*. A revisão da estratégia começaria com a análise de valor ao cliente a partir da visão compartilhada.

– Agora voltemos às iniciativas de curto prazo – continuou Moacir.

– Então, diga-me como são essas ações de curto prazo? Qual a relação com o longo prazo e a sustentabilidade da mudança?

– Normalmente, Jorge, as empresas não fazem uma ligação entre os resultados financeiros e a operação. Além do custo, qual é a parte da operação que é enxergada por finanças? Talvez, a qualidade seja fracamente levada em consideração. Não é raro as empresas comprarem suprimentos pelo menor preço sem levar em conta o custo total da compra. Tudo depende de como o custo é medido, do sistema de indicadores gerenciais e de qual o tamanho da pressão para reduzir custos.

– Quanto ao sistema de indicadores, vivemos uma experiência. Eu o consultei sobre isso, lembra? O indicador de produtividade da desbobinadeira piorava o resultado global em vez de melhorá-lo. E o pior era que o indicador de custos "mandava" produzir mais ainda, sem que houvesse necessidade. Era puro desperdício.

– Certo, é preciso ficar atento com a definição correta e o alinhamento dos indicadores! Mas havia mais um elemento no sistema de fluxo que elevou a capacidade e, consequentemente, permitiu aumentar as vendas. Qual era ele?

– Sem dúvida, a diminuição do tempo de *set up*. Com tempos de preparação menores, as dobradeiras adquiriram mais tempo produtivo.

– Qual elemento do sistema de fluxo permitiu sua redução dos estoques em processo?

– A ligação entre as dobradeiras e a entrada de bobinas na gráfica. O pulmão das dobradeiras é que informa quando a desbobinadeira deve operar e quando deve parar.

– E quanto à redução do *lead time*?

– Não temos evidências de que tenha diminuído... – respondeu Jorge pensativo.

– Se você considerar que os estoques caíram pela metade e a taxa de processamento quase dobrou, *o lead time* deve ter caído para aproximadamente um quarto do que era antes, ou seja, o tempo de produção seria agora muito menor. É só fazer as medições e você vai constatar a diminuição de *lead time* – explicou Moacir.

– É o que eu espero que tenha acontecido. Já perguntei a Simone e Clélio se havia diminuído o *lead time*, mas não souberam me responder.

– Então vamos lá, temos três resultados operacionais: redução de estoques, diminuição do *lead time* e aumento de capacidade. O que representa isso no curto prazo? Ora, se a gráfica vende mais e mantém os custos, significa mais lucro.

– De fato, foi o que aconteceu.

– Se a gráfica entrega mais rápido, significa menor tempo entre pagar os fornecedores e pegar o dinheiro dos clientes. O *lead time* "encurta" o período entre pagar e receber. Quanto maior o *lead time*, mais o caixa da empresa fica exposto. Tem que colocar dinheiro na empresa para "rodar" a operação.

Moacir rabiscou:

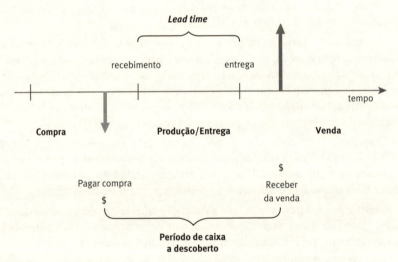

Figura 41.1 *Lead time* e ciclo de retorno de dinheiro ao caixa (*cash-to-cash*).

– Diminua o *lead time* e o caixa da empresa melhorará – continuou Moacir. Reduzindo o estoque, melhora o caixa. Reduzindo o *lead time*, melhora o caixa.

– Há um outro fator muito importante: as perdas. As perdas foram reduzidas. Não só perdas de tempo. Cadernos danificados representam custos. O custo diminui em certa medida – comentou Jorge.

– A diminuição das perdas aumentou o lucro. Note que as perdas interrompem o fluxo – Moacir novamente fez um desenho e mostrou a Jorge:

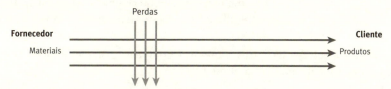

Figura 41.2 As perdas interrompem o fluxo.

– *Lead time*, estoques, perdas e capacidade têm impacto no lucro e no caixa, desenhando o fluxo que vai dos materiais comprados do fornecedor até os produtos vendidos aos clientes – acrescentou Moacir, ampliando seu desenho e mostrando-o para Jorge:

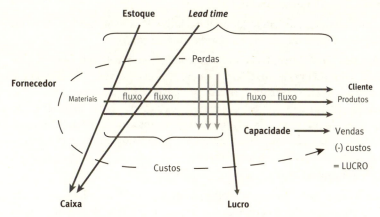

Figura 41.3 Impacto do *lead time*, estoque, perdas e capacidade no lucro.

– Genericamente, então, pode-se dizer que reduzindo *lead times* e estoques melhora lucro e caixa! – comentou Jorge.

– É. As medidas operacionais que levam à diminuição dos estoques e do *lead time* melhoram os resultados financeiros em termos de caixa no longo prazo. E podem melhorar o lucro, se forem mantidos os custos.

– Realmente, estamos vendendo mais com menos estoque "em casa" – validou Jorge.

– E não é só isso. Quero fazer um comentário para explorarmos melhor depois: com menos estoques e melhor utilização dos ativos, você deve ter produzido mais com relativamente menos máquinas. Isso significa menos ativos imobilizados. Então, uma consequência da margem de lucro maior e de menores ativos é aumento do

> Ver **Apêndice A-8**, margem x giro = RSA.

retorno sobre ativos. Para cada $ investido na gráfica, retorna mais dinheiro na forma de lucro.

– Isso me incentiva, como acionista, a continuar no processo de transformação, mas os resultados financeiros não motivam tanto os empregados quanto a mim.

– Certamente, Jorge, há outros fatores de recompensa, não mensuráveis monetariamente, que contribuem para continuar.

– Reconheço que há uma satisfação profissional em realizar resultados e em se aperfeiçoar no trabalho.

– Você deve ter identificado mudanças no ânimo de algumas pessoas, não?

– Posso citar Clélio, por exemplo. Parece que ele está mais confiante. Participa. Emite opiniões.

– Esse é o crescimento que virá com a transformação enxuta. Com algumas dificuldades, é claro – previu Moacir.

– Acredito que as dificuldades podem ajudar. O advento de uma crise pode forçar a empresa a fazer mudanças e a sair da zona de conforto.

– Alguns livros, Jorge, tais como *A mentalidade enxuta nas empresas*, de James Womack,* falam da necessidade de uma crise. A crise de 1950 da Toyota é relatada por Taiichi Ohno em *O sistema Toyota de produção*.** Ohno descreve aspectos importantes daquela crise, como a greve, as demissões para preservar a Toyota e o posterior compromisso do presidente da Toyota, O compromisso de não demitir foi um impulso à mudança e às melhorias. Já vi alguns autores defenderem a criação de uma "crise artificial", cuja necessidade eu questiono.

Moacir fez uma breve pausa e continuou:

– Uma crise pode ajudar no sentido de gerar uma necessidade premente. Mas a necessidade por si não gera competências nem continuidade, depois de passada a crise aguda. A menos que eu tenha perdido a clareza de raciocínio, a visão compartilhada e a constância de propósito da liderança é que são determinantes para o sucesso da transformação. Criação de "crises artificiais" pode estimular a pintar um quadro pior do que é e estragar relacionamentos baseados na confiança. E afirmo que é necessário confiança no processo de mudança. As dificuldades a que eu me referia, que estão associadas à transformação enxuta, são as barreiras em si.

– Por isso, decidi continuar com os grupos de melhorias. O trabalho em grupo já é em si um ótimo instrumento para revelar as barreiras, a liderança, o comprometi-

---

* WOMACK, J. P. *A mentalidade enxuta nas empresas*: elimine o desperdício e crie riqueza. 3. ed. Rio de Janeiro: Campus, 1997.

** OHNO, T. *O sistema Toyota de produção*: além da produção em larga escala. Porto Alegre: Bookman, 1997.

mento com a mudança e os comportamentos inadequados. O próximo grupo será o da qualidade. Tenho certeza que aparecerão resultados e as pessoas ficarão motivadas com o desenvolvimento do trabalho. Porém, parece que esses resultados de curto prazo são insuficientes para fazermos a transformação *lean*, não é? –comentou Jorge.

– São insuficientes, mas já é um bom começo. A sustentabilidade virá ou não. Quando os resultados não forem tão visíveis como no começo, a tendência é abandonar os esforços de transformação. Dependerá da constância de propósito da liderança.

– Além disso, para a transformação acontecer e ser sustentável, tem que haver uma mudança cultural.

– De fato, a cultura tem de mudar. Porém, cultura está baseada em crenças duradouras e comportamentos que "funcionam" para o grupo social. Mudar a cultura é algo que dificilmente alguém, por mais capacitado e hábil que seja, se proporia a fazer. Não há um conjunto de decisões acionáveis, isto é, que se possa implementar claramente para mudar a cultura. No modelo de transformação *lean,* proponho focar no comportamento e nos valores. De certa forma, é como realizar o processo de mudança com foco no comportamento, mas com ações nas suas duas pontas: a parte observável – comportamentos – e a parte intangível – crenças, valores, modelos mentais e atitudes.

Moacir parou um pouco para respirar e continuou:

– É preciso ficar alerta, pois muitas vezes a cultura organizacional aparece como justificativa para não fazer, para não mudar, para se desculpar pelo insucesso. John Kotter, autor do livro *Liderando mudanças*,* prescreve oito passos para transformar a organização. A diferença que faço é basicamente quanto a valores e como enfrentar barreiras. Certamente, na sua prática, ele dever aplicar um método para detectar as barreiras e definir exatamente o que fazer nas situações específicas, mas não descreve isso nos seus textos. A contribuição de Kotter é valiosa ao mostrar o que pode dar errado: falta de senso de urgência, declarar a vitória muito cedo, coalizão fraca e não crescente dos líderes, comunicação insuficiente sobre a visão, não remover obstáculos à visão e não se certificar de que os novos gerentes seguirão novas abordagens, comportamentos e atitudes.

Depois de refletir um pouco, Moacir prosseguiu:

– Entretanto, para mim, o senso de urgência não advém necessariamente de uma crise. A crise pode ser criada com base em falsas ameaças. Sendo a confiança fundamental para liderar a mudança, a criação de uma crise artificial pode comprometer a sustentabilidade da mudança, pois os líderes podem perder a credibilidade. Quando os obstáculos são pessoas que conscientemente se opõem à mudança, e eu as chamo privadamente de fundeadores, então devem ser tratadas com justiça e coerentemente com a visão. Finalmente, John Kotter dá a entender que a pior barreira é o CEO, que no caso da gráfica seria você Jorge. E essa é uma das razões pela qual eu me motivei

---

* KOTTER, J. P. *Liderando mudança*. Rio de Janeiro: Campus, 1999.

a ir adiante com a proposta de transformação *lean*. Jorge, *você*, reúne todas as condições para iniciar a mudança!

Jorge ficou um tanto perplexo com o ponto de vista de Moacir sobre mudar a cultura. Especialmente o fato de ele, Jorge, poder ser um fundeador lhe tirou algumas noites de sono. Leu e releu Kotter. Analisou repetidas vezes o modelo de transformação proposto. Os resultados de curto prazo eram promissores. A prática de trabalho em equipe começara bem com o grupo de melhorias da produção. O modelo de transformação *lean* parecia consistente para ele, mas as dificuldades não seriam pequenas ao longo do caminho. Um grupo crescente de líderes deveria ser formado em torno de uma nova visão e de novos valores.

42

Chegara o momento. Ricardo Tamagna aguardava a chegada de Miguel à sua sala. Havia pensado em como estruturar sua conversa em termos de escolhas informadas, informações válidas e para gerar comprometimento interno de Miguel. Partiria do pressuposto de que Miguel tinha boas intenções embora os fatos não colaborassem para tal conclusão. Não deixaria que a irritação e pequenas implicâncias atrapalhassem a conversa, como por exemplo, a postura arrogante de Miguel. Tentava se convencer: em alguns momentos, Miguel dera sinais positivos, como quando reconheceu os problemas da má qualidade. Entretanto, reconhecia que Miguel fora defensivo, não pedira ajuda mesmo quando seu trabalho com a qualidade não estava indo bem. Miguel teve várias semanas para melhorar a qualidade e não apresentou resultados. Para fugir do constrangimento de ser apoiado por Ricardo, dissera que Marcos precisava de sua ajuda. Aquela, Ricardo sabia, não seria uma conversa fácil.

Jorge havia praticamente ordenado Ricardo a falar com Miguel e o autorizado a influenciar o grupo da qualidade, que seria levado adiante com ou sem Miguel. Se Miguel não quisesse, Marcos conduziria o grupo. A situação de Miguel era muito ruim: perdera o PCP e não gozava da confiança de Jorge. Essa era a situação propícia para conversarem. Como Moacir dissera: "Quando não houver alternativa para alguém, a não ser falar contigo, fale hábil e abertamente com ele. Pode considerar esse conselho como parte do meu trabalho no sistema gerencial da empresa."

O plano de Ricardo para esse diálogo era torná-lo inevitável. Miguel escolheria entre ter essa conversa *ou* Ricardo apoiaria Marcos no grupo da qualidade. Seguiria a orientação dada por Moacir: aproveitar para questionar os pressupostos de ambos. Já esperava que Miguel achasse isso uma grande bobagem, mas isso não importava. Tinha muitas dúvidas sobre Miguel e não sabia ao certo se eram apenas inferências ou coisas reais. Apostava muito no sucesso da transformação *lean*. Havia riscos quanto ao resultado dessa conversa. Por exemplo: poderia ganhar um inimigo eterno; se fosse ingênuo poderia colocar-se em risco no futuro; se Miguel fosse mal-intencionado e fosse manipulado, aquilo seria desastroso.

Ricardo suspirou fundo quando ouviu os passos de Miguel se aproximando pelo corredor em direção à sua sala:

– Bom dia, Ricardo – Miguel saudou enquanto entrava na sala.

– Bom dia, Miguel. Sente-se. Quer um café?

– Não obrigado!

A ideia de Ricardo era surpreender e pressionar o colega logo de início:

– Vamos ao que interessa. Jorge praticamente ordenou que eu apoiasse o grupo de melhorias. Os resultados da qualidade não são bons e eu posso ajudar.

Miguel sobressaltou-se:

– Como falamos, Marcos precisará de ajuda.

– Não se trata somente de ajudar Marcos. As mudanças vão acontecer. Você sabe disso e eu sei disso. Você pode estar no barco ou não. Eu lamento que sua situação esteja desconfortável nesse momento, mas ela pode melhorar. Eu posso ajudar. Mas antes temos que acertar alguns detalhes.

Miguel começara a ficar irritado com o que Ricardo dizia: "Alguns detalhes? Posso ajudar. Estar no barco ou não. Quem Ricardo pensava que era?"

– Não acho que seja necessário acertarmos nada – esquivou-se Miguel.

– Veja bem, se nós estamos juntos na mesma empresa, temos de andar na mesma direção, não é? – Ricardo disse calma e firmemente.

– Mas nós já andamos na mesma direção. Creio que ambos queremos o melhor para a empresa. Pelo menos essa é minha vontade – disse Miguel, oprimido, como se o estivessem esmagando contra a cadeira.

Ricardo respondeu à ironia com sinceridade. Sentiu-se mal ao reconhecer que, de certo modo, seria cruel com Miguel ao pressioná-lo numa situação já tão frágil. Miguel agia como um animal acuado. Convenceu-se de que estava fazendo o certo, pois, se não fosse assim, Miguel iria se consumir aos poucos, seria uma demissão a conta-gotas, se Ricardo não exercesse essa pressão sobre ele. Contudo, estava preocupado com a possibilidade de que a conversa não chegasse a lugar algum:

– Talvez, essa não seja uma das conversas mais agradáveis a se ter. Principalmente depois que Jorge passou o PCP para a logística...

Miguel tentou interromper:

– Eu...

Mas Ricardo foi mais rápido:

– Mas acho necessária. A situação pode seguir piorando para você ou pode melhorar. Você está prestes a perder a autoridade sobre o controle de qualidade se Marcos liderar o trabalho do grupo de melhorias. Depende de você. Tenho uma proposta a fazer baseada numa técnica proposta por Moacir – disse sem saber se era exatamente uma técnica ou um método. – Ou nós conversamos ou paramos por aqui, agora. Quero uma resposta agora, pois realmente não participarei de uma conversa que não seja produtiva. O que você me diz? Vamos conversar ou não?

– É para isso que estou aqui – Miguel conseguiu dizer sem, contudo, esconder a raiva.

– Ótimo! Para tornar o diálogo produtivo e quem sabe retomarmos a confiança mútua no futuro próximo devemos seguir algumas regras. Pode parecer estranho para você como pareceu a mim quando Moacir explicou, mas vamos tentar diretrizes diferentes para o nosso diálogo. Primeiro, devemos responder diretamente as questões do outro. Segundo, nós vamos anotar nossos pensamentos sobre o que falamos enquanto falamos. Terceiro, cada um individualmente vai questionar, depois, os pressupostos sob as nossas falas com base em informações válidas. Quarto, não é necessário conversarmos sobre os nossos pressupostos um com o outro. Por último, depois de algum tempo, vamos mostrar um ao outro o que mudamos no nosso comportamento com base nos questionamentos. A decisão de questionar franca e sinceramente é de cada um e determinará se o relacionamento profissional futuro é viável ou tenderá ao cinismo. Esse assunto ficará restrito a nós dois, exceto pelo fato de que terei de dizer a Moacir que conversamos, mas não direi sobre o que falamos. Temos um acordo?

Miguel sentiu-se forçado. Não queria aquele "joguinho" inventado por Ricardo, Moacir ou quem quer que fosse. Mas sentia que não tinha alternativa. Pensou em levantar da cadeira e sair da sala, mas seria uma resposta para abdicar do grupo de melhorias. Estava cada vez mais longe do seu sonho de um dia tornar-se gerente-geral da gráfica. Sentia-se totalmente humilhado. Estava desconfortável. Suava. Remexeu-se na cadeira e respondeu:

– Vamos executar essa "técnica", então – concordou contrariado. – Mas qual é o tema?

– Pode ser a melhoria contínua.

Pegaram, cada um, uma folha. Dividiram-na em duas partes: à esquerda, pensamentos não verbalizados, à direita, conversação real. Estavam frente a frente. Ricardo esforçou-se para reconhecer o quanto era difícil para Miguel e começou:

– Obrigado, Miguel! Não deve ser fácil para você, mas também é difícil para mim. Vamos tentar manter os nervos sob controle. Mas a mudança está aí e eu quero me adaptar a ela.

RICARDO		MIGUEL	
💭 O QUE PENSOU	💬 O QUE DISSE	💭 O QUE PENSOU	💬 O QUE DISSE
Miguel não vai acreditar no que digo. É natural, está sob intensa pressão.	Melhoria contínua é basicamente trabalho em equipe. Não era minha intenção entrar na produção, que é a sua área, você acredita nisso?	Seria Ricardo um "bom samaritano" sem ambição? Só falta ele dizer que não queria o PCP também.	Acredito que, no final das contas, foi bom para você e ruim para mim.
Miguel boicotou as primeiras reuniões e intimidou Clélio e Sabrina.	Claro que para mim tem sido bom. Minha intenção sempre foi fazer a melhoria contínua funcionar. Talvez se você tivesse participado positivamente do grupo da produção, o resultado tivesse sido diferente.	Sei mais do que Ricardo sobre produção. Xii! Dei a entender que não colaborei.	Sem dúvida, pois tenho *expertise* em produção e minha colaboração teria sido uma grande contribuição.
Tem *expertise*, mas lhe falta a prática. É muito blá-blá-blá e pouca ação.	Claro que você tem *expertise*. Agora, você acha que meu *expertise* contribuiu para os resultados da gráfica?	Não vou ficar fazendo elogios, mas ele realmente tem conhecimento.	Sim.
Estou oferecendo um fato para Miguel: foi negligente nas reuniões, portanto ele não colaborou. É válido o que estou dizendo.	Você saía antes, chegava atrasado às reuniões, não é?	Sim, eu não queria participar daquela bobagem.	Eu estava muito envolvido com outras tarefas, mas meu pessoal estava lá me representando, não?
	Estavam lá sim, Clélio, Simone e outros. Se Jorge dá importância para o grupo de melhorias, o que o impediu de participar? Seria uma oportunidade para você?	Naquela época, não pensei que Jorge daria importância para o grupo da produção.	O fato de ter outras prioridades dadas por Jorge não permitiu que eu me dedicasse intensamente ao trabalho em grupo.
Miguel ainda está fugindo das perguntas.	Quero lembrá-lo de que nossa regra para esse diálogo é responder diretamente as questões. Então? Por que não participou?	Se eu participasse das reuniões estaria respaldando os resultados do grupo e, indiretamente, reforçando a posição de Ricardo.	Você queria tirar proveito da situação! Você sugeriu assumir o PCP, não foi?

RICARDO		MIGUEL	
O QUE PENSOU	O QUE DISSE	O QUE PENSOU	O QUE DISSE
Miguel pode se informar sobre a decisão de passar para mim o PCP com Jorge. É uma escolha dele, falar com Jorge ou não.	Foi Jorge quem perguntou se logística e PCP tinham relação. Você perguntaria a Jorge se a ideia sobre o PCP foi dele?	Ricardo sabe que eu não iria até Jorge para fazer uma pergunta dessas. Jorge me disse que a decisão tinha sido tomada e que estava dando o grupo da qualidade para mim como "oportunidade". Que vexame!	Não. Estou perguntando para você.
Hora de sair desse assunto e olhar para o futuro	Como você quer que eu ajude daqui para frente?		Venha falar comigo antes de se intrometer no grupo da qualidade ou na produção.
Preciso de alguns cuidados. Miguel está naturalmente muito ressentido. Ele pode querer se "vingar" um dia...	Eu assumiria esse compromisso contigo sob certas condições de convivência.	Quem ele pensa que é para fazer exigências? O que ele irá pedir?	Que condições são essas?
Saberei por que e se foi dele a ideia de sugerir essa meta. Saberei qual era sua intenção. Se sua intenção foi "venenosa" ao sugerir a meta audaciosa para nós, experimentará do próprio veneno!	Eu quero reciprocidade! Você sugeriu uma meta audaciosa de produtividade (30%) para que nós do grupo cumpríssemos. Posso ir até Jorge e dizer que você proporá uma meta também audaciosa para o grupo da qualidade?	Se eu responder que não, estarei sendo incoerente. Se eu responder que sim, ficarei comprometido com uma meta audaciosa.	Se as condições permitirem, proporei uma meta igualmente audaciosa.

– Miguel, vamos fazer uma pausa na nossa conversa para pensar. Não é para responder agora. Do jeito que nossa conversa evolui, eu não conseguirei dizer quais as condições de convivência eu quero. Não conseguirei explicar o que quero dizer com reciprocidade. Até agora você tem se esquivado de responder diretamente as minhas perguntas! Você não gosta que eu atue na sua área (produção), o que acho justo. Eu pressuponho que você pensa que sou responsável pelo imbróglio do PCP, o que é completamente diferente de eu dizer que faz mais sentido o PCP dentro da logística. Eu penso que foi intencional da sua parte tentar colocar-nos sob o risco de fracasso de não atingir a meta de 30%. Isso é para pensarmos, não é para falarmos agora. Não iria funcionar se tentássemos falar sobre isso agora, concorda?

RICARDO		MIGUEL	
O QUE PENSOU	O QUE DISSE	O QUE PENSOU	O QUE DISSE
		Não irei contestá-lo. Essa conversa está muito desagradável. Melhor deixar para outro dia.	É, acho que não funcionaria mesmo! Vamos continuar noutro momento?
Quero obter um compromisso de Miguel. Mas reagirei com força se ele for desonesto ou mal-intencionado. Se necessário, usarei a força como resposta à Miguel.	Quero explicar o que entendo por reciprocidade: você me ajuda e, depois, eu ajudo você. Sem incitações contra mim. Sem informações maliciosas e distorcidas sobre mim. De mim para você vale a mesma regra de convivência. Entendido?	Mas o que ele está dizendo? Quero que ele se exploda! Jamais alguém me colocou contra a parede assim!	(Miguel fez silêncio e um leve aceno de concordância com a cabeça)
Vou achar uma forma de dizer para Miguel sair mais da sua sala e fazer como fizemos no grupo de melhorias: observar diretamente os problemas.	Sabe como eu vejo a melhoria contínua? Exatamente assim como acabamos de fazer: enfrentar os problemas difíceis! Também, devemos sair da sala e ir ver diretamente o que está acontecendo na operação, na logística, junto às máquinas e operadores na produção.	A equipe tem que trabalhar para nós, gerentes! Ele está sugerindo que eu seja um "tarefeiro" que cuida dos detalhes que meus subordinados deveriam cuidar?	Eu penso diferente: nós gerentes temos que nos dedicar a questões mais estratégicas!
Miguel não tem estilo para trabalho em equipe. Não será fácil ele se adaptar à dinâmica do grupo de melhorias da qualidade.	Melhoria contínua é trabalho em equipe. Quando cada um for responsável pelos problemas e por achar soluções diariamente, poderemos dizer que estamos num estágio mais avançado de aperfeiçoamento contínuo.	Infelizmente o pessoal da gráfica não tem preparo para achar as causas e resolver cientificamente os problemas!	É o que tenho feito: preparar meu pessoal para tomar melhores decisões, para serem solucionadores de problemas.

– Desculpa, Miguel, se foi maçante nossa conversa, mas achei essa experiência interessante. Faço, agora, uma ideia melhor do que Moacir pretendia que alcançássemos. Daqui em diante, depende de cada um de nós. Podemos simplesmente sair dessa sala e jogarmos na lixeira nossas anotações e aceitarmos as consequências, dentre elas: a pouca confiança entre nós acabará, começarão retaliações. Ou examinamos nossos pressupostos e inferências e saímos melhor dessa. Eu acredito que começaremos bem a transformação. Vamos revisar nossa mudança de comportamento na próxima semana?

– Sim – respondeu Miguel laconicamente.

– Devemos trazer fatos para comprovar que nós dois realmente mudamos em algo. Se isso não acontecer, prevejo que será um clima horrível de trabalho entre nós. Mais uma coisa, falarei preferencialmente contigo antes de influir no grupo da qualidade. Mas oferecerei ajuda diretamente ao grupo, se eu achar necessário. Pensou: "Pode ter soado como uma ameaça, mas não vejo outro jeito de alguma mudança acontecer".

Miguel saiu meio zonzo da sala. Já Ricardo sentia-se fatigado. Foi difícil não deixar espaço para Miguel e pressioná-lo tão fortemente. Contudo, se Miguel tivesse escolha, esse diálogo não teria acontecido. Ricardo avaliou que seu plano tinha funcionado bem. Tinha feito afirmações pelo menos validáveis como, por exemplo: Miguel poderia falar com Jorge para constatar que Ricardo não influíra na decisão de passar o PCP para a logística. Quanto ao critério *escolhas informadas*, o diálogo foi razoável, porque Miguel não tinha muita escolha. O fato de Ricardo decidir falar com Miguel já demonstrava seu comprometimento interno para com as mudanças. Ricardo estava cansado demais para analisar o que poderia acontecer depois desse diálogo. Pensou: "Isso tudo pode dar muito errado: seja o que Deus quiser!"

Algum tempo depois, Moacir entrou na sala de Ricardo para perguntar:

– Como foi a conversa com Miguel?

– Poderia ter sido melhor! Percebi que existe uma tendência de escaparmos do problema. Confiança é um pré-requisito para este diálogo dar certo.

– E se não há confiança mútua, o problema não será enfrentado? Tem que começar de algum lugar, não é? Confiança duradoura se constrói diante de situações com algum grau de risco. Ou confiança é uma boa aposta, ou se deteriora rapidamente. Vocês deram o primeiro passo. Como vão saber se o resultado foi positivo?

– Mostraremos um ao outro fatos que comprovem o que fizemos de diferente depois da nossa conversa.

– Muito bem! Só assim irão realmente saber se funcionou. Se não funcionar, precisarão de minha intervenção. Se ainda assim não funcionar, pelo menos terão uma definição sobre como agir em relação ao outro. Ah! Eu não sou o inventor dessa técnica. Ela foi idealizada por Argyris e se chama Coluna da Esquerda. Será utilizada por nós para desenvolvermos competência na solução de problemas constrangedores e importantes. Irá expandir nosso limite ao aprendizado.

– É, senti que o resultado seria melhor se houvesse um mediador para conduzir a técnica!

43

O último processo de produção de um livro é o encadernamento. Depois há uma área de quarentena de onde os livros fabricados sob pedido são enviados para a área de expedição ou – os fabricados para estoque – são armazenados. Os livros são produzidos e embarcados, exceto os livros infantis que ficam em estoque. Os clientes são editoras. Elas desenvolvem o projeto do livro – diagramação e capa – e enviam os arquivos do projeto para a gráfica. Antes da aprovação do pedido, o PCP verifica se possuirá papel em estoque e capacidade para entregar o pedido no prazo solicitado.

HORÁRIO	EMBARQUES DIA													
	-2		-1		0		1		2		3		4	
	atrasado	em dia	atrasado	em dia	atrasado	em dia	atrasado	em dia	atrasado	em dia	atrasado	em dia	atrasado	em dia
7-8	📄		📄		📄			📄		📄		📄			📄
8-9						📄		📄		📄		📄			
9-10						📄		📄		📄					
10-11						📄		📄		📄					
11-12						📄		📄							
12-13						📄		📄							
13-14						📄									
14-15						📄									
15-16						📄									
16-17						📄									
17-18						📄									
18-19						📄									
19-20						📄									

Figura 43.1 Quadro da expedição com horários de embarque e ordens correspondentes.

Antes, quem andasse pela expedição não saberia – sem perguntar para alguém – quantas ordens estão no prazo, quantas estão atrasadas e quantas chegarão atrasadas na expedição. Agora há um quadro na área de embarque em que uma via das ordens planejadas para serem embarcadas no dia é colocada. À medida que as ordens de produção vão ficando prontas, a via correspondente ao pedido é retirada. Pode-se acompanhar o ritmo da chegada na expedição observando o comportamento deste quadro ao longo do dia.

As datas de embarque prometidas também são acompanhadas de forma semelhante, com a diferença que as entregas são divididas por data, transportadora/região e horário de embarque.

Ricardo percorrera o caminho desde a encadernadora até a doca de embarque observando as atividades do estoque e da expedição. Na área de quarentena havia aproximadamente três dias de trabalho para o pessoal da expedição. Com o aumento da produtividade e da capacidade de produção, a expedição não conseguia acompanhar a produção.

"A expedição é o automóvel mais lento agora, preciso eliminar as perdas para aumentar a capacidade da logística", refletiu Ricardo.

Havia outro problema de fluxo, pois o ideal seria liberar as ordens de produção para a expedição continuamente – no máximo de 1 em 1 hora. O controle de qualidade já havia contratado mais pessoal para fazer as inspeções, de modo que se dedicavam totalmente à inspeção de qualidade. Ricardo não via mais os inspetores se dedicarem a ajudar no retrabalho de livros com problemas. Já era um progresso, mas ainda não estavam seguindo a ordem ditada pelo quadro de OPs da expedição. Pensando nisso, Ricardo aproximou-se do inspetor:

– Por que você está se dedicando a essa ordem de produção e não àquela que está na parte de cima do quadro?

– Ah! O Marcos sempre passa por aqui quando é um pedido desse cliente e pede para agilizar a inspeção porque é urgente! Estou me adiantando. Já sei que vai ser assim.

– Ele passou por aqui e pediu para agilizar?

– Não, mas...

– Então, peço que você siga as instruções do PCP quanto ao que fazer primeiro.

Ricardo levou o inspetor de qualidade até o quadro e explicou mais uma vez como funcionava:

– Faça, primeiro, as ordens de cima para baixo. Esse é um sistema simples de puxada.

"Como é difícil mudar os hábitos", Ricardo pensou. Sua luta com o PCP era para sincronizar os processos e fazer que a produção seguisse a sequência programada. Essa ordem de produção seria feita antes do programado e atrasaria outra ordem, atrapalhando a expedição. Como é difícil fazer as pessoas trabalharem no sistema puxado depois de estarem habituadas com o sistema empurrado.

Passou rapidamente pelo pensamento de Ricardo o motorista da lógica do trânsito acelerando seu automóvel até "encostar" no automóvel mais lento à sua frente.

"Esse caso é pior ainda, é como se um automóvel ultrapassasse o outro para ficar logo atrás do carro mais lento. Em nada ajudaria, somente criaria confusão!", disse a si mesmo. Pensou em explicar dessa forma para o inspetor da qualidade, mas teve receio de que isso ofendesse o homem.

Ricardo notou que havia livros da linha infantil sendo estocados. O estoque era um conjunto de prateleiras com corredores entre elas. Os livros eram armazenados em paletes que eram colocados nas posições porta-paletes. Cada posição porta-palete correspondia a um endereço, que ficava num edifício (estante), que por sua vez ficava numa rua (corredor). Tudo era numerado. Havia endereços ao alcance do estoquista que poderiam receber estoques com uma paleteira manual e posições altas que precisavam de uma empilhadeira para colocar os livros. Cada vez que a empilhadeira entrava na rua todos os outros operadores tinham que parar o que estavam fazendo.

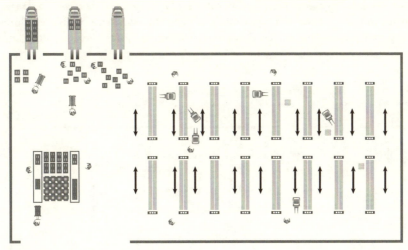

Figura 43.2 *Layout* da área de estocagem.

Afixado em cada posição porta-palete havia um código de barras para que o estoquista registrasse o código de barras da ordem e o sistema relacionasse todos os dados com aquele endereço. O separador decidia onde estocar o palete e registrava no leitor de código de barras. Isso era um problema porque nem sempre os paletes ficavam na posição ideal. Às vezes, os que seriam embarcados logo ficavam nas posições de cima. Era um desperdício de tempo, de movimento, de custo. Ricardo identificou este tipo de desperdício como perda por movimentação. Se fosse eliminada, seria menos esforço e menos tempo para estocar. E, ainda, precisaria menos empilhadeiras. "Melhor ainda", considerava Ricardo, "seria reduzir o nível de estoque à metade e deixar de utilizar a parte de cima das estantes porta-paletes". Os estoquistas e os separadores caminhavam muito para moverem os paletes para o local de destino quando, respectivamente, o local de estocagem ou o local de retirada ficava longe. Reduzir e posicionar melhor o estoque representaria menos custo, menos esforço, menos investimento e mais produtividade. Talvez nem precisasse mais utilizar empilhadeiras na área de estocagem. Ricardo imaginava:

Ao eliminar as perdas, são esses os resultados que o *lean* pode oferecer! Por que relativamente poucas pessoas se dedicam sistematicamente à prática *lean*?

A melhor solução seria designar uma área no chão para os pedidos de livros infantis que fossem produzidos num dia e embarcados no dia seguinte. Esse livros passariam diretamente pela área de expedição sem serem estocados.

Eventualmente, dado que a produção e a expedição trabalhavam continuamente e nos mesmos turnos, separadores tinham que ficar esperando pelos estoquistas, pois se encontravam no corredor, ou seja, ocorriam perdas por espera. Então, Ricardo teve uma ideia: em vez de *corredor-duas prateleiras-corredor* faria *corredor-uma prateleira-corredor* e dedicaria um corredor para os abastecedores e o seguinte para os separadores. Dessa forma, os separadores não atrapalhariam os estoquistas e vice-versa.

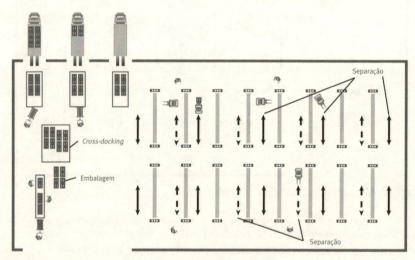

Figura 43.3 Novo *layout* da área de estocagem.

Entretanto, o estoque teria que ser reduzido a menos da metade do que era atualmente. E deveria ser reduzido a um quarto se fossem eliminadas as posições porta-paletes superiores. Simone já estava monitorando os níveis de estoque. "Essa seria nossa nova meta: reduzir os estoques de livros infantis a um quarto do que era hoje. Seria bom produzir sob pedido os livros infantis que vendiam menos, mas isso teria que ser renegociado com o cliente, que exigia que se mantivessem estoques dos livros", pensou Ricardo.

As quantidades produzidas variavam em relação às quantidades programadas. Assim, não era possível colocar os livros infantis diretamente dentro das caixas de papelão sem que sobrasse uma certa quantidade de livros. Caso isso fosse possível, os livros iriam da produção direto para as caixas de papelão em vez de para paletes e, a seguir, seriam armazenados. Haveria menos manuseio, menos avarias nos livros e já ficariam embalados para o embarque quando entrasse o pedido. Dessa forma, haveria menos perdas por causa de defeitos e, assim, menos devoluções.

Os livros feitos sob pedido iam direto para a área de embalagem, onde eram colocados dentro das caixas. As caixas de papelão eram etiquetadas com código de barras, colocadas sobre paletes e enroladas com *stretch* (filmes plásticos extensíveis).

No momento em que Ricardo passava por ali, as notas fiscais eram emitidas. O romaneio e a lista de pedidos de embarque eram impressos. Jéferson Lins, supervisor de expedição, caminhava com alguns papéis na mão por um corredor que conduzia ao estoque de bobinas.

– Bom dia, Jéferson! Aonde você está indo?

– Vou imprimir algumas notas fiscais e já volto!

– Ué, por que não são impressas aqui, junto com os romaneios?

– Já sei, Ricardo! Você vai dizer que é perda por movimentos desnecessários! É que é o setor administrativo que emite as notas fiscais. E depois, é bom dar uma caminhada!

– Não é só perda por movimentos, é perda de tempo. Seu tempo é valioso para que você busque papéis.

– Eu sei, Ricardo, isso não agrega valor. Vamos corrigir isso, vou combinar com Arnaldo para emitir aqui embaixo as notas fiscais.

– Muito bem, faça isso agora!

– Na verdade já comentei com ele, mas ele acha irrelevante. São poucos minutos.

– Se esses minutos perdidos não são relevantes, os outros minutos perdidos também não são, não é? Como está o fluxo de trabalho na expedição?

– Agora pela manhã, não há muito trabalho, mas no final do dia é um transtorno. Esperamos as ordens de produção ficarem prontas e, depois, é uma correria para prepararmos os pedidos do dia.

– Estou vendo os separadores fazendo uma fila para imprimir as ordens de *picking*. Mais perdas por espera.

– Calma, Ricardo. O sistema de código de barras não ficou pronto para emitir a ordem diretamente no coletor de código de barras. Eles têm que digitar informações do pedido. A Simone está providenciando para que, enquanto o sistema não fica pronto, as ordens de *picking* sejam enviadas diretamente para a nossa impressora.

– Alguns separadores parecem sobrecarregados e outros não!

– É mais trabalhoso retirar uma Bíblia da prateleira do que um livro infantil.

– Então é preciso nivelar o trabalho dos separadores. Você já mediu quanto tempo tipicamente um separador leva para retirar um palete de Bíblia e de livros infantis e depois voltar para a próxima separação?

– Ainda não!

– Olhe aqui – Ricardo disse dirigindo-se ao quadro da expedição. – Se adaptarmos o quadro da expedição para a separação colocando os nomes dos separadores e dividirmos em intervalos de 1 hora, por exemplo, uma separação de Bíblia será equivalente a algumas ordens de separação de livro infantil. Assim evitaremos a sobrecarga de alguns separadores e a ociosidade de outros.

	SEPARAÇÃO											
	ORDENS DE SEPARAÇÃO SEPARADOR											
HORÁRIO	A	B	C	D	E	F	G	H	I	J	K	L	M
7-8												
8-9												
9-10												
10-11												
11-12												
12-13												
13-14												
14-15												
15-16												
16-17												
17-18												
18-19												
19-20												

Figura 43.4 Quadro da separação com horários e nomes dos separadores.

– E como calcular e equilibrar as cargas de trabalho?

– Se você medir o tempo de ciclo das atividades mais típicas, vai notar que há diferenças entre elas.

MUDANÇA   171

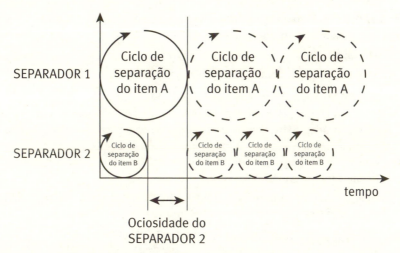

Figura 43.5 Análise dos ciclos para nivelar cargas de trabalho.

– Agora – prosseguiu Ricardo – há pelo menos duas alternativas: distribuir os trabalhos entre os separadores ou alocar mais separações para o separador 2. Feito isso, a carga de trabalho estará nivelada entre esses dois separadores.

– Entendi! Mas já estou cansado só de pensar em tudo que temos que fazer – brincou Jéferson.

Ricardo devolveu a brincadeira:

– Entendeu por que seu tempo é importante? O tempo dos operadores também é importante! Se você colocar uma pessoa a carregar pedra de um lado para outro será a desvalorização total de um homem. Por isso faça o seguinte – Ricardo disse, mais sério – pegue o mapeamento que fizemos e meça, do início ao fim do processo de expedição, o tempo que os operadores perdem quando deveriam estar movimentando algum material (livro, caixa, palete, etc.) em direção ao cliente e ficam ambos, homem e material, esperando ou fazendo movimentos que não agregam valor. Por exemplo: separador esperando por estoquista porque se encontram no corredor, estoquista esperando por separador, pedidos urgentes que vão para a prateleira e são embarcados no mesmo dia, etc. Entendido?

– Acho que sim, mas como identificar quando ambos esperam? Normalmente o material espera pelo recurso ou o recurso espera pelo material. Por que medir primeiro o tempo quando *ambos esperam*?

– Você identificará desse modo: 1) quando um operador é atrapalhado por outro quando há material para ele processar; 2) quando o próximo material a ser movimentado por um determinado operador é o terceiro da fila e há um operador movendo o primeiro material da fila. Por que medir estes pontos? Porque esse é o ponto onde os operadores influem no fluxo e ambos perdem tempo. No caso do fluxo, aumenta nosso *lead time*. No caso do operador perder tempo, nós perdemos capacidade. E por falta de capacidade estamos fazendo horas extras.

– Certo! Entendido!

Ricardo notou que um embarque estava sendo feito:

– Os paletes não estão sendo carregados no caminhão?

– Há alguns clientes que não têm empilhadeiras e, portanto, não querem receber cargas paletizadas. Estive pensando em uma solução para isso: esses clientes poderiam usar paleteira, o que seria bom. Para os clientes que utilizam empilhadeira, estamos providenciando paletes novos e uma forma de serem desenvolvidos – disse enquanto saía para buscar as notas fiscais.

Enquanto isso, um caminhão era carregado caixa por caixa. Ricardo via mais movimentos desnecessários, mais perda de tempo.

> Ver **Apêndice A-14, Indicadores de desempenho**.

O mural mostrava um conjunto novo de indicadores que obedeciam alguns critérios que, via de regra, miravam o aumento de valor ao cliente, redução de *lead time*, estoques e desperdícios (tempo e ativos, produtividade, financeiro e perdas). Faltava ainda elaborar indicadores para aprendizagem e pessoas. As horas extras haviam diminuído e depois aumentado com o aumento de vendas. A produtividade de separação (pedidos separados por homem por dia) havia aumentado, mas havia muito a fazer. Na expedição, o percentual de tempo de agregação de valor na linha de livros produzidos para estoque era somente de 14% do tempo total. Na linha de livros produzidos sob pedido era de somente 8%. Um mapeamento de fluxo de valor* havia sido feito para dois produtos. Isso significava que a equipe idealmente poderia dar conta de cinco vezes mais pedidos. Claro que não alcançariam tal produtividade, mas Ricardo estimou que era possível dobrar a produtividade e diminuir o esforço das pessoas. Enquanto isso, ainda haveria horas extras. Não seria necessário contratar mais pessoas para depois correr o risco de dispensá-las num período de vendas baixas. A ênfase, num primeiro momento, era aumentar a produtividade sem aumentar esforço e com pouco investimento.

O giro de estoques chegara a 3,31 vezes ao ano. Ainda muito baixo, mas superior aos 2,16 do início do ano.

O *lead time* da expedição – intervalo de tempo desde a chegada dos livros na expedição até o embarque para o cliente – era de 27 horas para os livros feitos sob pedido. No início do ano, era de 49 horas. Para os livros feitos para estoque, o *lead time* caiu para 14 dias, contando o tempo parado em estoque. No início do ano, era de 20 dias. Embora fosse um dos mais importantes, esse indicador era levantado por amostragem.

---

* ROTHER, M.; SHOOK, J. *Aprendendo a enxergar*: mapeando o fluxo de valor para agregar valor e eliminar o desperdício: manual de trabalho de uma ferramenta enxuta. São Paulo: Lean Institute Brasil, 2003.

Os embarques no final do mês cresciam exponencialmente. Era um caso para nivelamento de demanda. Ricardo já estava conversando com Jorge sobre as metas de vendas. No final do mês, o setor de vendas fazia qualquer negócio para atingir as metas. O reflexo nos embarques era evidente.

Enquanto Ricardo analisava o mural de indicadores, um operador de empilhadeira aproximou-se:

– Ricardo, quando o grupo da expedição se reunirá novamente?

– Na próxima quarta-feira. Como está a execução dos planos de ação?

– A minha parte está em dia! O senhor vê algum palete no corredor?

– Vejo que estão abastecendo um por vez em vez de deixá-lo no corredor e colocar depois na posição porta-palete.

– O sistema dizia que tinha espaço livre. Chegávamos ao endereço e o endereço estava ocupado.

– O que mais está em andamento no plano?

– Estamos atacando as causas de erros de separação.

O operador levou Ricardo até uma folha tamanho A3 afixada noutro mural. Ela continha o histórico do problema, a medição dos erros, uma meta e um diagrama espinha de peixe que mostrava as causas do problema.

Ricardo tomou aleatoriamente uma causa:

– Como vocês se certificaram que "livros de estoque urgentes" é uma causa real e não simplesmente uma causa provável?

– Nós rastreamos as ordens urgentes de livros feitos para estoque e verificamos o que acontecia. Notamos que as ordens urgentes não davam entrada no endereço, pois não iam para o estoque. Criamos um endereço demarcado no chão – apontou para uma área cercada com uma linha vermelha. – As ordens que vêm da produção dão entrada aí e logo dão saída. Assim não há erro de separar equivocadamente um produto no lugar de outro.

Um caminhão partia da doca. Enviar o produto certo, para o lugar certo, no tempo certo, era essa a essência da logística. O transporte levava o produto aonde o cliente desejava recebê-lo. Soava estranho que a palavra transporte fosse sinônimo de perda na produção.

Ricardo entendia que, na produção, a movimentação de um ponto a outro não agregava valor. "Movimentação" desnecessária serve tanto para a produção como para a logística. O transporte mais rápido não é capaz de proporcionar disponibilidade imediata quando o cliente assim deseja. Se os clientes estão afastados do ponto de origem, digamos, por três dias e querem entrega imediata, algum estoque é necessário. Uma parte do estoque agrega valor. O excesso de estoque é perda. Ricardo já lera nos livros de logística: valor de tempo é dado pelo estoque; valor de lugar é dado pelo transporte.

Caminhou de volta para sua sala, de onde podia enxergar as atividades da expedição. Sentou-se e tirou um papel com algumas anotações da gaveta. "Hora de desvendar o que seriam as perdas para a logística, na visão do *lean*", pensou. Sabia da responsabilidade de rever com o olhar da logística o que os mentores do Sistema Toyota de Produção e do *lean* estabeleciam como perdas. "O que me impede de fazê-lo? E se alguém já propôs algo parecido que porventura desconheço? Não seria problema para mim, simplesmente adotaria a melhor definição disponível. Pior seria construir um prédio a partir de um alicerce inconsistente", disse a si mesmo.

O papel tinha algumas anotações feitas à mão:

> Ver **Apêndice A-6, As oito perdas da logística enxuta.**

- As sete perdas para a produção são essenciais.
- Os *tradeoffs* são centrais na logística.
- Logística: trata do fluxo de materiais e do fluxo de informações que move os produtos da origem ao destino.
- O fluxo de informações é essencial na logística. As informações estão nos pedidos e nas ordens que provêm da programação, do planejamento e da previsão de demanda. Kirk Zylstra* enfatiza a diminuição dos erros de previsão de demanda que é decorrente da diminuição dos *lead times*.
- A diminuição dos *lead times* é outro objetivo importantíssimo para o *lean*.
- Priorizar os processos é *essencial*: priorizar fluxos (de materiais e produtos) em vez das operações (pessoas e máquinas) como indica Shigeo Shingo.**
- Logística abrange desde a origem até o destino, ou seja, a cadeia de suprimentos é do tamanho que se quer definir.
- Há *tradeoffs* nas perdas da produção: custo de estoques *versus* custos de pedido e o fiel da balança são os tempos de preparação. O *lean* supera os *tradeoffs* atingindo desempenho superior.
- Outro *tradeoff* fundamental é custos de perdas de vendas *versus* custos de estoque. Todo mundo sabe o que é perder uma venda. É melhor chamar de suboferta em vez de perda de vendas. *Backlogs* (pedidos atrasados) também são suboferta! Sob a ótica da logística, rotular o estoque como perda é uma visão incompleta: o próprio Ohno falava em quantidades necessárias, não falava em estoque zero! Taiichi Ohno*** autoriza, de certa forma, a enxergar parte do estoque como valor, dentro da ótica do Sistema Toyota de Produção. A logística existe para atender ao cliente através das entregas que, conforme o prazo, dependem de estoques.

---

* ZYLSTRA, K. D. *Distribuição lean*: a abordagem enxuta aplicada à distribuição, logística e cadeia de suprimentos. Porto Alegre: Bookman, 2008.

** SHINGO, S. *O sistema Toyota de produção*: do ponto de vista da engenharia de produção. 2. ed. Porto Alegre: Bookman, 1996.

*** OHNO, T. *O sistema Toyota de produção*: além da produção em larga escala. Porto Alegre: Bookman, 1997.

- Outro *tradeoff* importante é nível de serviço x custos totais.
- O termo *superprodução* não fica bem para a logística – chamar de *superoferta*. Manter na lista de perdas o termo *superoferta por antecipação*? Sim, por causa da estratégia de adiamento (*postponement*), que manda esperar até o último minuto para configurar o produto na sua forma final.
- As perdas são reforçadoras entre si.
- Se estoque pode adicionar valor, então estoques são indícios de perdas. Não são necessariamente perda.
- As perdas têm de ser coerentes com a logística (disciplinaridade) → palavra que não existente no dicionário! As perdas têm de ser essenciais (essencialidade) para a melhoria do fluxo, isto é, a eliminação das perdas aproxima a operação do fluxo contínuo, e/ou têm de favorecer a melhoria contínua (continuidade de melhorias).

Ricardo pensou que poderia chamar as perdas de P (programação, planejamento, previsão). Seriam 3 Ps, mas e o *lead time*? "Prazo. Posso chamar de prazo. Isso," pensou, "perdas P". O efeito chicote, clássico efeito da falta de integração na cadeia de suprimentos, faria parte das perdas P, uma vez que as informações de planejamento e programação eram distorcidas à medida que decisões reativas e políticas de reposição ampliam a demanda quanto mais próximo do início da cadeia.

O telefone tocou e Ricardo decidiu que terminaria a análise de perdas em casa pois ali seria impossível concentrar-se:

– Ricardo – era a voz de Jorge – Moacir quer falar com você e comigo sobre *lean*. Queremos organizar o *workshop* sobre valores e visão, também. Você pode vir até minha sala agora?

44

– Então, como iniciar os trabalhos, Moacir? – perguntou Jorge.

– Primeiro, falaremos nós dois sobre visão e valores. Depois, faremos *workshops* com os gerentes sobre mudança organizacional. Paralelamente reuniremos um grupo pequeno de gerentes (aqueles que já estejam, de saída, comprometidos com a mudança) para fazer o que chamaremos de trabalho-piloto. Sugiro nós três aqui e Miguel para discutir valores – Moacir queria ver a reação ao nome de Miguel.

Jorge não escondeu a contrariedade e desconforto:

– Miguel precisa estar presente nessa fase? Não pode ser somente nós três?

– A escolha é sua, Jorge. Qual a razão de Miguel não estar presente? Qual razão você veria, Ricardo, para Miguel não participar?

– Que fique estritamente entre nós esta conversa: Sinto que Miguel "puxa para trás" a equipe dele. Eu estou dando uma oportunidade para ele no grupo de melhorias da qualidade. Se ele não mudar, não o manterei na equipe – sentenciou Jorge.

Moacir olhou para Ricardo, que se sentiu na obrigação de dizer o que realmente se passava:

– Como já disse a você antes, Moacir, há, assumidamente, desconfiança entre nós dois. E concordo com Jorge. Mas nós conversamos e assumimos um compromisso mútuo de cada um colocar em prática uma mudança de comportamento. Se ele não participar, vai se sentir mais excluído ainda: pode até pedir demissão. Se ele participar, que problema poderia haver?

Ricardo sentiu-se bem por estar agindo assim. Conhecendo Jorge como conhecia, era possível prever o desfecho. Se Jorge continuasse com esta má vontade em relação a Miguel, já se poderia prever o que aconteceria. A decisão estava se delineando. Jorge era assim com relação a demissões de pessoas – ia se convencendo aos poucos até decidir.

Ricardo achou que estava sendo realista e justo em relação à situação de Miguel. Certamente ele, Ricardo, já teria pedido demissão se estivesse na situação de Miguel.

– Sinceramente, eu não vejo mal algum em Miguel participar, Jorge. A menos que haja uma falha nos valores fundamentais, como honestidade, ética, etc.

Ricardo queria muito saber de Jorge se foi Miguel que propôs a meta de 30% de aumento de produtividade. Porém, se ele perguntasse agora e a resposta conduzisse à conclusão que Miguel trapaceara, seria o fim para Miguel. Conteve-se e propôs:

– Como saber se alguém quebrou um valor por falha de caráter ou por insegurança ou por qualquer outro motivo? Como disse, assumi um compromisso com Miguel. E ele comigo. Tudo vai depender da mudança dele daqui para frente. Se ele não conseguir, tudo bem. Eu, se fosse ele, gostaria de ter uma nova oportunidade – mentiu, pois numa situação dessas Ricardo já teria pedido demissão. – Posso falar para Miguel o que eu disse aqui como prova de mudança de comportamento em relação a ele?

– Por mim, tudo bem – disse Jorge. – Eu mesmo falaria para ele. A melhor oportunidade que se pode dar a alguém é falar a verdade. A situação dele não está boa. Eu não me escondo atrás de desculpas como "não preciso falar, pois ele já sabe". Essas coisas têm de ser ditas, afinal afetam a vida das pessoas. Só que não chegou o momento certo. Quando falei com Miguel sobre a realocação do PCP da produção para a logística, ele abreviou rapidamente a conversa, disse que concordava e sumiu da sala. Ele não deu oportunidade de eu falar sobre sua situação.

– Também acho que Ricardo pode falar que argumentou a seu favor. Mas é delicado. Não pode colocar Jorge numa situação de "homem mau" e se colocar como "homem bom".

– Eu sei, é complicado. Não vou falar, então.

– Moacir não disse para você não falar. Ele somente alertou para que você não caia na tentação de manipular. *Eu* estou dizendo que *você deve falar* com Miguel.

– Então, eu direi para ele que a situação dele não está boa e que intercedi para ele participar da conversa sobre valores. Eu me limitarei a dizer isso. Ok?

Jorge olhou para Moacir, que disse:

– Assim parece bom! Acho que Ricardo deveria limitar-se a dizer que intercedeu a favor de Miguel para participar da discussão sobre valores e para que ele procure Jorge a fim de ter uma conversa com ele. Por sua vez, Jorge deveria contar a verdade para Miguel. Qualquer pessoa merece saber que seu futuro está em jogo.

– Ok – Jorge deixou-se convencer. – Que seja assim. Se ele vier, eu falarei com ele. Se ele não vier, eu o chamarei. E que ele participe da nossa primeira reunião sobre valores então.

– Ricardo, gostaria de ouvir sua opinião sobre como o *lean* se encaixa no modelo de transformação – disse Moacir.

– Tenho pensado um pouco sobre transformação e muito sobre *lean*. Pesquisando por aí você vai ver que há uma queixa geral sobre a taxa de insucesso do *lean*. O foco é no uso das ferramentas, mas os fundamentos não são construídos firmemente. Passa um tempo e o ímpeto inicial esmorece ou as iniciativas ficam limitadas em termos de resultados. Às vezes, as iniciativas ficam circunscritas a setores da empresa ou desaparecem. A meu ver os fundamentos são: prática, liderança, melhoria contínua e valores do *lean* consistentes com valores da empresa. Minha intuição diz que começar pelos valores é começar pelo alicerce. Começar pelas ferramentas é começar a construir a casa pelas paredes: não resistirá à ação do tempo. Achei muito interessante o que li: não basta verbalizar valores, eles têm que ser valores praticados. Qual é o nosso valor declarado? Aperfeiçoamento contínuo! Qual é a base do *lean*? Reconhecer os problemas e resolvê-los. Conforme ensinou Masaaki Imai:* "O *kaizen* começa com o reconhecimento de que a empresa tem problemas, desenvolvendo uma cultura na qual qualquer um pode admitir a existência de problemas livremente". Esse é o intuito da gestão visual: colocar os problemas à vista. Entretanto, conselhos como "não ter problemas, já é um problema" é um objetivo de comportamento, mas pouco ajuda a tomar ações práticas. Há um dilema aí: as pessoas fogem dos problemas e, ao mesmo tempo, queremos um sistema que coloque os problemas à vista. Quanto mais colocarmos os problemas importantes à mostra, mais as pessoas fugirão deles. Então, como resolver esse dilema? Algo tem que ser feito antes: preparar o ambiente para resolver continuamente problemas.

Jorge ouvia atento, pois esperava de Ricardo explicações mais técnicas. Olhou para Moacir aguardando uma confirmação ou negação do que ouviu:

---

* IMAI, M. *Kaizen*: a estratégia para o sucesso competitivo. 4. ed. São Paulo: IMAM, 1992.

– Se nós construirmos um ambiente assim, estaremos num patamar superior de desenvolvimento e de aprendizagem. Não acham?

– Primeiro, removeremos as barreiras para criar um ambiente assim? – arriscou Jorge.

– As barreiras pressupõem que estamos indo para algum lugar, que é a visão, e que algo nos impede que são as barreiras. À medida que vamos superando-as, a habilidade de eliminá-las vai aumentando, como deve ter acontecido no diálogo entre Miguel e Ricardo. Você achou fácil, Ricardo?

– Foi difícil. Naquela conversa, tudo poderia 'ir por água abaixo' rapidamente. Eu fiquei frustrado por não termos avançado mais.

– Ao refletir sobre isso, vai notar que já projetou alguma forma diferente de agir na próxima vez – explicou Moacir.

Ricardo concordou silenciosamente. Jorge ficou imaginando se ele próprio teria que conduzir tais conversas sobre assuntos espinhosos. Preferia tomar decisões difíceis a se envolver nesses diálogos, mas sua curiosidade era maior:

– O que você projetou, Ricardo?

Ricardo começou explicando o que significava escolhas informadas, informações válidas comprometimento interno e a seguir respondeu:

– Eu planejei um diálogo com base em escolhas informadas, informações válidas e comprometimento interno. Mas, pressionado como estava Miguel, ele não tinha muita escolha a fazer. Projetei que minha próxima conversa com Miguel tinha de ser rápida para ser menos desagradável e que nos próximos diálogos iria construir argumentos testáveis. Mas isso depende dos dois interlocutores para funcionar.

– Um bom aprendizado, Ricardo. Parabéns! Sugiro que nós falemos especificamente sobre os ajustes do *lean* no modelo de transformação – comemorou Moacir.

– E eu quero aprender mais sobre *lean* – disse pensativo Jorge – mas não gostaria que ficássemos presos a uma filosofia gerencial somente. Se algo melhor se apresentar, adotaremos. Reúnam-se antes para falar sobre *lean*. Silvana marcará nossa reunião sobre valores.

– Posso listar algumas leituras. Você quer? – perguntou Moacir.

– Sim. Elaborem conjuntamente.

Depois que Jorge saiu, Moacir e Ricardo ficaram discutindo sobre quais conhecimentos Jorge precisaria aprofundar. Deveria ler Masaaki Imai primeiro. Formaram um consenso sobre os dois primeiros livros de Womack. Jorge já havia lido os livros de Ohno e Teerlink. Seria importante ler Dolan para entender valor. Ricardo sugeriu outro autor sobre o qual Moacir tinha conhecimento: Chris Argyris. Havia convergência sobre o que pensavam desse autor: uma poderosa teoria-prática sobre mudança e aprendizagem organizacional. Deveria ler Deming para entender sobre variabilidade.

– Aposto que em três meses ele lê todos, Moacir!

– Sete livros, duvido! Aposto uma caixa de um bom vinho *carmenère*.

– Combinado!

Os outros autores eram mais específicos e ficariam para uma segunda lista: Goldratt (teoria das restrições), Baudin (logística enxuta) e Zylstra (distribuição enxuta). Alguns não precisariam ser lidos da primeira à última página: Vollmann para sistemas de planejamento e Ballou para logística.

Alguns dias depois, aproximava-se a conversa entre Ricardo e Miguel.

Ricardo sabia que essa conversa com Miguel tinha de ser rápida. Não poderia ser uma reunião normal. O constrangimento tinha que durar o mínimo possível. Quando se encontraram perto da máquina de café, Ricardo disparou, desviando logo o olhar para não constrangê-lo mais ainda:

– Vai aqui o fato sobre a minha mudança de comportamento. Depois quero ouvir o seu, se já tiver. Não preciso dizer que a sua situação na gráfica não está boa. Nós teremos uma primeira reunião sobre valores, e eu intercedi a seu favor para que participasse. Esse é meu comportamento, meu voto de confiança.

Miguel ficou assombrado. Não esperava por aquilo. Pensou o quanto havia desconfiado de Ricardo na conversa anterior.

"Analisando as anotações sobre os pensamentos não verbalizados, percebo que meus pressupostos sobre Ricardo estavam ancorados basicamente na desconfiança, sem respaldo em fatos. Até que ponto meu comportamento contribuiu para a minha situação atual? Desconfio de Ricardo, então não colaboro, o que faz Jorge diminuir sua confiança em mim. Terá acontecido isso ou Ricardo forjou junto a Jorge a falta de confiança em mim?", Miguel pensou.

Querendo acabar logo a conversa, Miguel disparou:

– Obrigado. Aqui vai o meu comportamento: quero ajuda no grupo da qualidade, mas a maneira como estão distribuídas as não conformidades tornam a melhoria da qualidade um problema de difícil solução.

Miguel fez uma pausa e completou:

– Pelo meu estilo de trabalho, é difícil eu pedir ajuda, o que atrapalha o trabalho em equipe – disse com grande esforço, sentindo-se oprimido pela situação.

Ricardo estava inclinado a dizer que Jorge inicialmente não queria que Miguel participasse da discussão sobre valores e que este fosse falar com Jorge. Porém, seria muito cruel dizer isso ao homem à sua frente, que parecia diminuído. Havia outra forma de dizer que produziria o mesmo resultado:

– Obrigado. Sugiro que você fale com Jorge e diga sobre nosso progresso. Jorge verbalizou que quer ouvir de cada um de nós qual comportamento mudou.

O pensamento e a expressão de raiva de Miguel foram involuntários:

"Sacana! Expõe-me aberta e diretamente ao Jorge! Como vou confiar num cara desses? Chega dessa conversa!"

– Falarei com Jorge. Agora tenho uma reunião, já estou atrasado.

Miguel saiu tão rapidamente que o café que ele servira ficou ali na mesa, intocado.

Ricardo percebera que, mais uma vez, o progresso fora pouco, mas importante, dadas as dificuldades de cada um para conversar sobre um assunto tão delicado. Ricardo achou que o pedido de ajuda de Miguel foi pequeno em relação ao que ele fizera por Miguel.

Miguel, por sua vez, achou aquela conversa insustentável e imaginava que Ricardo reconheceria o quão difícil era, para ele, pedir ajuda.

Alguns dias após a conversa com Miguel, Ricardo chegara a uma formulação sobre as perdas da logística enxuta. Moacir ouviu atentamente a explicação sobre as oito perdas:

> Ver **Apêndice A-6, As 8 perdas da logística enxuta.**

1. Superoferta por quantidade;
2. Superoferta por antecipação;
3. Suboferta ou perda de vendas;
4. Esperas;
5. Perdas por defeitos;
6. Perdas por movimentação;
7. Perdas por processamento;
8. Perdas P (previsão, planejamento, programação, prazo).

– Interessante! Eu não havia pensado que essas características das perdas (sintéticas, essencialidade, continuidade e disciplinaridade) poderiam servir de critério para a elaboração das perdas no *lean*! Mas como você implementaria a prática do *lean* não só na logística, mas em toda empresa?

– Nossa experiência com o grupo de melhorias – disse Ricardo – mostrou que nosso primeiro passo foi melhorar o fluxo, mesmo antes de abrir uma frente ampla de ataque às perdas. Os resultados obtidos motivaram o grupo e, acredito, o Sr. Jorge também.

– No modelo de transformação – esclareceu Moacir – coloco os resultados de curto prazo como instrumento para alimentar as mudanças subsequentes e as mudanças de longo prazo.

Ricardo explicou para Moacir o que, na lógica do trânsito, significava estabilidade, nivelamento e puxada. Ele previra uma sequência natural de implantação da prática *lean*.

– Depois viria a estabilidade. Não há fluxo sem estabilidade. Por isso, estabilidade pode ser o primeiro passo, se for um impeditivo para melhorar o fluxo.

– Entendo.

– Depois, o nivelamento (da demanda e da carga de trabalho), para baixar os estoques e habilitar o fluxo com pouco estoque. E, finalmente, a puxada, porque sem estabilidade não há fluxo e sem nivelamento (estoques altos) não há justificativa para puxar. Então a sequência operacional de implementação da logística enxuta seria:

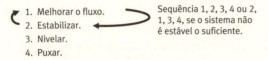

1. Melhorar o fluxo.
2. Estabilizar.
3. Nivelar.
4. Puxar.

Sequência 1, 2, 3, 4 ou 2, 1, 3, 4, se o sistema não é estável o suficiente.

– Eu conheço casos em que tentaram implementar o *kanban* e não funcionou. Essa sequência, a princípio, faz sentido. A própria Toyota teve insucesso quando tentou utilizar o *kanban* pela primeira vez. Eu preciso pensar melhor sobre essa sequência para poder contribuir contigo. Enquanto isso você poderia desenhar uma solução para a logística e me apresentar de acordo com a lógica dessa sequência?

Ver **Apêndice A-7, Sequência operacional de implementação da logística enxuta.**

– Naturalmente, só preciso de um tempo para finalizar o desenho da solução e preparar uma apresentação. Eu já juntei algumas peças do quebra-cabeças.

45

– Essa é a análise que eu faço sobre os valores praticados, Jorge. Não há avaliação negativa na questão ética. Observe a variedade de respostas e a conclusão é direta: os valores da empresa não são conhecidos ou compartilhados por aqueles que participaram da prática sobre valores.*

Jorge lia trechos do relatório inventário preliminar de valores:

• "A ética parece ser um valor praticado em todas as áreas da empresa. Uma resposta sobre os valores escritos continha um termo (responsabilidade com gastos e custos) que não estava na declaração de valores da empresa, o que indica que os valores escritos não são profundamente conhecidos pelas pessoas! O respondente número 4 deu respostas incoerentes com o conceito de melhoria contínua. Ele escreveu que a empresa pratica o "aprimoramento contínuo" e que "focar também o longo prazo" é um valor que faltaria para a excelência. Melhoria contínua é uma atividade

---

* As respostas da prática sobre valores estão tabuladas na página 125.

de longo prazo. O conhecimento sobre melhoria contínua precisa ser entendido na profundidade necessária ou alguns ainda pensarão que a empresa pratica o aperfeiçoamento contínuo. Sua resposta entra em conflito com os demais respondentes que escreveram que a melhoria contínua era um valor não praticado.

• Valorizar tanto o resultado quanto o esforço, como escreveu o respondente número 5, mostra que existe algum conhecimento sobre *kaizen* entre os gerentes. O equilíbrio entre valor e resultado deveria ser a diretriz da melhoria contínua para as decisões sobre as pessoas.

• As afirmações do respondente número 4 deveriam ser investigadas, pois foi o que mais se aproximou de uma síntese dos elementos centrais para a transformação e para o *lean*: "liderança, foco na eficiência operacional, consciência e responsabilidade sobre os problemas, visão de longo prazo e manter a competência da equipe, melhoria contínua (*kaizen*) e responsabilidade social".

• A declaração de valores deve ser clara e, preferencialmente, sucinta.

• As hipóteses acima, acerca dos valores praticados, devem ser investigadas através de um inventário de valores praticados, valores não praticados e valores necessários para a excelência. Uma nova declaração de valores pode se tornar necessária."

Jorge sentiu-se um pouco incomodado. Ele era o respondente número 4! Moacir tinha razão: era preciso nivelar o conhecimento sobre melhoria contínua:

– Para mim, Moacir, é uma grande surpresa essa lacuna entre valores praticados e escritos. Simplesmente nós pressupomos que os valores eram seguidos e nunca paramos para repensá-los. Eles estão escritos assim desde o primeiro planejamento estratégico que fizemos.

– A declaração de valores é sucinta. Isso é positivo.

– Precisamos revisá-la – convenceu-se, Jorge.

Estabeleceu-se uma discussão entre os dois: os valores do *lean* deveriam fazer parte da declaração de valores? Jorge lembrou que Ricardo havia externado sua opinião anteriormente: os fundamentos do *lean* (prática, liderança, melhoria contínua e valores do *lean*) deveriam ser consistentes com os valores da empresa. Esse seria o alicerce do sistema.

– Os valores devem fazer parte da declaração, Jorge.

– Nem todos. Respeito, prática, exigência, sim. Simplicidade e responsabilidade pelos resultados eu colocaria como diretrizes.

– Como você diferencia diretriz e valor? Qual é obrigatório e qual é opcional?

Jorge Schmidt pensou por um instante:

– Valores não se negociam, são obrigatórios. Uma diretriz é mais 'frouxa', talvez seja opcional.

– E sobre a consciência sobre os erros, problemas e deficiências, que é o primeiro estágio para o aperfeiçoamento? Deveria estar nos valores declarados?

– Creio que sim, mas consciência é uma palavra estranha para ser escrita na declaração de valores. Não acha?

Moacir disparou algumas tentativas:

– Problemas à vista. Problemas são oportunidades. O erro é aceito no esforço de melhoria – pensou um pouco. – Não gostei dessas frases.

– As oportunidades de melhorias são valorizadas através do compartilhamento da responsabilidade e da colocação dos problemas à vista! – Jorge tentou compor a frase.

Finalmente, ambos concordaram sobre os valores, mas a visão não estava clara: ser líder nos segmentos em que atuamos. Quais segmentos? A visão expressa o futuro desejado?

– A missão* tem que responder as seguintes questões: para aonde estamos indo? Como atingimos a nossa visão ideal de futuro? disse Moacir

– As tendências estão aí bem na nossa frente: o comércio eletrônico é crescente; há uma concentração de editoras, cada vez maiores e mais poderosas, as gráficas serão cada vez mais pressionadas em termos de preço e qualidade. Não devemos ficar restritos a livros infantis, por exemplo. Talvez nem estejamos fabricando livros no futuro. O que acontecerá com as gráficas de livro independentes? O que queremos realmente é sermos preferidos na escolha dos clientes para publicações e distribuição de conteúdo.

– Entendo Jorge, mas qual é a missão? Por que razão esta empresa existe?

– Para entregar continuamente mais valor aos *stakeholders* do que o esforço e o custo para obter os benefícios. Isso inclui clientes, colaboradores, fornecedores, acionistas e comunidade. A equação valor é maior que o preço, que por sua vez é maior que o custo (valor > preço > custo), tem que ser satisfatória para a empresa e para os clientes a fim de ser sustentável. Também, os *stakeholders* devem ser satisfeitos em termos de benefício em relação ao esforço e valor em relação ao custo.

Chegaram a um consenso. Essa declaração de valores seria utilizada inicialmente nas discussões sobre visão e valores com os gerentes:

---

* A discussão sobre visão e missão baseia-se em TEERLINK, R.; OZLEY, L. *More than a motorcycle*: the leadership journey at Harley-Davidson. Boston: Harvard Business School, 2000. p. 30-35, 47, 50 e 88.

> **Missão**
> Entregar continuamente valor ao cliente em termos de qualidade, custo e prazos. Elevar continuamente a satisfação de clientes, colaboradores, fornecedores, acionistas e comunidade em relação ao esforço e custo para obtê-la.
>
> **Visão**
> Ser a primeira opção de escolha dos clientes para publicações e distribuição de conteúdo pelo reconhecimento de nossa eficiência operacional, vigor financeiro e inovação.
>
> **Valores**
> Manter relacionamento ético com clientes, colaboradores, fornecedores e acionistas.
> Ter o aperfeiçoamento contínuo como nossa motivação.
> Estimular as pessoas a assumir a liderança no trabalho em equipe e a aumentar crescentemente suas habilidades e competências.
> Valorizar as oportunidades de melhorias através do compartilhamento da responsabilidade, dos méritos e da colocação dos problemas à vista!
> Ter a primeira iniciativa de aperfeiçoamento baseada na simplicidade.
> Ter responsabilidade sobre os resultados e processos.
> Primar respeito por todas as pessoas.
> Obter a excelência através da prática.
> Incentivar exigência consigo e com a empresa para obter melhorias contínuas.
> Perseguir a sustentabilidade financeira, social e ambiental no longo prazo.

Jorge e Moacir também escreveram um documento que explicava o significado dos termos utilizados nessa nova declaração de valores para facilitar a discussão e o consenso.

46

Caderno de aplicação prática: P-1 e P-2.

Os três grupos de melhorias haviam intensificado os trabalhos. Foi incluído na pauta das reuniões o *workshop* sobre *lean*. Dois exercícios práticos foram realizados. A prática sobre identificação de perdas, por ser mais intuitiva, resultou em ações imediatas. As perdas relacionadas com informações não foram totalmente compreendidas por serem mais difíceis de serem entendidas e identificadas. No *workshop* sobre os valores do *lean*, os grupos tendiam a adicionar mais valores à lista. De forma geral, a dinâmica de trabalho fazia que os participantes dos grupos assumissem e compartilhassem mais responsabilidade sobre os resultados dos processos. Porém, Moacir considerava que "colocar os problemas à vista" seria um grande e permanente desafio.

O grupo de melhorias da produção era o que estava mais adiantado. Clélio conduzia o grupo com a ajuda de Ricardo. A contribuição do grupo para o incremento no resultado da empresa foi expressiva:

	Julho	Agosto
Faturamento/mês	R$ 1.443.403,39	R$ 1.514.059,50
Margem%	3,4%	6,1%
Margem bruta	R$ 49.470,08	R$ 92.547,91

Entretanto, a evolução não foi sempre positiva. As contratações para o controle de qualidade e as horas extras na expedição limitaram o resultado de julho. Segundo Arnaldo, a empresa teve problemas de caixa em abril. Captou dinheiro no banco para reforçar capital de giro, mas nos meses seguintes o dinheiro em caixa aumentou continuamente.

O grupo de melhorias da logística estava em fase de eliminação de pequenos desperdícios. Precisava aumentar a capacidade de processamento e diminuir horas extras.

Jéferson mostrou ao grupo os tempos de ciclo de separação de livros infantis e Bíblias:

– Fiz algumas medições e cálculos com o auxílio de Ricardo. De um total de 12 minutos, perdemos em média 5 minutos na separação. Isso significa 41,7% de perda de tempo. Estimo que podemos recuperar 15% do tempo perdido, o que é equivalente ao trabalho de cinco pessoas. Dessa forma, podemos diminuir horas extras. O aumento de produtividade da expedição no curto prazo será de 17,6%. No médio prazo, quando a maioria das cargas já estiver paletizada, estimamos em 40% o aumento de produtividade.

O grupo de melhorias da qualidade enfrentava problemas mais complicados e que demorariam mais para serem solucionados. Ricardo sugeriu que deixassem de mudar a cada semana ora uma não conformidade, ora outra não conformidade. Deveriam envolver pessoas de outras áreas, também. O grupo adotou – a exemplo dos outros grupos – o método PDCA para solução de problemas. Como as não conformidades eram aleatórias, os problemas de qualidade foram hierarquizados e suas causas seriam investigadas até que se achasse a solução e o processo fosse padronizado.

Foi o que ocorreu no caso de uma perda que havia na plastificação das capas dos livros. As perdas chegavam a 15% em determinados períodos. Inicialmente era aplicada uma plastificação fosca na capa. Depois era aplicado o verniz, que secava com radiação UV. Em algumas capas, o verniz não aderia bem, noutras o verniz "queimava". No início, foi investigada a qualidade da plastificação fosca (substrato) e do verniz. Foram realizados testes com outros fornecedores para melhorar a plastificação, mas: não houve sucesso! A qualidade do verniz também foi investigada: nenhum progresso! Um vendedor que fazia parte do grupo achou uma forma barata de medir a intensidade da radiação (fitas fotossensíveis)! Descobriu-se que a intensidade da radiação era pequena e a intensidade de calor muito grande. Se o operador diminuísse a potência da lâmpada, o verniz não aderia. Se o operador aumentasse a potência, o verniz "queimava". O supervisor de manutenção localizou um texto técnico que explicava o processo de polimerização do verniz: o refletor da lâmpada era responsável por 70% da intensidade dos raios ultravioletas. O operador identificou que a lâmpada atraía muito pó, devido à eletricidade estática gerada pelo campo magnético da lâmpada. Um pequeno teste para aumentar a frequência de limpeza do refletor revelou a causa do problema. O modo e a frequência de limpeza do refletor foram padronizados. Quando o verniz não secava, a reação das pessoas envolvidas era trocar a lâmpada ou aumentar a potência: ambas geravam gastos desnecessários. Com a padronização da limpeza da lâmpada, a perda caiu a praticamente zero.

Marcos relatou aos colegas:

– O problema foi fácil de resolver. O difícil foi descobrir a causa!

O esforço para achar a causa das perdas foi recompensado pelo resultado obtido. Resolver um problema crônico foi um aprendizado para os participantes. A utilização de um método para descobrir as causas criou condições favoráveis para atacar as próximas não conformidades.

Marcos questionou durante o fechamento do trabalho:

– Por que o problema com o verniz ficou tanto tempo sem solução?

– Era só terem falado comigo antes – brincou o operador sem perceber a importância do que dissera.

"O que foi feito de diferente aqui?" refletiu Ricardo. "O grupo de melhorias da qualidade foi observar o problema onde ele ocorre! Observaram a máquina de verniz. Ouviram o operador. Falaram com fornecedores. Investigaram a causa do problema. Buscaram ajuda de pessoas de outras áreas da empresa. Essa é a diferença que faz *ver no local de trabalho*: *Gemba* ou *Genchi Genbutsu*" disse a si mesmo.

Esse é o tipo de perda mais visível: perda por defeito! Se as perdas de capas estiveram sempre ali, por que não foram atacadas antes? Por que o conhecimento das pessoas foi desperdiçado? Estava ali, disponível, com o operador, com o supervisor de manutenção, com o vendedor, etc. Poderia se chamar isso de desperdício de inteligência? Ricardo acreditava que sim, mas é muito mais do que um desperdício. É um valor não praticado! Deixar as pessoas utilizarem sua competência para resolver os problemas da empresa é uma forma de respeito – valor fundamental em qualquer empresa.

É desrespeito dizer: "Deixe isso porque não é da sua área". A organização funcional, em que cada um faz somente sua função, induz a não enxergar o processo, a não dar vazão à competência das pessoas. *Desrespeito* e *desperdício de inteligência* são diferentes, porque eliminar desperdícios é eletivo, afinal há centenas deles para serem atacados. Mas é preciso praticar sempre o valor respeito. Praticar um valor é obrigatório.

Ricardo convenceu-se que essa sutil diferença entre valor e desperdício explica por que uma empresa que ele conhece perdeu muitos bons gerentes. Embora essa empresa declarasse seu oitavo tipo de perda como desperdício de inteligência, não dava autonomia aos gerentes e colocava pessoas sem o preparo para a função quando os gerentes iam embora. A empresa perdia competência, embora declarasse perda de inteligência como algo a ser evitado.

"Em breve, os processos estarão mais estáveis", pensou Ricardo. Miguel e Marcos possuem raciocínio lógico para prosseguirem utilizando o método científico para solução de problemas. Se continuarem a resolver a lista de não conformidades, um novo avanço em termos de nivelamento e puxada será possível. Menos estoques. *Lead times* menores.

47

No dia seguinte, na sala de reuniões estavam todos os gerentes e Jorge ouvindo a fala de Moacir:

– Eu pedi para Ricardo desenvolver um desenho de solução para a logística e apresentá-lo de acordo com a lógica da sequência *fluxo-estabilizar-nivelar-puxar*. Conversamos, fizemos alguns ajustes e o resultado será apresentado a seguir. Ricardo, a palavra é sua.

– Discutimos profundamente o desenho para a logística. Foi um exercício muito produtivo, que gostaríamos de compartilhar. A logística passou a ser o gargalo da operação. Temos atrasos de entrega. Estamos trabalhando para aumentar a capacidade sem contratar mais pessoas. As perspectivas no curto prazo são animadoras: aumentaremos a capacidade em aproximadamente 17% através da eliminação de algumas perdas.

Os participantes se entreolharam. Estavam céticos, pois não estavam familiarizados com os resultados do *lean* em ambientes onde ainda não tinham sido feitas melhorias. Jorge estava curioso:

– Eu li que a agregação de valor é baixa no início do trabalho. Os resultados de redução de estoques chegam a um quarto, os *lead times* são reduzidos à metade, segundo alguns livros. Mas não me lembro de ter visto algo sobre o aumento de produtividade! Como pode ser isso?

– As perdas de tempo que eliminaremos no curto prazo são de 15%. Digamos que produtividade seja hoje de 100 *pickings* por hora. Estamos fazendo 85 separações quando poderíamos estar fazendo 100. Ou seja, o aumento de produtividade será de 100/85, isto é 17,6% – explicou Ricardo.

– Não era isso exatamente que eu queria saber. Por que o aumento de produtividade parecer ser pouco abordado no *lean*? – explicou Jorge.

– Talvez porque seja enfatizada a eliminação de perdas e porque o aumento de capacidade seja uma consequência disso. Aumento de capacidade pode ser traduzido em maior produtividade.

Jorge pareceu compreender. Ricardo prosseguiu.

– No médio prazo, podemos ampliar utilização de paletes na entrega dos pedidos, e a produtividade aumentará mais ainda. Os maiores ganhos estão no longo prazo, mas dependerá de alterações no *layout*, no contrato com clientes e no compartilhamento das informações de demanda.

– Como estamos fazendo hoje para produzir livros e comprar materiais?

– Recebemos o pedido da editora, programamos a produção, buscamos a bobina de papel no almoxarifado, produzimos e entregamos. Isso significa que devemos prever o consumo de papel e manter altos estoques de papel, pois o pedido tem um prazo de aproximadamente 21 dias para entregar no local do cliente. Então, temos de prever o tipo e a quantidade de papel que consumiremos daqui a 90 dias (papel importado) para que o papel esteja disponível quando a produção iniciar. Se nós observarmos, temos de 270 a 330 dias disponíveis desde que se defina com antecedência o tipo de papel e a quantidade de livros que será vendida.

MUDANÇA 189

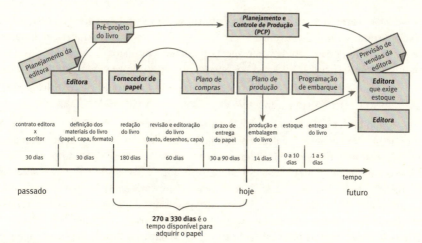

Figura 47.1 Processamento e entrega do pedido da editora.

– Mas as editoras não disponibilizam essa informação – objetou Cláudia Lira, gerente comercial.

– Sugiro discutirmos as impossibilidades e alternativas depois – interrompeu Moacir. – Queria evitar que as objeções atrapalhassem o desenvolvimento do desenho logístico. São os "não dá, não é possível" que "matam" as boas ideias, antes mesmo de serem formuladas.

Jorge ouvia atento a explanação de Ricardo:

– Quando o autor propõe escrever o livro, algumas editoras definem formato, número de páginas e tipo de papel para o miolo do livro. Se o autor chegar com o livro já escrito, há 60 dias para adquirir o papel. Se for um papel adquirido no mercado nacional, não precisa de estoques. De toda forma, os estoques serão menores se forem capturadas as informações com a editora. No mínimo, a previsão de compra será melhor e, por conta disso, o estoque será menor. O que a editora ganharia ao informar quantidades e materiais utilizados na fase de pré-projeto? Por compartilhar essas informações de demanda, nada. Mas as consequências da integração editora-gráfica não se resumem a isso. Essas informações vão ser utilizadas num sistema mais amplo e permitirão reduzir o *lead time*. Veja que já consideramos um *lead time* de produção e embalagem de 14 dias, portanto menor do que é hoje. Essa iniciativa de integração é parte de um projeto maior, que é o sistema de gestão da gráfica. O centro desse sistema é o aumento de valor ao cliente e a redução das perdas, portanto esperamos que a qualidade entregue seja melhor. Se a integração for mais profunda, podemos ajudar a editora a reduzir seus desperdícios, custos e *lead times*. Isso é o que a editora pode ganhar. Para a editora que exige que mantenhamos estoque, a estratégia é outra. Por que a editora exige estoque do livro?

– Para ter disponibilidade imediata do livro – respondeu Cláudia.

– Então o tamanho do estoque não importa se garantirmos a entrega, não é? Claro, eu sei que deve ser difícil convencer o cliente disso. Mas lembremos que o *lead time* será menor. Portanto, nossa rapidez de resposta também será maior. A demanda dos livros infantis é estável, Cláudia? – Ricardo perguntou, olhando para a gerente comercial.

– Sim, a maioria deles não varia, exceto por períodos conhecidos como Natal, dia das crianças e início do período letivo das escolas.

– Então podemos puxar a produção a partir do estoque de livros, isto é, quando for entregue uma quantidade de livros infantis A, produzirmos a mesma quantidade de livros A. Mas só iremos produzir depois da entrega ao cliente. Isso diminuirá radicalmente o estoque de produto acabado, digo, o estoque de livros. O PCP (planejamento e controle da produção e dos materiais) recebe essas informações (planejamento da editora, consumo de livros de estoque, previsão de vendas da editora que exige estoque) e vai projetando os embarques de forma a ter o menor custo possível. Já estamos conversando com as transportadoras para saber de trajetos e veículos a fim de negociar melhores preços e reduzir custos também para o transportador. Os pedidos são alocados aos embarques conforme região e cliente e data de entrega, preferencialmente embarques de carga-cheia. São sequenciados para melhor equilíbrio entre prazo de entrega e custo de transporte. Também é desejável que tenhamos flexibilidade de fabricar e entregar alguns dias antes os pedidos das editoras, pois isso dá mais flexibilidade ao PCP.

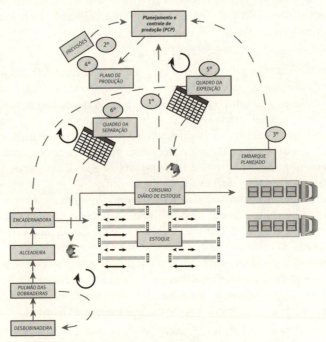

Figura 47.2 O PCP e o fluxo de separações e embarques.

Ricardo fez uma pausa para tomar um pouco de água e continuou:

– As ordens de produção são forçosamente sequenciadas na encadernadora, pois ali só passa um livro por vez. O trabalho do PCP fica menos complexo porque não precisa determinar a sequência de ordens a ser processada em cada recurso. Os operadores seguem a sequência das ordens colocadas no quadro de expedição para os embarques e a sequência das ordens de produção para estoque estabelecida pelo PCP. Observem que a puxada ↺ é feita a partir do embarque planejado (quadro da expedição). Depois, a partir do quadro da separação. E, a seguir, a partir do consumo diário dos estoques de livro que é analisado pelo PCP. E, finalmente, do pulmão das dobradeiras para a desbobinadeira. Ainda não podemos dizer que esse sistema é um *kanban* de puxada. Para chegarmos lá precisamos melhorar a estabilidade e o nivelamento do sistema. Enquanto as perdas continuarem variando o fluxo da produção não implantaremos um *kanban* de puxada perfeito.

Miguel, sentindo-se responsabilizado pelo que considerava não ser um problema totalmente de sua responsabilidade, interrompeu:

– Já fizemos muitos progressos na qualidade.

Jorge reagiu imediatamente:

– Vamos deixar que Ricardo complete a explicação, Miguel.

– Do mesmo modo, enquanto houver desnivelamento entre os separadores, um *kanban* perfeito não funcionaria na expedição. Se a demanda flutuar muito, também não haverá *kanban* na expedição. Estou dizendo que, no caso do *kanban*, com estoques baixíssimos no sistema, não podemos subverter a sequência *fluxo-estabilizar-nivelar--puxar* (com o *kanban*). Na verdade, tal como na produção, nós começamos a melhorar a operação logística usando esta sequência. Na produção, primeiro estabelecemos um sistema de fluxo comandado pelas dobradeiras. Estamos melhorando a estabilidade com o trabalho do grupo da qualidade. Falta nivelar e estabelecer a puxada. Na logística, primeiro tratamos de colocar o quadro da expedição e o quadro da separação para melhorar o fluxo. Através do quadro da separação e da harmonização dos tempos de ciclo estamos nivelando a carga de trabalho dos separadores. Criamos uma área que imita *cross-docking*. Falta estabilizar, diminuindo os erros de separação e embarque. Falta nivelar a demanda, diminuindo os picos de trabalho à tarde e nos finais de mês.

– Mas é assim que funciona o mercado, no final do mês as vendas são maiores – defendeu-se Cláudia encarando Ricardo e Jorge, que devolveu um olhar severo. – Desculpe a interrupção, depois farei minhas perguntas e comentários.

– Ao buscarmos informação sobre o papel utilizado* – continuou Ricardo – tão logo o pré-projeto do livro esteja definido, estamos pensando em melhorar o fluxo. O estoque de bobinas de papel será menor e, consequentemente, o giro de estoques será maior. Se fosse possível estabelecer o fluxo ideal, as bobinas seriam descar-

---

* A Figura 47.1 da página 189 descreve o processo de projeto, planejamento e programação de um livro.

regadas do caminhão para a desbobinadeira. Como isso não é possível, estamos diminuindo a necessidade de fazer previsão e aproximando o momento de compra ao momento de utilização do papel.

Chegando ao final de sua explicação Ricardo completou:

– Ao tentarmos mudar os contratos com os clientes, diminuindo a exigência de mantermos estoques, também estamos pensando em melhorar o fluxo. A mudança do *layout* da expedição* dependerá da diminuição de estoques. Diminuiremos a quantidade de estantes porta-paletes, eliminando as posições altas, de difícil acesso aos separadores e estoquistas.

Por fim, Ricardo concluiu:

– Colegas, esse é o redesenho da logística. Claro que há muito mais a fazer. É só o início. Feito isso, iniciaremos um novo ciclo *fluxo-estabilizar-nivelar-puxar*.

– Bem, agora podemos fazer as perguntas e comentários – falou Jorge.

Arnaldo foi o primeiro:

– Ricardo, essa sequência pode ser aplicada nos processos administrativos?

– Sim. Pense no fluxo de trabalho dos processos administrativos. Quando o analista faz a análise de crédito de um cliente, ele normalmente faz em lotes. Por que não faz uma a uma e libera uma a uma para o PCP? Ok, sei que há algumas dificuldades técnicas, mas ao se aproximar do fluxo unitário estará melhorando o fluxo. Os processos administrativos têm perdas. Reduzindo as perdas, melhora o fluxo de atividades. O Jéferson deve ter falado contigo sobre as perdas de tempo na emissão das notas fiscais, não é?

– Falou sim. Decidimos que serão impressas diretamente na impressora da expedição.

– Há variabilidade nos processos administrativos: estabilize-os. Há sobrecargas entre os funcionários. Há sobrecarga no final do mês, nivele-as. Uma venda, por exemplo, dispara o processo de cobrança. Puxe, se os processos envolvidos estiverem nivelados e estabilizados.

As dúvidas técnicas eram tipicamente sobre a forma de implantar cada uma das alterações na logística: como é possível reduzir os estoques a um quarto e os *lead times* à metade? Como eliminar os picos de vendas no final do mês? Há processos que não influem na produtividade global, então onde devemos focar o aumento de produtividade? Por que alguns clientes não usam paletes?

Houve outras dúvidas e argumentações que eram manifestações tácitas de impossibilidade: como convencer os clientes a renegociar contratos? Como as pessoas vão aceitar a redução de horas extras, se isso diminui o salário? Como convencer as

---

* A Figura 43.3 da página 168 mostra o *layout* que foi repensado para a Expedição.

editoras a disponibilizarem a informação sobre o pré-projeto do livro? Como garantir que as editoras não mudarão o pré-projeto?

Quando percebeu que não haveria tempo suficiente para debater todas as questões, Jorge fez o fechamento da reunião:

– O redesenho da logística está coerente, mas devemos discuti-lo mais profundamente. Pelo que discutimos agora, há muitas coisas no redesenho que parecem ser difíceis. Vamos agendar uma reunião extra para contornarmos as dificuldades.

48

Alguns dias depois, houve uma reunião gerencial anual na gráfica. O ambiente era naturalmente tenso. Havia sempre o desconforto de ter de explicar por que não foram atingidas as metas para quem não gosta de explicações: Jorge, que apontava para a tabela projetada na tela.

– O que tínhamos projetado para este ano? Uma meta de vendas de $ 18 milhões e uma margem de 12% sobre as vendas. O que alcançamos?

	Dezembro	Acumulado
Faturamento/mês	R$ 1.756.309,02	R$ 16.914.921,32
Margem%	13,7%	8,4%
Margem bruta	R$ 240.243,33	R$ 1.423.805,57

Jorge projetou a tabela acima com dados recentes e comentou:

– Não atingimos a margem, nem o faturamento projetado. Por quê?

"Lá vem pressão", pensou Cláudia, que não resistiu ao silêncio intencional de Jorge:

– Porque tivemos problemas de qualidade e perdemos alguns clientes.

– Correto – concordou Jorge, para a surpresa de Cláudia. – Mas não é só isso, começamos muito mal o ano. Se olharmos a evolução das vendas e da margem, tivemos um grande progresso.

Todos que estavam na sala de reuniões ficaram aliviados. Miguel especialmente sentiu-se confortável e disse:

– Fizemos um bom trabalho na qualidade. *Consegui*, por exemplo, que reduzíssemos as não conformidades de 6% para 3%. Contratamos inspetores e melhoramos a inspeção final. O retrabalho caiu de 3% para 2%. As perdas de capas durante a aplicação de verniz caíram para zero. Certamente, essa melhora na qualidade refletiu positivamente nas vendas.

Miguel falou como se fosse mérito única e exclusivamente dele. Nenhuma menção foi feita aos colegas que colaboraram. Ricardo olhou para Miguel com estranheza. Não parecia o Miguel dos últimos meses, abatido, prostrado. Recuperara a autoconfiança e a soberba também. Jorge, notando o viés personalista de Miguel, ignorou seus comentários e continuou sua análise:

– Embora não tenhamos atingido a meta de vendas, em dezembro o faturamento foi de $ 1.756.309,02, que multiplicado por 12 dá $ 21.075.708,24. Da mesma forma, a margem em dezembro foi superior à meta de 12%. Nosso retorno sobre ativos (RSA) saltou de 5,5% para 18,4% em um ano. Isso tudo mostra que poderíamos ter atingido esta meta se tivéssemos iniciado as mudanças no sistema gerencial um ano antes. De acordo?

As respostas foram animadas. Por um instante os gerentes conversavam entre si.

– Contudo, precisamos acelerar as mudanças. Nosso planejamento estratégico não tem validade. Precisamos replanejar. Nossa visão foi discutida e alterada. Passamos por um processo de discussão de valores que nos custou algumas perdas de pessoas, que não se adaptaram à mudança. Não conseguiram mudar seus comportamentos – Jorge olhou instintiva e disfarçadamente para Miguel. – Outras pessoas revelaram competências que desconhecíamos.

Jorge fez uma breve pausa e continuou:

– O que a empresa espera de cada um dos gerentes? Que sejam realmente líderes e que fomentem outras lideranças na empresa.

Jorge passou, então, a citar o que se espera de cada gerência:

– A gerência de recursos humanos deve aperfeiçoar a avaliação de desempenho, pois algumas avaliações individuais ainda contêm metas de comportamentos que não estão bem definidas. Deve contratar com base nos valores. Deve intensificar a comunicação sobre a transformação *lean*. Deve estabelecer um sistema de sugestões de melhorias eficaz, baseado na eliminação dos oito tipo de perdas. A gerência comercial precisa implementar o que planejamos: eliminar formas artificiais de metas de vendas que aumentam o pico no final de mês, criar incentivos para os clientes compartilharem informações de demanda, aumentar as vendas com margem superior a 20%. Da gerência industrial queremos melhoria da qualidade além do que conseguimos neste ano. Ainda há muitos problemas. O sistema de fluxo tem que ser aperfeiçoado. Nosso objetivo é estabelecer a puxada na produção. A gerência financeira precisa desenvolver uma nova forma de avaliar nosso progresso, principalmente quando reduzimos estoques. Precisamos fazer uma revisão mais profunda nos indicadores financeiros. Sabemos que melhoramos, mas o cálculo do RSA precisa ser melhorado, não está preciso. Quanto a investimentos, vimos que conseguimos fazer mais com menos, neste ano. Tomem como exemplo a Qualidade: quase compramos um *software* de CEP que era desnecessário naquele momento. Precisamos criar critérios de dimensionamento correto de recursos (*right-sizing*) antes de comprar alguma tecnologia desnecessária. Ricardo e Moacir podem ajudar a área financeira a criar critérios para escolha de tecnologias e para seleção de investimentos. Da gerência de logística esperamos que implemente o redesenho e continue a melhorar os índices de produtividade. Especialmente de Ricardo, quero que colabore com outras áreas e com Moacir para melhorar o sistema gerencial.

Já finalizando, Jorge acrescentou:

– Enfim, quero parabenizar a todos pelas conquistas e aproveitar para anunciar que adicionaremos um bônus a cada funcionário, embora não tenhamos atingido as metas. Precisamos dar um recado: que o esforço valeu a pena. Quero ajuda de vocês para estabelecer premiações e reconhecimento na festa de final de ano para aqueles que se destacaram no esforço e no resultado obtido em direção à transformação. Devemos comemorar essa conquista, parabéns a todos!

Jorge sentou-se enquanto alguns gerentes saíam e outros se aproximaram para conversar.

Depois que todos saíram, Jorge ficou pensando se, durante o ano, ele próprio havia valorizado o esforço das pessoas.

"Será que consegui ser exigente com relação às melhorias e, ao mesmo tempo, cultivar um bom ambiente de trabalho? Arnaldo, Ricardo e Ronaldo certamente estão motivados. E os outros gerentes?" pensava.

Cláudia atribuiu a 'culpa' pelos picos ao final do mês ao mercado. O valor não praticado é *responsabilidade pelos resultados*. Miguel atribuíra a si as melhorias. O valor não praticado neste caso é *compartilhamento da responsabilidade, dos méritos*. Falta-lhe *consciência* e *autocrítica*.

Por isso, ambos têm dificuldade para trabalhar em equipe.

"Vou dar um jeito de acelerar as mudanças", Jorge decidiu.

49

Após a reunião, Ricardo foi até sua mesa. Organizou suas coisas e saiu. No caminho para o estacionamento ligou para casa:

– Oi amor! O que temos para o jantar hoje? Diego, Ana e Flávia estarão para o jantar?

– Estaremos todos. O cardápio é sopa.

– Com esse calor! Sopa?

– Se esse é o problema, deixarei o ar condicionado na potência máxima.

A família Tamagna estava reunida à mesa. Depois de muitas conversas – e pequenas discussões entre irmãos – Ricardo pegou um guardanapo e transcreveu o resumo dos resultados do primeiro ano de trabalho na gráfica. Os números principais haviam melhorado: retorno sobre ativos (RSA), margem bruta e caixa.

Do outro lado da cidade, Miguel preparava seu jantar. Morava sozinho, não suportara viver com o pai. Era irritante chegar em casa e vê-lo vestido com as mesmas roupas. O pai dependia do dinheiro da aposentadoria para viver, mas nunca pediu ajuda ao filho.

No apartamento, havia poucos móveis, uma grande TV e uma boa biblioteca, onde gastava horas lendo, principalmente aos finais de semana.

"Dei meu recado hoje! Deixei claro para todos os gerentes que os resultados estão ligados a minha atuação na qualidade" pensou.

De repente um pensamento sombrio importunou-o.

"Poderia ter me casado, mas o tempo foi passando. Depois, é difícil achar alguém confiável para viver uma vida inteira juntos. Uma vida dedicada à carreira. E qual a recompensa? Quando vou falar, Jorge não quer escutar. Que futuro terei na gráfica? Não quero ficar somente comandando a produção e a qualidade. Tenho um currículo sólido, competência e muita experiência. Não quero ser um profissional limitado!", pensava.

Abriu a geladeira. Olhou os alimentos, nada o interessou. Irritou-se porque os alimentos estragavam antes que ele conseguisse consumi-los. Não tinha apetite. Foi até à prateleira e pegou um livro. Leu até adormecer. Raramente o telefone tocava àquela hora. Acordou somente no dia seguinte.

Ricardo inspecionou o automóvel BMW em sua garagem. A cor era linda: chumbo-metálica. Decidiu levar o carro para lavar:

– Laura, vou levar o carro para lavar – gritou Ricardo da garagem.

Ficou imaginando quanto tempo, estudo e tentativas frustradas ele levou para conseguir enxergar os problemas e as soluções. Não tinha mais a perspectiva do tempo investido para olhar para uma operação e rapidamente farejar melhorias. Gostou de fazer o redesenho da logística e de discuti-lo com Moacir, além de apresentá-lo para os gerentes. Sentia-se recompensado.

Chegando ao serviço de lavagem, a operação chamou sua atenção. Observou a aparência e os movimentos da moça. Os esforços e os tempos desperdiçados pelas pessoas. Mentalizou algumas soluções para o serviço de lavagem.

Quando foi embora, falou com a moça. Pensou em sugerir algo, mas desistiu.

Durante a caminhada, Ricardo questionava-se:

"Por que normalmente as pessoas não tentam melhorar contínua e sistematicamente? E por que, quando fazem, as melhorias tendem a não se sustentar no longo prazo?"

"Talvez eu devesse escrever um livro" divagou.

– Já estou saboreando o vinho – disse Ricardo.

– O quê?! Não acredito que ele tenha lido os sete livros em três meses! – espantou-se Moacir.

– Eu conheço Jorge. Pergunta para ele! Depois, venha saborear uma garrafa de *carmenère* comigo, mas traga uma caixa – riu.

– *White Rabbit*, leitor voraz – riu, também – eu devia saber que ele leria. Mas nunca conte para alguém sobre este apelido.

Os dois riram.

50

– Moacir, já não dá mais para enfrentarmos os novos desafios com a estrutura que temos. Alguém precisa gerenciar a construção do sistema de gestão – dizia Jorge ao amigo naquela tarde.

– É o que tenho tentado dizer.

– Tentou, mas não disse – disse entre sério e brincando.

– Penso que uma função de assessoria ligada diretamente a você, gerente-geral, seria mais indicado. Uma espécie de "escritório do sistema de gestão".

– Temos que revisar o planejamento estratégico. Dessa revisão sairão novos projetos e negócios, tenho certeza.

– Sugiro que o escritório do sistema de gestão fique responsável pelo planejamento estratégico, pelo *lean* e por novos projetos e negócios:

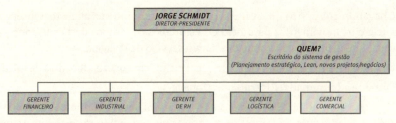

Figura 50.1 Organograma da nova estrutura.

– Você acha que alguém 'da própria empresa' pode ocupar essa função?

– Creio que Ricardo Tamagna possa gerenciar esta estrutura.

– Eu também penso assim.

– E quem ocuparia a logística?

– Eu contrataria um executivo de logística.

– Miguel seria o candidato interno natural para esta posição.

– Eu sei, mas não me sinto confortável com isso. Mas, se for esse o caso, promoverei o Marcos para a gerência da qualidade e contratarei um novo gerente industrial.

– Você acha que ele continuaria na empresa depois de ter perdido o PCP e não ser promovido para a logística?

Jorge ignorou a pergunta:

– Você acha que Ricardo aceitaria essa nova função?

– Creio que sim, embora ele goste de andar pela operação.

– Ele poderá se dedicar parcialmente ao *gemba* nessa nova função.

– Claro! Quando ele se envolver com projetos *lean*.

O escritório do sistema de gestão já estava funcionando há algum tempo quando Jorge, Ricardo e Moacir discutiam internamente como conduzir a revisão do planejamento estratégico. Jorge comentava alguns pontos da análise de Forças, Oportunidades, Fraquezas e Ameaças (F-O-F-A) da gráfica:

FORÇAS	OPORTUNIDADES
Sistema de gestão diferenciado da concorrência. Prazos menores do que a concorrência. Competência logística. Tecnologia de impressão.	Qualidade ascendente. Custo decrescente. Acessar mercado de livros com maior valor agregado.
FRAQUEZAS	**AMEAÇAS**
Poder de barganha com editoras. Poder de barganha com fornecedores.	Concentração do setor: forte movimentação de aquisição de gráficas.

Figura 50.2 Matriz F-O-F-A da gráfica.

– Nosso risco é sermos adquiridos por alguma gráfica ou editora em breve. Há menos gráficas, e elas estão cada vez maiores! Pelo menos, se houver uma proposta, nossa empresa vale muito mais agora.

– Não quero me creditar totalmente disso, mas a causa principal disso é o nosso sistema de gestão diferenciado. Não há concorrente, que eu saiba, que possua um sistema igual – gabou-se Moacir.

– Sem dúvida, nossas iniciativas isoladas para reduzir desperdícios e aumentar valor ao cliente tornaram-se praticamente uma abordagem gerencial que leva a um aumento de desempenho crescente. Nossa qualidade vem melhorando gradativamente. Os custos vêm caindo. *Mas* nossa situação estratégica é desfavorável em termos de poder de barganha com clientes e fornecedores – inconformou-se Jorge.

– Só não esqueça, Sr. Jorge – afirmou Ricardo – que agora praticamos prazos de entrega melhores, com menos erros: resultado do aumento de nossa competência logística. Temos, praticamente, um método para ligar as necessidades dos clientes com nossa operação através da puxada. Utilizamos uma sequência de implantação de sistemas de fluxo tanto na logística quanto na produção. Acredito que enxergamos as perdas mais rápida e profundamente que nossos concorrentes. Nossos problemas maiores são resolvidos através de um método incorporado pelos participantes dos grupos de melhorias. Portanto, nosso ritmo de melhorias é maior e mais consistente, creio eu. Não sei o que vocês pensam disso.

– Certamente – concordou Moacir.

– E nosso nível de qualidade nem se compara com o que tínhamos no início. Isso tudo nos ajuda na negociação com os clientes.

– Na realidade, não ajuda muito. Ajudou-nos, de fato, a conquistar mais clientes e vender mais – arrematou Jorge.

Os outros dois concordaram, e Moacir conduziu a reunião para o próximo passo:

– Vamos continuar o planejamento estratégico da forma que combinamos: concluir a análise F-O-F-A e desenhar a curva de valor do nosso cliente.

Já haviam discutido cada um dos tópicos da F-O-F-A várias vezes, mas a ideia do que fazer não estava amadurecida, embora Moacir tivesse sua opinião formada:

– O cliente valoriza *variedade* de formatos, cores e papéis de livro. Se ele puder comprar vários tipos de livro em uma gráfica só, ele comprará. Penso que a gráfica tem que vender novos produtos com mais cores. Por exemplo, livros de fotografia, artes, etc. E sabemos que, nesse sentido, estamos subutilizando a impressora 10 cores.

– É hora de nos posicionarmos com produtos com margem de lucro maior (preço maior). Queremos também que nosso custo seja o menor do mercado. Maior preço e menor custo significam que teremos uma situação muito confortável em relação aos concorrentes. Teremos flexibilidade de política de preços e mais dinheiro gerado pelo próprio negócio para investir na empresa:

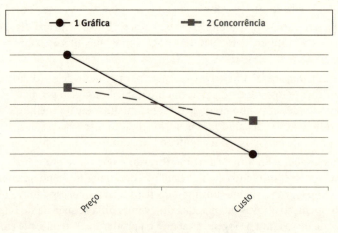

Figura 50.3 Curva de valor ao cliente desejada pela empresa.

Moacir apresentou a curva de valor aos dois outros:

– Perfeitamente! Essa é a situação mais desejável em relação à concorrência. O gráfico sobre o qual falaremos a seguir mostra o valor entregue ao cliente pela gráfica em relação ao concorrente. Veja que temos a melhor relação qualidade/preço. Não é só preço que o cliente valoriza. Nosso cliente valoriza o quanto de qualidade está recebendo em troca do preço que ele paga. Lembrem-se de que quanto mais no alto o atributo de valor aparece no gráfico, mais o cliente valoriza aquele atributo. Por exemplo, nosso prazo de entrega aparece acima do prazo da concorrência. Se o cliente valoriza uma entrega rápida, isto é, prazo baixo e nós praticamos o menor prazo, o gráfico vai mostrar que o valor que o cliente dá ao prazo da gráfica é maior do que o valor dado nesse item à concorrência. Temos a preferência do cliente no atributo prazo.

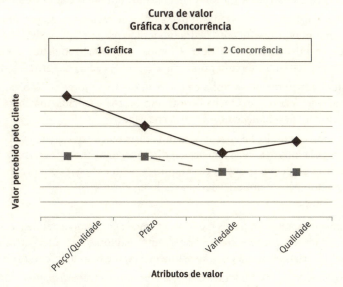

Figura 50.4 Comparativo das curvas de valor da empresa *versus* concorrência.

– Tenho dúvidas se nossa qualidade é realmente melhor que a concorrência. Na maioria dos casos é. Em outros, não – questionou Ricardo.

– Se pudermos tirar a conclusão geral de que a nossa qualidade é melhor – e sabemos que é, e vamos melhorar ainda mais – podemos utilizar essa premissa no planejamento estratégico – acrescentou Moacir.

– Eu, como leitor e consumidor lá na ponta da cadeia de fornecimento, não estou nem aí para isso tudo – explicou Jorge. – Eu quero, como consumidor, qualidade de serviços e um livro com qualidade.

Ricardo e Moacir estranharam o comentário. Contudo era fato que esses atributos, exceto pela qualidade do livro em si, não afetavam diretamente o valor percebido pelo consumidor final.

– O que você quer dizer com isso? – perguntou Moacir.

– Não sei bem ainda. Veio à minha mente que, se não continuarmos no negócio, o consumidor final não vai dar falta da gente. O consumidor final que paga toda a cadeia de fornecimento nem perceberá se simplesmente sumirmos! Eventualmente estamos aqui no início da cadeia, fabricando livros, e a existência da nossa gráfica não é importante.

| FORNECEDORES | GRÁFICA | EDITORA | DISTRIBUIDORES | LIVRARIAS | CONSUMIDOR |

– Entendi. Mas você não pode montar uma editora porque não resistiria à concorrência. Você sabe disso. Talvez, possa comprar uma.

– Não, isso eu não faria! Entraria em conflito com meus clientes-editoras!

– Talvez surja algo interessante aí nessa linha de raciocínio que estamos seguindo. Esperem um pouco – Ricardo pediu um tempo para pensar. – Sim! Por que não? – disse surpreendendo-se com a ideia. – Temos competência logística. Podemos distribuir livros! Estaríamos em um ponto estratégico da cadeia de fornecimento.

– Vamos em frente nessa linha de raciocínio – disse Jorge. – Não vamos matar a ideia antes que ela nasça. Quero investir em outros negócios, mas não quero me afastar muito do que conhecemos. O que acha Moacir?

– Faz todo o sentido. Se você monta uma distribuição que envia livros depois de comprados pela internet, você tem acesso direto ao mercado, aos consumidores. Somando isso à competência que vocês adquiriram em entregar com prazos menores, faz todo sentido pensar num negócio baseado no *e-commerce*.

Jorge animou-se:

– Começaríamos com livros e depois iríamos agregando a venda e distribuição de outros produtos. *E-commerce*. É isso! Vamos explorar essa alternativa com toda dedicação! Ficaríamos numa posição estrategicamente bem mais confortável.

Depois que Moacir e Ricardo saíram, acrescentou o valor *disponibilidade* no gráfico. Pensou: "Estamos prontos para discutir e detalhar o planejamento com nosso pessoal da gráfica. O escritório do sistema de gestão fará o estudo do *e-commerce*".

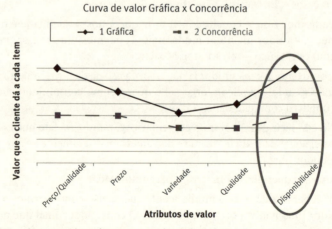

Figura 50.5 Comparativo das curvas de valor da empresa *versus* concorrência incluindo disponibilidade.

51

Era uma pequena distribuidora de CDs. O espaço construído era pequeno para o negócio de livros, mas o terreno era enorme e daria para ampliar o armazém. O proprietário não se interessava mais pela distribuidora e desejava vendê-la.

A tecnologia de radiofrequência era utilizada para controlar a operação. As etiquetas das embalagens eram lidas pelo leitor de código de barras na entrada. O *software* de gerenciamento do armazém (WMS – *Warehouse Management System*) tinha as funcionalidades necessárias: alocava dinamicamente os estoques, enviava missões diretamente aos leitores de código de barras dos estoquistas e separadores. O controle de estoques era acurado, havendo pequenas diferenças nos estoques, mas não a ponto de não aparecer estoque negativo nas listagens de estoque. O pessoal registrava as operações desde o recebimento até o embarque. Essa foi a melhor oportunidade encontrada para iniciarem o negócio de *e-commerce*.

– Realmente, não há muito material sobre distribuição *lean*. Estudamos profundamente o livro de Kirk Zylstra* e chegamos, eu e Moacir, à conclusão de que o desenvolvimento da logística enxuta está somente iniciando. Temos de confiar na nossa experiência e no que estudamos – disse Ricardo.

– Ok, Ricardo. Por que você diz com frequência que atualmente há oportunidades maiores na distribuição? – perguntou Jorge.

– Primeiro, pelo estudo detalhado que fizemos sobre os riscos e oportunidades. E, em segundo lugar, pela situação do estoque *versus lead time* na cadeia de suprimentos de livros.

---

* ZYLSTRA, K. D. *Distribuição lean*: a abordagem enxuta aplicada à distribuição, logística e cadeia de suprimentos. Porto Alegre: Bookman, 2008.

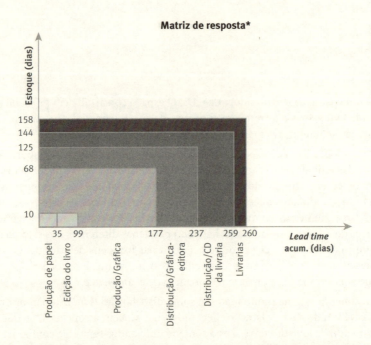

*Adaptada de Taylor e Brunt, Manufacturing Operations and Supply Chain Management, 2001.

Figura 51.1 Matriz de resposta da cadeia de suprimentos de livros.

Ricardo fez uma breve pausa, mostrou a matriz de resposta e continuou.

– Onde os estoques são altos e os *lead times* são elevados, há oportunidades. Na gráfica, estamos reduzindo continuamente os estoques e o *lead time*. Em geral, estamos melhores que as gráficas representadas na matriz de resposta. Na distribuição, a situação é diferente. Observe que a área relativa à distribuição na matriz de resposta é grande. Isso porque a resposta de atendimento à demanda é lenta e há estoques em excesso. A soma das áreas da Distribuição/Gráfica-Editora e Distribuição/CDs das livrarias é maior ainda. Se nós fizéssemos entrega direta ao consumidor, estaríamos eliminando um elo da cadeia de suprimentos e, portanto, teríamos menores estoques e *lead time*. Mas há o risco de fazer concorrência com as redes de livrarias, muitas das quais são nossas clientes na gráfica e possuem entrega direta.

– Ricardo, não esqueçamos que, além desse, há outros riscos associados a essa oportunidade como, por exemplo:

INTEGRANTE	RISCO PARA O PROJETO E-COMMERCE	VANTAGEM
Gráficas	Algumas gráficas podem não utilizar nossos serviços, pois somos concorrentes.	Menor custo de distribuição por causa da escala. Serviços adicionais (p. ex., informações sobre entregas).
Editora	Algumas editoras não querem um intermediário entre elas e as livrarias. Algumas editoras têm receio de que informações sobre o mercado (livrarias) fiquem na mão de terceiros (*e-commerce*).	As editoras podem se dedicar à essência do seu negócio, que é selecionar e produzir conteúdo. Deixariam de se preocupar com a distribuição. Serviços adicionais (p. ex., informações sobre entregas/ pedidos/ vendas para as livrarias).
Livrarias	As grandes redes de livrarias têm sua própria rede de distribuição.	Serviços adicionais (p. ex., informações sobre pedidos). As livrarias focam na entrega para o consumidor e não no suprimento feito pelas gráficas. Menor custo de suprimentos para livrarias, podendo até eliminar CDs.

– Então não devemos mirar na entrega direta ao consumidor – completou Ricardo.

– Nosso negócio será *distribuir* das gráficas para as livrarias – era o posicionamento de Jorge sobre a questão.

– Será de empresa para empresa (B2B – *business to business*).

– Não posso deixar de pensar nas implicações de prestar serviço de *e-commerce* para as livrarias, pois acho que os riscos são maiores que as vantagens.

– Há outras oportunidades que não exploramos ainda – disse Ricardo. – Poderemos oferecer serviços de armazenagem e distribuição para as livrarias! Aquelas livrarias que não têm centros de distribuição ficarão contentes de consolidar os estoques em locais perto dos clientes. E, além disso, podemos oferecer um serviço integrado para as gráficas que fazem entregas com transportadoras independentes.

O projeto *e-commerce* elaborado pelo escritório do sistema de gestão permitia integração do WMS com a internet de modo que os clientes poderiam acompanhar a situação dos seus pedidos ou ser notificados via *e-mail*:

– Quanto os futuros clientes do nosso projeto *e-commerce* estão interessados em serviços adicionais tais como informações sobre pedidos? – quis saber Jorge.

– Já é comum as transportadoras informarem a situação da carga. Ou seja, oferecer informação sobre a situação dos pedidos já é quase obrigatório, embora na prática muitas ainda não ofereçam esse serviço. Em breve, deixará de ser um diferencial. É uma forma de agregar valor e reduzir perdas.

– Reduzir perdas? Não entendi. O que isso tem a ver com a logística enxuta?

– Você lembra do que discutimos sobre as perdas P? – Jorge assentiu com a cabeça. – São perdas relacionadas à informação: previsão, planejamento, programação e prazo. Imagine uma editora que está para fazer o lançamento de um livro. Ela precisa saber em que estágio está o pedido para decidir manter a data de lançamento ou mudá-la. Como as editoras não têm essa informação, o que elas fazem? Esperam o livro ficar pronto para programarem o lançamento. Por isso perdem um tempo precioso. Poderiam programar os lançamentos com 83 dias (260-177=83 na matriz de resposta) de antecedência e paralelamente programar iniciar a execução do plano de lançamento. Hoje estão alongando o tempo de lançamento de livros em 83 dias!

– Ricardo – protestou Jorge – não é bem assim! Você está contando o tempo parado em estoque nesses 83 dias!

– Você tem razão. Não são 83 dias. São 83 dias se contarmos o tempo parado em estoque. Na realidade, as editoras estão perdendo menos tempo. Você negligenciaria, Jorge, essa perda de tempo?

– Eu não, mas a editora não daria a mínima importância para alguns dias perdidos.

– Por isso é que eu levo em conta o tempo parado em estoque: para enfatizar que esses dias perdidos são mais importantes do que parecem. O fato de cada integrante negligenciar a importância de um dia no *lead time* resulta numa cadeia de suprimentos com *lead time* de 102 dias (ou de 260 dias contando o tempo parado em estoque). Quando o cliente muda suas preferências, as ordens estão num estágio entre 0 e 102 dias, ou seja, já há muitas coisas definidas e que não podem ser mudadas: ou o papel já foi comprado, ou o livro já foi produzido, ou a editora já contratou prestadores de serviço, ou etc. Se houver mudanças na demanda, pedidos serão cancelados, muitos materiais e produtos irão para a lixeira. Consequentemente, muito dinheiro será desperdiçado. E a demanda muda rapidamente.

– Acho que levará um bom tempo até que os clientes percebam isso – disse Jorge. Depende das editoras. Elas querem reduzir o *lead time* ou não? Elas dão importância ao fato de estarem alguns dias mais próximas do momento de compra pelo cliente? Elas entendem que reduzir o *lead time* significa prever com mais precisão?

– Eu complementaria: as editoras estão cientes de que estão ficando menos dependentes da previsão? Afinal estão alguns dias mais próximas do cliente e, quanto mais longe o horizonte de tempo, pior é a previsão e maiores são os erros. O planejamento das editoras ficará melhor. Elas errarão menos suas previsões.

– Certamente ainda não estão cientes.

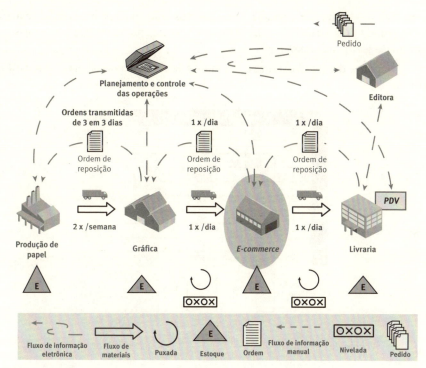

Figura 51.2 Desenho da cadeia de suprimentos do *e-commerce*.

– Podemos reduzir mais ainda a necessidade de fazer previsões se capturarmos a venda diária diretamente nas livrarias e a utilizarmos no nosso planejamento. O que tem isso a ver com a logística enxuta? Ora, estamos construindo um sistema de fluxo puxado. Estamos reduzindo estoques. Estamos eliminando a dependência de prever a demanda. Estamos reduzindo *lead times* – disse Ricardo.

– Nosso projeto prevê integração diretamente com as livrarias? – interpelou Jorge, interrompendo o entusiasmo de Ricardo.

– Por enquanto, utilizaremos a informação do nosso armazém, mas o plano é fazer futuramente a integração com as livrarias, capturando a informação de demanda diretamente no PDV (ponto de venda) da loja diariamente. Por si só, pegar as informações de vendas diretamente nas lojas e somá-las já "suaviza a demanda".

– Você pode explicar melhor? – questionou Jorge.

– Se você olhar a demanda de uma única loja, ela apresentará uma variação muito maior do que a soma das demandas das lojas. É uma lei estatística que, aplicada a esse caso, diz que a variância da média das vendas é inversamente proporcional à variância de uma venda isolada. Isto é, a variação da soma das vendas de n lojas é $\frac{1}{\sqrt{n}}$

da variação das vendas de uma loja. Se fizéssemos dois gráficos, um com as vendas de um item de uma loja e outro com as vendas do mesmo item de todas as lojas, o segundo pareceria mais suave.

– Entendo – disse Jorge, olhando para os gráficos e para a tabela que Ricardo mostrou:

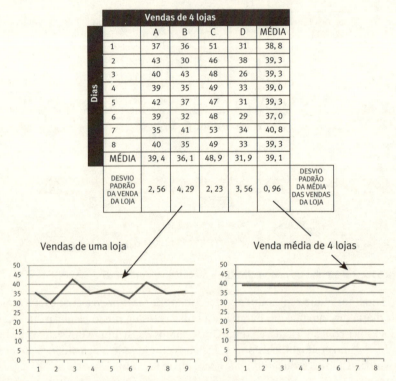

Figura 51.3 Variação individual e variação agregada das vendas.

Então, Jorge arrematou rapidamente:

– Então é melhor tomar a soma das vendas do consumidor para fins de planejamento e puxar a distribuição a partir daí.

– Isso mesmo! O efeito é triplamente positivo: capturamos da demanda real, suavizamos a variação e podemos fazer a reposição puxada.

– Desde que a demanda seja suficientemente estável. Se a demanda for variável, teremos de estabilizar, e a sequência fica *fluxo-estabilizar-nivelar-puxar*. Certo?

– No caso da distribuição, normalmente não é possível *eliminar* a variabilidade. Então, o que fazemos é *isolar* a variabilidade da demanda – alertou Ricardo.

– Colocaremos estoque no armazém do nosso *e-commerce* – complementou Jorge.

– Exatamente, e o tamanho desse estoque depende do nível de serviço que queremos oferecer e do tamanho da variação da demanda. A escolha do nível de estoques é uma questão de custo total *versus* nível de serviço. Você sabe, maior estoque é igual a maior custo e maior nível de serviço. Ou menor nível de serviço, menor estoque e menor custo. A escolha do tamanho do estoque é, também, uma compensação entre o custo de perda de vendas e o custo de estoques.

– É por isso que a suboferta faz parte do conjunto das oito perdas da logística enxuta? Utilizamos o custo de perdas de vendas na nossa equação de valor total ao cliente?

– No nosso projeto *e-commerce* avaliamos o valor total subtraindo das vendas a perda de vendas e os custos de distribuição. Fizemos uma análise quantitativa e qualitativa ao mesmo tempo, pois é muito difícil apurar o custo de perda de vendas. Procuramos otimizar o valor total e o investimento – respondeu Ricardo.

– Qual o critério que foi utilizado para selecionar as alternativas de investimento, além do *payback*?*

– Um critério especial foi utilizado para selecionar investimento em tecnologias. O critério para seleção de tecnologias está baseado em três questões: de que modo esta tecnologia agrega valor? Ela é estratégica para a empresa? O investimento justifica a agregação de valor? Uma vez respondidas positivamente estas questões – continuou Ricardo – nos perguntamos: qual é configuração adequada para a tecnologia? Respondemos essa pergunta comparando uma configuração particular da tecnologia com as oito perdas e com os elementos da sequência de implantação da logística enxuta – disse Ricardo mostrando a figura com os critérios de seleção de tecnologias.

Jorge olhava a figura e ouvia atentamente a exploração de Ricardo, que continuou:

– O WMS, quando bem configurado, tem efeito positivo na eliminação de perdas, no fluxo, no nivelamento e na estabilidade. Ajuda a eliminar a suboferta e a superoferta porque minimiza os erros – disse Ricardo, mostrando a coluna "Defeitos" da figura 51.4. – Quando existe estoque, mas aparece zero no controle de estoques, perdem-se vendas e vai haver excesso no estoque quando houver reposição. Quando não há estoque físico e o controle de estoques sinaliza que há, também perdem-se vendas. Por isso, o WMS reduz as perdas por suboferta e por superoferta ao diminuir os erros de estoque.

Ricardo fez uma breve pausa e continuou:

– O DRP é um *software* que diz *quando, que quantidade* e *onde* os produtos precisarão ser repostos nos períodos futuros, baseado num plano de distribuição. Como qualquer planejamento, o DRP também começa com uma previsão de vendas que é

---

* O cálculo do *payback* é uma técnica muito difundida nas empresas para verificar em quanto tempo o investimento se paga. O *payback* simples é o tempo decorrido entre o momento do investimento inicial e o momento no qual o respectivo lucro líquido acumulado é igual ao valor desse investimento. O *payback* simples não leva em conta a taxa de juros, mas ela pode ser usada para comparar com o custo de oportunidade, inflação, taxa interna de retorno, etc.

transformada num plano de distribuição. O DRP pode causar excesso de estoque se as quantidades de reposição forem grandes e pode causar faltas porque os *lead times* configurados no DRP são fixos, mas na realidade variam. Por isso, a superoferta e a suboferta estão assinaladas com círculos cinza-claros na figura. Se o plano de distribuição mudar frequentemente com as previsões de vendas, o nivelamento ficará comprometido. É muito comum os gerentes não fazerem distinção entre plano e previsão. São duas coisas bem distintas. No projeto *e-commerce*, o plano de distribuição foi nivelado, fazendo que as entregas sejam de mesmo tamanho e o estoque na distribuição oscile para baixo quando a demanda for maior que a produção e oscile para cima quando a demanda for menor que a produção. Desse modo, foram suavizados os picos de entrega da produção para o armazém do *e-commerce*.

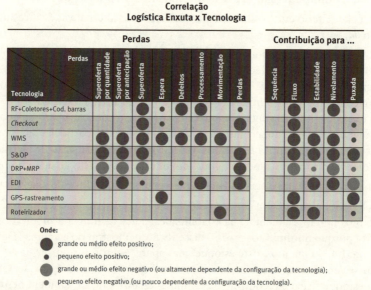

Figura 51.4 Critérios da logística enxuta para a seleção de tecnologias.

Ricardo continuava, falando calmamente:

– O WMS (Sistema de gerenciamento de armazéns) e o DRP (Planejamento das necessidades de distribuição) são tecnologias amplamente difundidas, mas nem sempre bem configuradas. Como a reposição puxada será feita a partir das livrarias, a decisão foi não investir na compra de um DRP. O planejamento de distribuição seria feito sem o DRP, com muito cuidado para não gerar desnivelamentos nos recebimentos do armazém do *e-commerce* nem na produção da gráfica.

– Esse parece ser um bom critério de escolha de tecnologias, mas há alguns investimentos que são necessários e fogem dessa lógica. Dou como exemplo o módulo de acesso remoto ao nosso *software* de gestão. Ele é extremamente importante para os gerentes, pois de qualquer lugar eles podem ter acesso às informações e tomar decisões sem perda de tempo – contribuiu Jorge.

– Bem lembrado, Jorge. Para investir em tecnologia nós também usamos como critério a importância para os clientes internos, que, nesse caso, são os gerentes. Com a tecnologia de acesso remoto, eles aumentam muito sua produtividade e a rapidez nas decisões. Estejam onde estiverem, podem fazer reuniões virtuais com seus colegas e subordinados, analisar *on-line* a situação da operação, revisar os planos em seus *notebooks*, *palmtops* e telefones celulares. A escolha das tecnologias para o projeto *e-commerce* também se baseou nas perdas P, pois a disponibilidade das informações em tempo real para os gerentes afeta a velocidade e a qualidade das decisões.

– Olhando para a tabela dos critérios da logística enxuta e para a seleção de tecnologias, eu acho muito estranho que o WMS só tenha círculos cinza-escuros.

– Ah, sim! É que, à medida que a configuração da tecnologia foi sendo definida, alguns círculos passaram de cinza-claro para cinza-escuro. Por exemplo: WMS *versus* nivelamento. O WMS que estamos adquirindo não lida bem com o nivelamento da carga de trabalho dos separadores e estoquistas. Nós condicionaremos o disparo de ordens de trabalho para os operadores conforme o tempo de ciclo de grupos de produtos. O programador do WMS distribuirá o trabalho entre os operadores conforme o tempo de ciclo das atividades e do andamento real da operação. Quando definimos como isso ia ser feito, o círculo passou de cinza-claro para cinza-escuro.

– Uma última questão: há algum outro investimento, além do DRP, que tenha sido excluído do *e-commerce*?

– Muitos. Por exemplo, uma esteira mecanizada, que seria utilizada eventualmente. Sempre pensamos no dimensionamento certo dos recursos. Por que adquirir uma máquina que oferece uma taxa de processamento muito maior do que o necessário e que ficaria parada boa parte do tempo? É o fluxo que determina o tamanho do recurso e não o contrário. No *lean*, esse conceito é chamado de *right sizing** em inglês.

– Ok. É suficiente por hoje – decidiu Jorge, observando o cansaço de Ricardo.

– Outro dia continuaremos discutindo o projeto. Ah! Você têm falado ultimamente com o Moacir fora das nossas reuniões?

– Não tanto quanto eu gostaria – Ricardo respondeu. Lembrou que queria conversar com Moacir sobre as habilidades necessárias para liderar a mudança.

Jorge estava satisfeito com o andamento do projeto *e-commerce*. Era um passo estratégico, importante para a empresa. Sendo bem-sucedido, novos negócios poderiam ser explorados. Evidentemente, distribuiria muitos outros produtos além de CDs e livros. Saiu da sala, deixando Ricardo para trás, guardando o material do projeto.

---

* Womack, em *A mentalidade enxuta nas empresas* (1997) explora muito bem o conceito de *right sizing*.

52

Ricardo finalmente saiu da sala de reuniões. Parou no mezanino, de onde podia enxergar a produção. Havia um grupo reunido em frente ao mural das dobradeiras. Há muito tempo que as dobradeiras não eram a restrição de capacidade da gráfica, mas o grupo da produção continuava implementando melhorias. "Se passar um dia sem que uma melhoria tenha sido feita, não somos *lean*. Não praticamos *kaizen*. Nesse caso, a melhoria contínua não é um valor praticado pela empresa" pensou Ricardo.

Comparando com o momento de sua contratação, a gráfica agora estava mais limpa, menos congestionada e havia menos urgências. Era esperado. Onde possível, os processos foram melhorados em termos de *fluxo-estabilidade-nivelamento-puxada*. Os estoques eram evidentemente menores. Sobrava espaço na gráfica. As vendas e a produtividade aumentaram. Os indicadores financeiros relacionados ao lucro, à caixa e ao retorno sobre ativos melhoraram. Os custos diminuíram devido à eliminação das perdas. A qualidade tinha melhorado, mas havia muito a ser feito. Aliás, havia muito a ser feito em todas as áreas da empresa. Sempre haveria.

Miguel sai de sua sala, olha para os lados, mira por um instante o grupo de melhorias da produção – reunido perto das dobradeiras – vira para cima e seu olhar cruza com o de Ricardo, que lhe cumprimenta com um discreto aceno. Miguel responde da mesma maneira e segue em direção à sua sala.

"É impressionante como as pessoas surpreendem", pensou Ricardo. Claramente estivera enganado quando pensou que Miguel não aceitaria a contratação de um gerente de logística. Quando Marcos foi promovido a gerente da qualidade, Miguel conformou-se. Agora lá estava ele na produção. Atualmente era visto com mais frequência no chão de fábrica, mas parecia aéreo e avoado. Seu comportamento oscilava entre a motivação e o desânimo, da mesma forma que o sentimento de Ricardo em relação a ele ia da compaixão à irritação. Compaixão porque a situação dele devia ser muito incômoda. Irritação com sua falta de pragmatismo. "Um homem não muda fácil e completamente suas crenças e atitudes", pensou.

De volta à sua sala, Miguel pôs-se a pensar. Ele vira Ricardo perto da sala de reuniões! "Certamente estava reunido com o Jorge. Antigamente era a mim que Jorge consultava. Mas que diabos fizeram comigo! Subtraíram as oportunidades que eu tinha. O que eu fiz de errado? Sempre dei o melhor de mim para a gráfica! E o que recebo em troca? Desconsideração! Depois dos avanços na qualidade dos livros, quem levou os méritos foi Marcos, antes meu subordinado e agora meu colega-gerente!", indignava-se.

Ainda assim, Miguel estava obstinado em alcançar seus objetivos. "Não me custa andar pela produção, mostrar presença no chão de fábrica. Algum dia, Ricardo dará um tropeço e eu estarei lá para "ajudá-lo"! Às vezes me pergunto o que estou fazendo aqui ainda. Ganho o mesmo salário de antes. Isso é bom, mas eu poderia estar ganhando mais, não fosse Jorge dar ouvidos a Ricardo e Moacir. Aqui ninguém tem o conhecimento gerencial que tenho. Por que não fui escolhido para liderar esse processo de mudança? Um dia essa injustiça será reparada!".

Miguel não entendia tampouco por que se sentia tão preso ao seu emprego! Para ir para outra empresa ele teria de renunciar o que já conquistara. Começou na empresa como um simples estagiário e chegou ao posto de gerente industrial por mérito próprio.

Jorge não o queria mais: falava em contratar um novo gerente industrial quando o organograma fosse mudado para abrigar o escritório do sistema de gestão e a gerência da qualidade. Moacir e Ricardo detiveram Jorge por mais um tempo. Pensavam: "Talvez Miguel mudasse com o tempo. Os valores eram claros. A visão era clara. O sistema de gestão estava definido. Qualquer pessoa precisa de um tempo para mudar."

Com o tempo, contudo, Ricardo começou a achar que havia sido um erro ter detido Jorge. Miguel parecia totalmente desambientado. Talvez fosse melhor para todo mundo Miguel trabalhar noutro lugar. Se todas as oportunidades não funcionassem, a crise determinaria a mudança. Quando Ricardo fora demitido da fábrica de motocicletas, precisou repensar sua vida e seu trabalho. Mudara. Evoluíra.

"Parece estranho, mas a verdade é que, ao mantermos Miguel na gráfica, estávamos tirando dele uma oportunidade de enfrentar seus problemas, fossem quais fossem, e evoluir. Jorge tinha razão!" concluiu.

Calmamente, Ricardo foi pensando nas tarefas do dia. Virou-se em direção ao corredor e se dirigiu ao escritório do sistema de gestão.

53

Atualmente, Moacir só se dedicava ao escritório do sistema de gestão, às reuniões mensais com a gerência e à manutenção da transformação *lean*. Dava suporte gerencial para o sistema de gestão. Nas reuniões mensais, analisava os indicadores, o progresso dos planos e fazia aconselhamentos. O modelo de transformação *lean* foi redefinido após alguns tropeços. O *workshop* sobre mudança, por exemplo, às vezes aumentava a defensividade* do pessoal em vez de reduzi-la. Moacir inicialmente pensava que mostrar os níveis de defensividade às pessoas antes que surgissem diminuiria as rotinas defensivas. Pelo contrário, a exposição dos níveis de defensividade – negação, revolta, transferência de responsabilidade, justificativas, etc. – criava mais barreiras defensivas. Não foi fácil, pois o processo de mudança em si também exigia revisões constantes.

Logo de início, os gerentes perceberam que *mudar* comportamentos era uma tarefa difícil. Era como se a mudança do ponto A para o ponto B esticasse um elástico fixado no ponto A. Quanto mais longe se afastasse do ponto A, maior era a força que puxava de volta para a posição anterior. Foram muitos os casos de pessoas que voltaram a agir como antes. Muitas não conseguiram acompanhar o ritmo das mudanças.

Há uma tensão apropriada para a mudança ser bem-sucedida. Muita tensão gera frustrações. Pouca tensão não provoca mudança. De alguma forma era preciso relaxar estas tensões. E, até aqui, os *worskhops* sobre mudança, valores e *lean* mostraram ser razoavelmente eficazes.

Moacir, no seu escritório, olha para suas anotações na mesa. Estava fazendo seu próprio C (*check*, verificação) do PDCA:

"Eu sempre quis participar de um profundo processo de mudança. Estou muito feliz de ter encontrado uma empresa que reunisse as condições necessárias", pensava Moacir. Não ganhara muito dinheiro, porque ainda que Jorge fosse um amigo, era duro nas negociações. Entretanto, fora, para ele, uma grande realização profissional.

Neste trabalho, ele aprendera o que não teria aprendido em 20 projetos de melhoria!

"O que deu certo no modelo de transformação *lean*? O que precisa melhorar? A linguagem simples que utilizei ajudou muito na comunicação com as pessoas. Dei alguns conselhos ineficazes, tais como alertar para os níveis de defensividade.

---

* Defensividade é um neologismo utilizado pelo autor para significar o estado e o nível de comportamentos defensivos que uma pessoa adota frente aos desafios da mudança.

O que mudar? Dosar o nível de tensão para cada pessoa de acordo com seu nível de defensividade. No caso de vir a atuar numa empresa onde não tenho vínculo forte com o líder, estabelecer este vínculo e confiança mútua.

Quais foram as questões críticas para iniciar a transformação *lean*? Primeiro, identificar lideranças comprometidas com a melhoria contínua, além de Jorge e Ricardo. O trabalho de conscientização, de mudança dos padrões de pensamento através da prática sobre *valores*. Fazer as pessoas reconhecerem que *consciência* sobre os problemas é um *valor do sistema lean*. Dentre todas as ações para eliminar barreiras e fomentar mudanças, nenhuma teve o impacto da prática da "Coluna da Esquerda".

Moacir distribui na mesa as anotações sobre os diálogos durante a prática da coluna da esquerda. Exceto por Ricardo, ele não teve acesso às anotações na coluna da esquerda dos participantes. Releu os trechos mais importantes e que foram críticos no processo de transformação:

RICARDO		MIGUEL	
O QUE PENSOU	O QUE DISSE	O QUE PENSOU	O QUE DISSE
O olhar de Miguel é, ainda, desconfiado.	Você falou com Jorge a respeito do imbróglio do PCP?		Sim.
Aqui vão os fatos para Miguel, e Moacir, que nos ouve, pode comprovar.	Isso não quer dizer que agora você confia em mim. Eu fiz a minha parte: só agi no grupo da qualidade e na produção quando você pediu.	É verdade: ele sugeriu mudar o foco do trabalho no grupo da qualidade e deu resultados. Entretanto, eu perdi mais espaço depois da ajuda dele (perdi as áreas de PCP, qualidade, gerência de logística, que seriam minhas). Ricardo é um desgraçado!	Concordo, mas isso não ajudou meu progresso na gráfica.
Miguel tenta jogar a responsabilidade do seu insucesso para mim. Está amargurado. Tenho certa compaixão e, ao mesmo tempo, sinto impaciência. Preciso conter minha irritação, para continuar o diálogo.	Como você acha que poderia ajudar daqui em diante?	Ele acha que a culpa é minha por eu não ter progredido na empresa?	Estou ajudando a empresa atuando nas melhorias do grupo da qualidade e liderando os grupos de produção.

Moacir conversara com Miguel e era evidente sua postura defensiva. Moacir sugerira que ele questionasse sua coluna da esquerda contrapondo fatos, perguntando-se se fazia atribuições às pessoas durante o diálogo, tais como: "ele é assim", "ele está tentando me prejudicar", "esse cara não é confiável", enfim. Deveria questionar suas atribuições: quando ele agiu de forma que me faça pensar que "ele é assim"? "Ele é assim" sempre? Há fatos conhecidos em que ele *não* "está tentando me prejudicar"? Em que situações ele foi "confiável"?

Ricardo adquiriu essa habilidade da qual muitas vezes falaram Moacir e ele. Sabia controlar melhor as emoções e utilizar gestos e palavras que removessem as defesas ou provocassem a tensão adequada no interlocutor. Fazia diálogos curtos quando necessário, evitando constrangimentos sem deixar de ser exigente com o outro, em relação aos objetivos. Instigava o interlocutor a pensar em vez de fazer afirmações.*

Jorge mudou a partir do diálogo com Arnaldo, o gerente financeiro:

JORGE		ARNALDO	
O QUE PENSOU	O QUE DISSE	O QUE PENSOU	O QUE DISSE
Arnaldo é o que mais tem dificuldade de entender o nosso novo sistema de gestão. Os custos estão sempre errados.	Arnaldo, eu gostaria que você percebesse a relação entre as melhorias na produção e os resultados financeiros. As decisões não se resumem a cálculos de retorno sobre investimento.	É ele que me pede para calcular, para dar um parecer sobre os investimentos!	O senhor mesmo me pediu para calcular o RSI do grupo de melhorias de produção.
Ele não se comunica com a frequência necessária. É só *e-mail* pra cá, *e-mail* pra lá. Oras.	Você deveria ter me avisado que o retorno foi nove vezes o dinheiro investido.	Mas eu falei para o Clélio!	Eu falei para o Clélio. O Clélio falaria com o senhor. Por que eu deveria avisá-lo?

---

* Moacir Scliar, no seminário Einsten e a Inovação (20/02/2008), fez comentários acerca da interrogação (?) e da exclamação (!) no diálogo. '?' é um anzol, prende, fisga. '!' é um punhal, agride, afugenta. Perguntar é importante para desenvolver a criatividade. O '?' parece o curso de um rio (um rio nunca é reto). Ver mais sobre o seminário em: <http://agenciabrasileirinho.multiply.com/journal/item/15/Moacyr_Scliar_Einstein_foi_importante_pensador>.

JORGE		ARNALDO	
O QUE PENSOU	O QUE DISSE	O QUE PENSOU	O QUE DISSE
Tenho que ser razoável e dar um sinal que estou disposto a rever minha posição.	Você tem razão. Desde que a informação chegue para mim, está ok! Mas me diga se você continua pensando que maior produção significa menor custo, mesmo que não haja vendas?	Opa! Jorge reconhecendo sua mania de pedir a mesma informação para pessoas diferentes? Isso é bom!	É o que o cálculo de custo mostra, mas agora estou vendo que, ao reduzir os estoques em processo, o resultado financeiro foi melhor depois de um tempo. O senhor pode se comprometer a pedir informação para somente uma pessoa daqui para frente? Isso acaba prejudicando a produtividade da equipe de gerentes.
Não é só isso que tenho que rever. Quando coloco pressão nas pessoas para agilizar as tarefas, acabo prejudicando o andamento do trabalho dos gerentes!	Posso, sim. Não pedirei mais a mesma coisa para duas pessoas.		

Moacir testemunhara um ambiente saudável de cobrança mútua entre Jorge e um gerente. Esse era o espírito que Moacir imaginava que uma equipe de alto desempenho deveria ter. A ansiedade sempre fora um fator que prejudicara Jorge.

Moacir recolheu suas anotações e colocou-as numa pasta. "Agora, eu, Moa, mereço um bom charuto. Não é?", pensou. Levantou-se e foi até a sacada. Na mão, uma caixa de charutos cubanos.

54

Da janela de sua casa, Ricardo contemplava o jardim. O gramado estava bem aparado. As *bougainvilleas* estavam floridas e pontuavam o gramado à sua volta com suas flores lilases. Alguns crótons davam um colorido especial junto aos muros laterais.

Voltou o olhar para dentro de casa. No sofá havia um álbum de fotografias com dois adesivos na capa. O maior era uma bandeira com duas listras vermelhas no topo separadas por uma listra amarela com um brasão levemente deslocado para a esquerda. Abaixo havia outro adesivo em que se destacava o azul-grená do brasão em cujo centro havia três letras: FCB.

Abriu a primeira página e estava lá a foto da família: Ricardo, Laura, Diego, Ana e Flávia com a igreja Sagrada Família ao fundo. O cartão postal de Barcelona é uma obra-prima inacabada do arquiteto modernista Antoni Gaudi. Talvez por ser inacabada tenha esse toque de magia.

Na Praça Real, foram à tardinha. Caminharam entre as palmeiras e os velhos lampiões, mas não ficaram muito tempo porque Flávia reclamava do cansaço.

O ingresso do jogo Barcelona *vs.* Real Madrid ficava entre fotos de Ricardo e Diego no jogo dos grandes rivais. Laura, Flávia e Ana preferiram ir às compras. Muitas fotos no *Centre Comercial Diagonal Mar*.

Além da Catalunha, havia fotos de outras regiões: Galícia, Andaluzia, Navarra e País Basco. Somente Laura e Ricardo viajariam, mas acabaram decidindo levar os filhos. Consideravam que viajar era um bom investimento.

Ouviu o som do carro de Laura. Ela estacionara no caminho que levava à garagem. Desceram os quatro. Diego, que carregava uma caixa com 12 litros de leite, cumprimentou o pai:

– Oi pai! Que vida boa hein?

– Antes sua mãe reclamava que eu passava muito tempo no trabalho, agora você vai começar a implicar comigo?

– Não, não! – riu o filho. – Acho ótimo que você esteja mais tranquilo. Trabalhar de vez em quando em casa deve ser legal. Eu não tenho essas regalias.

Ricardo tinha acesso ao *software* de gestão da empresa e de casa fazia algumas atividades de preparação e planejamento. Os eventos urgentes eram poucos agora. Os filhos não interrompiam seu trabalho em casa.

– Oi pai! Oi pai! – saudaram Ana e Flávia ao entrarem.

Laura entrou logo depois, deu um beijo em Ricardo e se virou para Diego:

– Deixa que eu guardo o leite! Está tudo em ordem! Deixa que eu guardo – ela disse.

Foi até o armário ao lado da geladeira, retirou os quatro litros velhos, colocou a caixa com 12 litros e recolocou os quatro litros de volta no armário.

Ricardo, observando-a, lembrou que um dia ela havia comentado que havia ficado melhor assim, com a caixa de leite ao lado da geladeira. Lembrou satisfeito que Laura não havia mais reclamado da ingerência de Ricardo no *layout* da cozinha. Ela até havia elogiado a mudança no armário dos remédios, para o alívio do marido.

Pegou uma bandeja com café e xícaras que havia preparado e foi até a sala, onde havia um livro de Michel Baudin e anotações sobre *milk run** interno e externo, pois esses seriam provavelmente temas explicados no apêndice do livro.

– Como está a redação do livro, pai?

– Estou quase no final, mas sempre fico em dúvida se não deveria incluir mais um assunto, embora seja um livro somente sobre os fundamentos da logística enxuta e da transformação *lean*. Tento me convencer de que não há necessidade de detalhar mais os assuntos porque o tema é vasto e o aprendizado virá somente se os leitores praticarem. Talvez alguns leitores fiquem frustrados por não haver uma "receita de bolo", mas não há fórmula única nem pronta para a transformação *lean*.

– Eu não cursei disciplina alguma que trate de mudança e *lean* – disse Diego.

– Não há muitos livros acadêmicos que explorem a mudança organizacional numa linguagem simples, que façam a ligação com o dia a dia das empresas ou que questionem os fundamentos da logística enxuta.

– Muito menos eu – complementou Ana. – Gostei desse negócio de *lean*, mas a engenharia tem outras coisas mais importantes para fazer. Máquinas, estradas, edifícios, projetos, etc. Coisas palpáveis e que têm valor.

Ricardo enxergou a si mesmo na fala de Ana. Somente quando percebeu que era um gerente e sabia pouco sobre gestão é que se interessou sobre o assunto. Vai acontecer o mesmo com Ana provavelmente. "Não irei discutir, pois o tempo e a experiência dela serão os melhores argumentos", pensou.

– Isso mesmo! Precisamos de mais engenharia, pois engenharia agrega valor. A logística enxuta, uma interseção do *lean* com a logística, digamos assim, é o ramo da engenharia de produção que se preocupa especificamente com isso. Precisamos de mais engenharia no país!

– Enquanto vocês administram e fazem engenharia, eu trabalho – falou Laura da cozinha.

– Larga isso, Laura, e venha tomar um café conosco. Depois nós ajudamos.

Laura vinha chegando quando Flávia disse:

– Acho que vou cursar engenharia, mãe. Não dá trabalho algum.

Todos riram, enquanto Ricardo servia as cinco xícaras.

---

* O termo *milk run* representa o roteiro do leiteiro que levava de porta em porta um tarro de leite cheio e recolhia um vazio. Como técnica de abastecimento, serve para dar regularidade ao abastecimento com uma frequência maior de coleta ou entrega. O *milk run* de suprimento é caracterizado por coletas em vários fornecedores numa mesma viagem e entrega no cliente. O *milk run* interno é caracterizado pelo abastecimento dos pontos de consumo de materiais (máquinas ou postos de trabalho), também de forma frequente e regular.

Epílogo

Embora este seja um livro de ficção, as situações utilizadas para criar o enredo basearam-se em vivências reais – diálogos, resultados, números, sucessos e insucessos. O leitor certamente identificará situações similares no seu dia a dia.

Cada empresa tem suas peculiaridades. Por isso, não seria necessário detalhar as situações experimentadas pelos personagens. Pela mesma razão, muitas situações foram deixadas intencionalmente em aberto. Por exemplo: a nova declaração de valores da gráfica não foi explicitada; o que aconteceu nos *workshops* planejados por Moacir não foi citado; não sabemos como as barreiras encontradas foram enfrentadas; etc. O importante é que o leitor elabore seu próprio enredo, pois o conhecimento é inseparável da prática porque – dentre outras razões – não pode ser transferido da realidade de onde surgiu para outra realidade sem que se façam ajustes. Caminhos diferentes podem conduzir ao mesmo destino: o importante é começar e persistir.

Quem, dentre nós, não participou de reuniões improdutivas em que as análises dos problemas são superficiais, em que os problemas mais importantes não são tratados e não são tomadas decisões? Provavelmente todos nós participamos de atividades, em que, no final, nos perguntamos: foi eficaz? O problema principal foi entendido? Aproveitamos bem o nosso tempo? Enfrentamos o problema mais importante? O problema foi eliminado? Foi dado espaço para as pessoas contribuírem?

Se a nossa resposta a todas estas questões for *não*, ficamos frustrados. E dia após dia o problema está ali cada vez mais presente e menos discutível. Um dia o problema, que estará maior e mais difícil de ser resolvido, nos alcançará. Teremos perdido uma grande oportunidade de aprender.

O *lean* parece conduzir a uma abordagem diferente para o conhecimento. Não se pode absolutamente dizer que exista conhecimento desnecessário. Entretanto, num determinado momento, há conhecimentos que não são necessários e outros, necessários, que não estão disponíveis às empresas e às pessoas. Por isso, é preciso questionar os treinamentos extensos, dos quais uma pequena fração do conteúdo é colocada em prática e se transforma em resultados. O *lean* sugere o caminho inverso: buscar, a partir do problema, os conhecimentos justamente necessários para resolvê-lo. Não nos limitemos logicamente a adquirir conhecimento somente quando necessário, mas um determinado "lote de conhecimento" parece ser apropriado a cada período para aumentar o "estoque de conhecimento". Haveria uma taxa de aumento de conhecimento adequada, que flui *para* o "estoque de conhecimento" e *de* onde fluem as melhorias.

EPÍLOGO

É comum você observar uma fábrica e ver estoques em excesso. Entrar num restaurante e ver filas. Precisar de um serviço público, experimentar burocracia e prazos absurdos. Observar as pessoas trabalhando e ver esforços desnecessários. Na sua casa, perde tempo procurando coisas. Numa transportadora, há produtos esperando para serem transportados ou descarregados. No canteiro de obras de um prédio, é comum enxergar os operários fazendo sulcos na parede – quebrando o que construíram antes – para passar dutos. Na oficina, as atividades críticas estão esperando para serem feitas porque faltam materiais ou informações. Num escritório de engenharia, os projetistas esperam porque não foi definida qual será a rotação do eixo. Na escola, os alunos não fazem o trabalho porque não leram o texto antes da aula. Uma seguradora deixa o cliente insatisfeito porque houve demora na inspeção do sinistro.

Enfim, se você observar, há desperdícios em todas as atividades. Algumas afetam o valor para o cliente, outras afetam somente os custos. Por isso, o primeiro passo é perguntar: essa tarefa agrega valor ao cliente? Posso eliminar esse desperdício?

Esses são os temas centrais da logística enxuta: continuamente agregar valor e eliminar perdas. É senso comum que é bom agregar valor ao cliente e reduzir desperdícios. Então, por que as pessoas não fazem isso sistematicamente? Uma das razões é a falta de compreensão dos benefícios do *lean*. Quando se percebe que as oito perdas da logística enxuta afetam o lucro (Apêndice A-8), fica mais fácil adotar a melhoria contínua como atividade sistemática e diária. Outra razão é a aversão inconsciente aos problemas delicados. Ainda outra razão é a falta de entendimento sobre *lean*, que pode ser facilmente compreendido com as análises feitas sob a lógica do trânsito (Apêndices A-2 e A-7). Fica a critério do leitor utilizá-la para outras análises.

É fundamental para o futuro da logística enxuta a correta definição de seus valores (Apêndice A-18), sua sequência de implementação (Apêndice A-7), a definição das perdas para a logística enxuta e o aperfeiçoamento da forma de acessar o valor na visão do cliente. Nesse aspecto particular, a logística leva vantagem, pois está mais próxima do cliente do que a produção, embora valor seja um tópico mais afeito ao *marketing*.

Seria apropriado pesquisar um tema chamado *marketing* enxuto ou o valor deveria ser principalmente desenvolvido no âmbito da logística enxuta?

Caso esses temas fundamentais não sejam abordados com extremo cuidado, a logística enxuta será – quando muito – mais um daqueles modismos gerenciais. Cairá em desuso quando uma novidade qualquer ocupar seu lugar.

Sendo otimista – porque a logística é um ponto nodal entre produção, *marketing*, suprimentos e a interface física entre o cliente e a operação – a logística *lean* será construída sobre alicerces firmes (valores, princípios, métodos, técnicas e ferramentas adequados à logística) e impulsionará iniciativas em outras áreas. As oito perdas propostas aqui são também aplicáveis à produção e aos serviços, sem prejuízo para o que é fundamental: agregar valor e eliminar perdas.

EPÍLOGO

Quando os personagens se depararam com a melhoria contínua, as reações foram diversas. Se não ficou claro no texto, é preciso repetir: a transformação enxuta só é sustentável com a prática do *kaizen*.

Falando especificamente sobre o Brasil, onde a logística ainda está no seu estágio inicial, os benefícios da logística enxuta são muito maiores que em outros países. A razão é muito clara: a logística enxuta pode melhorar muito as operações logísticas com pouco ou nenhum investimento em ativos. Enquanto o país espera por recursos ou pelas condições propícias para investir em tecnologia, perde um tempo precioso para melhorar a operação. Recursos financeiros importantes poderiam ser economizados para investir imediatamente em novas melhorias, entrando num círculo virtuoso: um ciclo de melhorias gera recursos para as próximas melhorias. Por que não começar pelas alternativas simples e baratas? Por que valorizamos mais as grandes melhorias e os investimentos vultosos?

Aproveitar esses benefícios depende da mudança na forma de pensar e de abandonarmos a acomodação que temos com relação aos desperdícios. Os mesmos princípios da transformação enxuta são válidos para mudar os comportamentos de organizações públicas e privadas. Ainda, como primeiro passo, é preciso discutir os valores nessas organizações. Se os valores praticados não são compatíveis com o *lean*, não haverá transformação enxuta. Especificamente no caso da corrupção, não há alternativa senão extirpá-la antes ou durante a discussão sobre valores. Onde há corrupção, nepotismo ou clientelismo, a melhoria não tem vez. Onde há corrupção, o interesse pela eficiência é ínfimo. Onde há corrupção, há pobreza.

Quando as empresas e o governo discutirem seriamente melhorias contínuas na logística, a logística enxuta poderá ser um diferencial para que o país acesse a cultura da eficácia, da eficiência e da qualidade.

Sonhos muito grandes? Aspirações irreais? Delírio? Não saberemos antes de experimentarmos!

Apêndices

Esta seção tem como objetivos:
i) explorar os conceitos principais da logística enxuta (*lean logistics*), e por vezes da produção enxuta (*lean production*), através de uma linguagem simples;
ii) criar uma referência lógica para repensar o que se fala sobre o *lean* (prática enxuta), separando o que é fundamental do que é dispensável;
iii) instigar o leitor a praticar melhorias com o conhecimento disponível no momento, pois não é necessário esperar por conhecimentos aprofundados para iniciar a jornada da melhoria contínua.

A-1
Valor, preço e custo

A logística trata basicamente de fluxos. São fluxos de materiais, de produtos e de informações. Numa empresa comercial, são os fluxos físicos e de informações que comandam o fluxo financeiro. Então, é de esperar que a lucratividade de uma empresa esteja associada, em primeiro lugar, ao fluxo de informações que colocam os produtos em movimento e ao fluxo de produtos que fazem o dinheiro fluir dos clientes para dentro da empresa e desta para os fornecedores. O que dificilmente enxergamos no nosso dia a dia é que existe valor fluindo pela cadeia de suprimentos. Quando o consumidor paga por um produto ou serviço, na verdade, ele está comparando o preço pago com o valor que ele atribui a este produto ou serviço. Se o valor percebido é maior que o preço, os clientes pagam. Do ponto de vista da empresa vendedora, para que o negócio valha a pena, o preço pago pelo cliente tem de ser maior do que o custo desses produtos e serviços. A equação de sustentabilidade da cadeia de suprimentos, válida para qualquer integrante, é:

$$\text{Valor} > \text{Preço} > \text{Custo}$$

Somente dessa forma o cliente ficará satisfeito (valor maior do que o preço) e haverá margem de lucro para os vendedores (preço maior do que o custo). Essa equação faz uma distinção clara entre três elementos diferentes: valor, preço e custo. É muito comum confundir preço com valor. Valor é intangível e está ligado à percepção de utilidade que o cliente tem. O preço é tangível, definido pelo montante de dinheiro gasto na transação de compra. Pode-se dizer que o valor agregado ao cliente é a diferença entre o preço pago e o valor recebido pelo cliente em troca do preço pago.

Se imaginarmos os produtos fluindo desde o primeiro fornecedor até o consumidor final, passando por fábricas e armazéns, veremos o dinheiro fluindo na direção oposta. Na interface entre dois elementos quaisquer (entre o fornecedor e o cliente ou entre a empresa e o consumidor) é que ocorre uma transação em que valor é trocado por dinheiro. Logicamente, são os consumidores, que estão na extremidade, que sustentam a cadeia de suprimentos. Portanto, agregar valor e melhorar os fluxos (de informações, físico e financeiro) são tarefas centrais da logística. Os conceitos e ferramentas mais importantes da logística, da produção e dos serviços podem ser questionados, pensados e validados à luz dessa lógica: agregação de valor ao cliente e melhoria contínua dos fluxos.

A-2*
A lógica do trânsito

Praticar a lógica do trânsito é pensar em fluxo. Traçar analogias entre a realidade do trabalho e a lógica do trânsito ajuda a enxergar com clareza onde estão os problemas e as oportunidades, criticar a consistência de métodos e escolher as ferramentas gerenciais mais adequadas. A logística enxuta baseia-se em duas questões principais: 1) agregar valor ao cliente e 2) reduzir perdas.

Existem atividades que agregam valor e atividades que não agregam valor. As perdas** interrompem o fluxo de valor ao cliente (por isso, estão representadas transversalmente ao fluxo na figura a seguir).

Perdas. Ver A-6

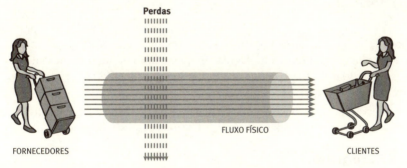

Figura A2.1 As perdas são transversais ao fluxo, interrompendo o fluxo de valor.

Quando os produtos se movem em direção ao cliente (ou estão sendo transformados na forma desejada pelo cliente), estão agregando valor. Quando estão parados por algum motivo, na forma de estoques ou sendo colocados em estoques verticais, não estão agregando valor. É preciso que o não fluxo em direção ao cliente seja taxa-

---

* Para melhor compreensão do conteúdo do Apêndice A-2, sugere-se a releitura dos Capítulos 6, 13 e 14.

** A palavra *muda*, em japonês, na verdade quer dizer desnecessário, mas foi traduzida como *waste* para o inglês e *perda* para o português.

do como perda. Somente dessa forma as perdas poderão ser eliminadas. Entretanto, existe uma dificuldade em enxergar as perdas: quando vemos uma perda que não pode ser eliminada no curto prazo, tendemos a pensar que ela é necessária e nos acostumamos com ela. Essa ideia é exatamente oposta à intenção da logística enxuta, pois um de seus objetivos é eliminar as perdas continuamente.

A lógica do trânsito ilustra bem a ideia de fluxos e perdas. Quando o fluxo de todos os automóveis que viajam próximos uns dos outros é contínuo, não há falhas (ou perdas). Quando um automóvel reduz a velocidade (ou para), todos os que estão atrás têm de reduzir a velocidade, afetando o fluxo global. Pensando inversamente: para atingir o fluxo contínuo é preciso reduzir as falhas que ocorrem no trânsito.

Às vezes pode ser difícil distanciar-se da realidade para pensar na lógica do trânsito e depois se aproximar da realidade novamente, transformando e adaptando os pensamentos em soluções concretas. Talvez sejam necessárias algumas leituras adicionais recomendadas nas referências bibliográficas para atingir tal finalidade.

> É um sinal evidente de evolução quando começamos a identificar, no nosso dia a dia, onde estão as perdas e a achar alternativas de melhorias. A partir daí, colocar em prática fica mais fácil!

Finalmente, quando o pensamento em fluxo se tornar habitual, você vai começar a enxergar oportunidades de melhorias onde não via antes. Mesmo que você não esteja envolvido com a logística ou a produção, você tem contato frequente com serviços e realiza atividades que agregam valor na sua casa ou no seu trabalho. Ao praticar a lógica do trânsito em outros ambientes, se tornará um hábito procurar por melhorias. Por exemplo, quando estiver numa fila em uma clínica ou num restaurante, vai ter ideias claras do que agrega valor e do que não agrega valor. Formulará soluções para as melhorias dos processos.

Observação: nos serviços, a diferença básica nos fluxos é o fluxo de atividades e de pessoas. No caso da produção e da logística, o que flui são os produtos.

A-2.1 Fluxo global

O conjunto de automóveis na figura a seguir, movendo-se da esquerda para a direita, expressa a ideia contida em qualquer fluxo logístico:

– As atividades são feitas em sequência porque nenhum automóvel é ultrapassado por outro (andam em fila).

– O produto não é entregue até que a última atividade seja completada, pois considera-se que o trajeto é completado pelo comboio somente depois que o último automóvel percorreu todo o trajeto.

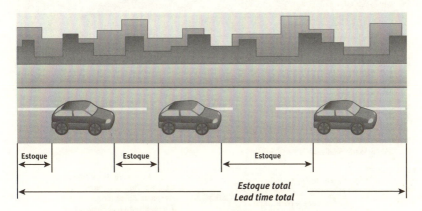

Demanda	Produção	Estoque	Taxa de produção
km	km	km	km/h

Figura A2.2 A lógica do trânsito.

O que este sistema produz?

Quilômetros percorridos.

Quando um quilômetro é produzido?

Quando o último automóvel percorrer um quilômetro.

A-2.2 Fluxo descontínuo

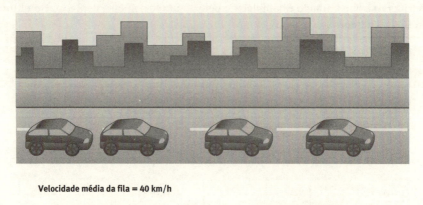

Figura A2.3 Fluxo descontínuo no trânsito.

Quando o fluxo é descontínuo, a taxa de processamento individual dos automóveis (quilômetros por hora) varia de tal modo que se podem observar distâncias variáveis entre cada par de automóveis. Eventualmente, um automóvel estraga e o fluxo apresenta uma ruptura, pois um ou mais automóveis param. Disso pode se concluir que a variabilidade é uma das causas fundamentais do fluxo descontínuo. Por isso, as variabilidades podem estar escondidas se o espaçamento entre os automóveis for grande (estoques, no caso da produção e da logística, e folgas excessivas planejadas para atividades, nos serviços ou no planejamento). Variações nas taxas de processamento, quebras e materiais com defeito são sinais de má qualidade e baixa capacidade do processo.

Deve-se ter em mente que a capacidade do processo baseia-se na variabilidade do processo (Juran, 1990, p. 129). Não é por acaso que Deming defende a redução constante da variabilidade dos processos para obter qualidade e reduzir custos (Scherkenbach, 1990, p. 36-37).

Forçar que os automóveis andem próximos uns dos outros revela as fontes das variabilidades e, consequentemente, das rupturas de fluxo. Se um automóvel parar por causa de uma falha, todos que estiverem depois dele pararão se a falha não for corrigida a tempo. Isso é similar ao que o *Kanban* faz. Quando os estoques entre os processos são diminuídos, as falhas aparecem e, se não forem corrigidas antes que o pequeno estoque em processo seja consumido, o fluxo é interrompido. Por isso, o *kanban* é usado como uma ferramenta de identificação de problemas (e variabilidades), além de seu propósito de sincronização.

Se a taxa média de processamento (velocidade média) do comboio é de 40 km/h, não há propósito em um dos automóveis do comboio andar – em determinados momentos – mais rápido do que a velocidade média, dado que o comboio somente atinge seu objetivo após o último automóvel chegar ao destino. Se o automóvel mais lento estiver do meio da fila para trás, o efeito de querer andar mais rápido será maior espaçamento entre os automóveis (estoques), sem que haja vantagem para o comboio. É o que acontece com uma operação que possui estoques intermediários quando os primeiros recursos têm maior taxa de processamento: o apressamento dos recursos mais rápidos somente gera estoques sem que haja vantagem de produtividade ou de redução de prazo na produção ou embarque dos produtos finais. Enquanto os líderes e as pessoas que gerenciam o fluxo não se conscientizarem de que não adianta acelerar um recurso individual, não será possível implementar sistemas puxados e, consequentemente, será difícil reduzir *lead times* e estoques.

A-2.3 Ajustando-se ao fluxo global

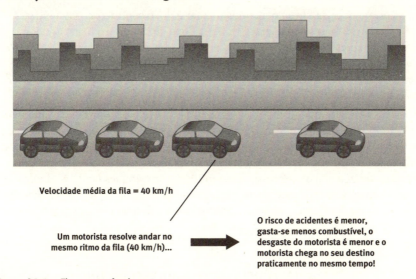

Figura A2.4 Fluxo no trânsito.

Supondo que todos os motoristas sabem que a velocidade média do comboio é "sempre" de 40 km/h e decidam andar "sempre" a esta velocidade, eles podem andar mais próximos uns dos outros. Se o espaçamento diminui, o estoque diminui. O tempo de trajeto desse comboio cai – se nos comboios à sua frente os automóveis também estão próximos uns dos outros – e os custos, o desgaste, os riscos e o esforço individual diminuem. Nas operações com estoques intermediários, fazer que todos os recursos sigam a mesma taxa de processamento reduz os estoques.

Deve-se notar, contudo, que se o comboio tem uma velocidade média de 40 km/h, existe alguma variação em torno dos 40 km/h. Um automóvel pode variar sua velocidade entre 30 a 50 km/h e, ainda assim, andar a uma velocidade média de 40 km/h. Outro automóvel pode variar sua velocidade entre 10 a 70 km/h e, ainda assim, andar a uma velocidade média de 40 km/h. Isso significa que algum espaço deve ser deixado somente na frente do automóvel que limita o comboio para que ele possa manter a velocidade média de 40 km/h.

É comum um automóvel que tem um comportamento muito variável transmitir a variação para os outros automóveis. Como consequência, frequentemente decide-se erroneamente aumentar o espaçamento entre todos os automóveis que variam seu comportamento em função daquele automóvel com comportamento muito variável. Situação similar acontece nas operações que possuem estoques intermediários: alto nível de estoques intermediários em muitos locais da operação para protegê-la das variações provocadas por um único recurso muito variável. Nesse caso, os estoques e o *lead time* aumentam.

A primeira coisa a fazer para implementar o fluxo contínuo é conscientizar-se de que é o recurso mais lento que determina o fluxo global. Não adianta acelerar outro recurso qualquer. Depois, é preciso fazer o ritmo dos recursos seguir a taxa média de processamento. Após, havendo demanda, trabalha-se para melhorar a capacidade do recurso mais lento (aumentar a taxa de processamento global) e reduzir a variabilidade dos processos.

O *takt time* (tempo disponível / demanda) – tempo para processar uma unidade – cumpre o papel de informar e ditar o ritmo para os processos. Se o *takt time* for menor do que o tempo mínimo com o qual o processo tem capacidade de processar uma unidade, a demanda não será atendida. Por outro lado, se o *takt time* for maior do que a capacidade de processar uma unidade, os estoques tenderão a aumentar. Se não houver um sinal para mandar parar, a tentativa individual dos recursos para acompanhar a demanda pode levar ao aumento de estoques em processo.

A-3
Transferência de responsabilidade

Peter Senge* explica muito bem esse fenômeno através da deficiência de aprendizagem organizacional. Dentre sete tipos de deficiências de aprendizagem, Senge (2004) cita *o inimigo está lá fora*:

> "Existe em cada um de nós uma propensão de encontrar alguém ou algo, uma razão externa a quem culpar quando as coisas não dão certo. '*Encontrarás sempre*

---

* [L] SENGE, Peter. *A Quinta Disciplina*. p. 53, 114 e 133 (2004).

um agente externo para culpar'. O marketing culpa a produção. A produção culpa a engenharia. A engenharia culpa o marketing. [...] Essa deficiência de aprendizagem torna praticamente impossível detectar mecanismos de alavancagem que podemos usar para lidar com os problemas que ocorrem *aqui dentro* e isso aumenta a distância entre nós e o *lá fora*."

Uma das estruturas dinâmicas descritas por Senge é o arquétipo *transferência de responsabilidade*, em que um problema gera sintomas associados que exigem atenção. Porém, as pessoas acham difícil tratar essa dificuldade porque é "obscura" – chamamos essa dificuldade ao longo do texto de problemas *delicados, embaraçosos* ou *ameaçadores* – ou porque exige um grande esforço.

As soluções paliativas – que tratam somente do sintoma – trazem alívio imediato, mas, como não bloquearam as causas, os problemas reaparecem mais tarde. Os arquétipos sistêmicos são representados na forma de ciclos que interagem ao longo do tempo e que podem ser *de equilíbrio* (agem para manter a situação como está) ou *de reforço* (agem para aumentar os efeitos; se não forem limitados por alguma restrição cresceriam indefinidamente):

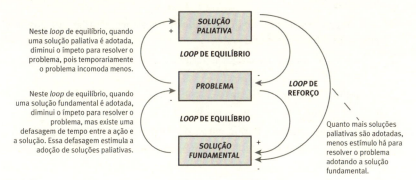

Figura A3.1   Arquétipo *transferência de responsabilidade*.

A recomendação é fortalecer a resposta fundamental e enfraquecer a solução paliativa. Este conselho é totalmente coerente com a solução para empresas que passam "apagando incêndios" e não atacam as causas fundamentais dos problemas.

O arquétipo *transferência de responsabilidade* tem uma meta implícita para manter o sistema em equilíbrio num determinado patamar. Quem deseja fazer a transformação *lean* deve elevar o equilíbrio para um patamar de desempenho superior. Para isso, precisa reforçar as ações para atacar as causas fundamentais dos problemas e reduzir as soluções paliativas. Significa, por exemplo, adotar o *kaizen* e o PDCA para solução de problemas.

A-4
Principais conceitos da logística enxuta

- Fluxo contínuo – fluxo a uma taxa de processamento constante. Onde há uma variação no fluxo, há provavelmente uma *perda*. Essa perda resulta normalmente no aumento de *estoques*.
- *Lead time* – ou tempo de atravessamento. É o tempo decorrido entre o início e o fim do processamento. É maior que a soma dos tempos de ciclo dos recursos individuais. A definição mais comum do início e do fim do processo é o período entre o cliente colocar o pedido e recebê-lo.
- Processamento unitário – a perfeição no *lean* é embarcar uma unidade, repor uma unidade e fazer uma unidade.
- Tempo *takt* – tempo para processar uma unidade de modo a atender à demanda. Ex.: a demanda é 30 peças por hora; então o *takt* é 2 minutos.
- Frequência de suprimento – é o período entre entregas. Ex.: semanal, mensal ou diária.
- Taxa de processamento – é quantidade de peças processadas por unidade de tempo. Ex. 30 peças / hora.
- Trabalho padronizado – tarefas e tempos definidos e padronizados por ciclo de trabalho.
- Variabilidade – é sinônimo de baixa qualidade no *lean*. Normalmente a variabilidade resulta no aumento de estoques.
- Tempo de preparação – tempo para trocar o processamento de um produto A para um produto B, de uma atividade A para uma atividade B, de um produto B para C, etc.
- Puxar – fazer e movimentar somente após a demanda acontecer. Empurrar é o contrário: antecipar-se à demanda – comprar, produzir, embarcar antes que a demanda aconteça.
- *Kanban* – quer dizer cartão. É um sistema de puxar que autoriza processar somente quando há demanda.
- Estabilizar – reduzir as variabilidades do sistema. Quebras, perdas, atrasos e problemas de qualidade causam variabilidades no processamento.
- Nivelar – distribuir as cargas de trabalho da maneira mais uniforme possível entre os recursos.

A-5
Barreiras à mudança

As barreiras à mudança normalmente são desdobramentos do *gap* de conhecimento, dos modelos mentais vigentes, da estrutura da organização e do estilo de liderança adotado. Podem ser classificadas em barreiras de:

- conhecimento;
- mentalidade;
- comportamento da gerência;
- insegurança e inconsciência;
- estrutura e incentivos.

As barreiras à mudança manifestam-se mais claramente quando alguém ou um grupo está diante de um problema delicado e importante. Problemas delicados são aqueles difíceis de verbalizar para si ou para um grupo por serem percebidos como constrangedores ou ameaçadores.

Se o problema não é tratado, não é resolvido. Se não é resolvido, continuará incomodando. O mais importante, contudo, é a deficiência de aprendizagem pessoal ou organizacional associada aos problemas não resolvidos.

Por serem normalmente constrangedores, esses problemas são remetidos a um nível baixo de consciência, proporcionalmente ao grau percebido de "ameaça". Isto é, quanto mais ameaçadores, maior o nível de inconsciência sobre os problemas. Pode-se fazer uma análise do impacto no aprendizado através do nível de consciência acerca dos problemas:

Nível de consciência acerca dos problemas

	Sabe que...	Não sabe que...
...não sabe	2 Consciência	1 Inconsciência
...sabe	4 Consciência e Competência	3 Insegurança

Figura A5.1   Níveis de consciência sobre os problemas.

Uma pessoa pode estar em quatro níveis diferentes de consciência: 1) *não sabe que não sabe*, caso daquele que acha que sabe ou não se permite saber (insuscetível à mudança); 2) *sabe que não sabe*, caso daquele que reconhece seu *gap* de conhecimento e, portanto, é mais suscetível à mudança, à aquisição de conhecimento e à competência; 3) *não sabe que sabe*, caso daquele que se sente inseguro ou sem confiança para agir e expressar seus conhecimentos; e 4) a pessoa que *sabe que sabe*, a qual está no nível mais elevado de consciência e está apta a projetar ações que surtam o efeito desejado, seja ele para o bem ou para o mal.

Embora a classificação nesses quatro níveis não seja precisa, as implicações são importantes, especialmente para os níveis (2) e (4). Ambos envolvem o *querer*. Quando há competência (4) e consciência (2), mesmo assim é preciso querer mudar. Sujeitos que sabem da relevância da mudança mas se julgam atingidos nos seus interesses pessoais frequentemente decidem não mudar.

Pessoas que não têm consciência de seu *não saber* (1) têm de superar uma dupla barreira: o eventual *constrangimento de não saber* e o *não saber que pode aprender*.

Os quadrantes (1) e (3) abrangem o que Argyris (2005) chama de inconsciência hábil – os estratagemas inconscientes que se transformam em incompetência hábil – comportamento defensivo que se traduz em barreiras à mudança.

No nível (1), a criação de condições favoráveis ao aprendizado e à mudança passa pela habilidade do conselheiro, líder ou interventor reconhecer os comportamentos defensivos frente aos problemas e erros e lidar com tais constrangimentos.

Uma maneira fácil de detectar os limites ao aprendizado é através da discussão de problemas. Rapidamente aparecem os comportamentos defensivos que denunciam o limite ao aprendizado. Há riscos em discutir problemas delicados: as pessoas e a organização podem se tornar mais defensivas ainda. Ninguém diria que não quer mudar para melhor! Mas a prática da mudança mostra que o pressuposto para o aprendizado e a mudança é a vontade genuína. Vontade suficiente para vencer as barreiras.

É necessário ao líder ou conselheiro, dentre outras, habilidades para decidir entre: falar, ouvir ou calar; avançar ou parar; persistir ou abandonar; oferecer escolhas informadas. Desejo de aperfeiçoamento, sensibilidade, equilíbrio e comunicação eficaz resumem as habilidades necessárias.

A comunicação eficaz se dá através de mensagens válidas e testáveis. O oposto é a comunicação defensiva, em que as mensagens são generalizadas, inespecíficas, não válidas e não testáveis. As rotinas defensivas manifestam-se através de:

- Generalizações – "O cliente não quer saber desse produto". Nesse caso, a questão desafiadora poderia ser: quem dentre todos os clientes? "As coisas aqui foram sempre assim: não vão mudar!" A questão desafiadora poderia ser: que coisas especificamente são impossíveis de serem mudadas?
- Informações não válidas, desprovidas de causalidade – "Se até agora não conseguimos atingir as metas, jamais seremos um dos melhores". Questão desa-

fiadora: melhores em quê? Aponte uma iniciativa que nos faria melhor do que o líder atual!
- Atribuições – "Fulano é contra o *kaizen*". O que fulano fez para que você concluísse que ele é contra o *kaizen*? "Sicrano é centralizador". Em que situação sicrano foi centralizador? Ele é sempre centralizador?
- Informações não testáveis – "Aqui temos todos os conhecimentos necessários para sermos excelentes". Não há como testar, pois existem conhecimentos que desconhecemos! Há algum conhecimento necessário que seja desconhecido por nós? Para responder a esta questão, só perguntando a outras pessoas, especialistas de outras áreas.
- Manipulações – o próprio *conselheiro,* com o objetivo de forçar a mudança, pode ficar tentado a manipular, ou seja, ignorar a liberdade de escolha da pessoa ou grupo: "Eu já vi muitas empresas com dificuldade de aprender quebrarem!". Sem escolha consciente, a mudança não tem legitimidade e não persiste. Escolhas informadas são o oposto: o conselheiro oferece alternativas e mostra as respectivas consequências (testáveis).

Os comportamentos defensivos podem ser tão arraigados que mesmo os fatos podem ser distorcidos. Por isso, preferencialmente, as mensagens deveriam ser baseadas em fatos registrados e acessíveis.

Fala-se muito na fórmula liderança + crise + tutor (*sensei*) + conhecimento *lean* + disciplina para sustentar a mudança. Há outras fórmulas muito parecidas com pequenas variações. Apesar da queixa generalizada sobre os insucessos, essas fórmulas continuam sendo utilizadas para a transformação enxuta. Pior ainda são os conselhos baseados somente em ferramentas, métodos e padrões *lean*, pois são ineficazes para a sustentabilidade.

Parece mais promissor tomar como ponto de partida a construção da vontade genuína para a mudança, a detecção dos comportamentos defensivos, o levantamento das barreiras à mudança e o desenvolvimento das habilidades de aconselhamento, liderança e comunicação.

A-5.1
Barreiras específicas à mudança

Apesar de variarem de empresa para empresa, algumas barreiras parecem ser comuns a muitas organizações e parecem ser desdobramentos do *gap* de conhecimento, dos modelos mentais vigentes, da estrutura da organização e do estilo de liderança adotado:

- Visão equivocada sobre a produtividade: "a máquina não pode parar"; o "homem não pode parar"; "produzir quantidades grandes para diluir os custos indiretos";

`Conhecimento`

- Pensamento *lote-e-fila* (os lotes grandes são vistos como fonte de economia de escala e de produtividade);
- Gestão encarada como modismo (cada novidade é entendida e experimentada superficialmente);
- Desconhecimento sobre *kaizen* e *lean* (desconhecimento dos porquês, apesar de conhecer as ferramentas e métodos *lean*);
- Problemas vistos como incômodo (o *lean* vê os problemas como oportunidades);

> **Mentalidade**
- Mentalidade da novidade: "o que é novo é bom"; "o que é velho é ruim";
- Mentalidade de curto prazo;

- Rejeição à teoria: "isso é muito teórico", mas teoria comprovada é ciência, e ciência tem a capacidade de prever a realidade (por exemplo, prever se um conjunto de práticas vai dar sustentabilidade à empresa);

> **Comportamento da gerência**
- Gerência puramente diretiva (existe para dar ordens; dar suporte não é considerado requisito da função do gerente);
- Culpa pelos problemas (postura defensiva da gerência) atribuída às pessoas abaixo na hierarquia;

- Gerenciamento 'a partir do escritório' (quando *ir ver* diretamente no local de trabalho não faz parte do hábito da gerência);
- Falta de agentes de mudança (líderes);
- Esforços não premiados (premiar somente os resultados – redução de custos – em vez de recompensar os esforços de melhoria *e* os resultados);
- Não valorização das melhorias (a prática enxuta dispensa mão de obra devido às melhorias nos processos. Em vez de premiar as melhorias, erra-se ao demitir justamente aqueles que promoveram melhorias);

> **Insegurança / inconsciência hábil**
- Mudanças expõem erros e ineficiências do passado (um gerente que começa a fazer melhorias enfrenta oposição velada, ou declarada, de diretores e gerentes que não conseguiram fazer melhorias no passado. Estes se sentem atingidos pelas novas melhorias: "Vão notar que eu não consegui realizar as melhorias quando eu dirigia a operação");

- Mentalidade da *obrigatoriedade do saber*: o sujeito diz "isso eu já conheço" para não se sentir constrangido, mesmo que não entenda em profundidade do assunto em questão;
- O fortalecimento da função percebido como fonte de poder (*accountability* – quanto maior o orçamento da área e mais funcionários tiver, mais poder é supostamente auferido);
- Ação inconsistente com o discurso (quando as teorias verbalizadas são diferentes das ações);

- Tensão insuficiente para realizar a mudança (pois, se não há uma crise ou um forte estímulo à melhoria, as pessoas não se sentem instigadas a mudar): não há metas ou elas não são aceitas pela organização; Estrutura / incentivos
- Empresa fortemente organizada sobre uma estrutura funcional (as decisões são majoritariamente *top-down*);
- Custos contábeis penalizam os lucros no curto prazo quando há redução de estoques: aparece uma redução no lucro contábil na demonstração de resultados do exercício, embora a empresa tenha melhorado visivelmente;
- Alta rotatividade de executivos por causa de incentivos externos (promessa de melhor carreira em outras empresas) e alta rotatividade dos empregados por falta de incentivo ao crescimento (*o fazer* é considerado pela gerência mais importante que *o pensar antes de fazer*).

A-5.2
Fundeador

Há que se ter muito cuidado ao atribuir a alguém o rótulo de fundeador. O termo utilizado em inglês é *anchor-dragger* (Womack, 1997). Foi utilizado aqui porque fundear é lançar âncora. Fundeador é sonoro e carrega o significado desejado.

A âncora é o que mantém o navio parado, o que não é necessariamente ruim. Foi citado neste texto pelo personagem Moacir Ventura para rotular aqueles que desejam que tudo fique como está, que são avessos à melhoria. Rótulos são perigosos porque podem ser usados inadequadamente "contra" quem deseja a melhoria.

Embora relutemos em admitir, realmente existem aqueles que têm a intenção consciente de barrar a mudança – aquele que *sabe que sabe* das suas ações e respectivas consequências. Seu propósito é certamente negativo, embora seja discutível que incompetência seja inconsciente (Apêndice A-5). Argyris (1993) não faz essa distinção creditando, talvez, o mau propósito do ser humano à inconsciência. Entretanto, sabemos que existe a falha de caráter, o erro deliberado, a dissimulação e os objetivos conscientemente ocultos.

As soluções mais prováveis para o fundeador, correspondentes às causas abaixo, são:

CAUSA	SOLUÇÃO
Insegurança	Tentar 'ajustar' o profissional trazendo-o à consciência e removendo o medo.
Incongruência com valores da empresa	Autodemissão ou demissão
Falha de caráter	Demissão

Demissões por estes motivos requerem muito cuidado. Frequentemente, justamente aquele que deseja as melhorias, que se esforça por implementá-las é chamado de "criador de caso" (*trouble maker*). Ao ouvir essa queixa em relação a alguém, durante um processo de mudança, talvez o "criador de caso" seja uma pessoa desejosa de melhorias para a organização e o "queixoso" seja o fundeador.

Se há certeza, pode-se remover o fundeador antes do processo de mudança iniciar, embora isso nem sempre seja possível.

A-6
As oito perdas da logística enxuta

Por parecerem respeitar alguns critérios, as sete perdas de Taiichi Ohno foram determinantes para o sucesso da produção enxuta. Da mesma forma, se a construção das perdas para a logística for guiada por critérios semelhantes à elaboração das sete perdas da produção enxuta, pode-se dizer que a logística enxuta estará bem alicerçada. Do contrário, o sucesso do *lean* na logística será limitado por conta de contradições fundamentais ou da irrelevância. Alguns critérios são sugeridos a seguir para elaboração das perdas da logística enxuta, tais como: a) essencialidade (a eliminação das perdas deve ser fundamental para a melhoria do fluxo, isto é, conduzir a operação para o fluxo contínuo); b) continuidade de melhorias (serem coerentes com o conceito de melhoria contínua); c) disciplinaridade (serem pertinentes à logística); d) facilidade de identificação das perdas; e) indução à imediata eliminação das perdas; e f) superação das eventuais compensações entre as perdas. Ainda, se acrescentaria um critério coerente com o *lean*: g) sintetizadas, isto é, as perdas deveriam ser um conjunto enxuto de itens suficientes e essenciais. Se cinco perdas forem essenciais e suficientes, seriam cinco as perdas da logística enxuta; se sete perdas fossem essenciais e suficientes, seriam sete as perdas da logística enxuta, e assim por diante.

As perdas, como elemento básico da logística enxuta, deveriam ser identificáveis para provocar a iniciativa de eliminá-las assim que possível. Principalmente, deveriam ser um conjunto mínimo de variáveis independentes. Mesmo teoricamente deveria ser impossível eliminá-las totalmente, para que pudessem ser reduzidas indefinidamente, a fim de serem coerentes com o conceito de melhoria contínua (*kaizen*). Ora, se um conjunto de perdas pode, em teoria, ser eliminado totalmente, ele não tem continuidade, é transitório. Assim, perdas transitórias não podem ser consideradas essenciais ao *lean*, pois, uma vez eliminadas, tal classificação de perdas não faria mais sentido.

Nas sete perdas da produção, superprodução representa excesso de estoque. Perda por espera representa o tempo que um material aguarda para ser processado. Perdas de processo em si são aquelas referentes aos processos que não agregam valor ou são inerentes ao processo, como os solventes da tinta que evaporam. Perdas por transporte dizem respeito às movimentações desnecessárias de materiais.

A classificação das sete perdas estabelecidas por Taiichi Ohno, mentor do Sistema Toyota de Produção, são consistentes com a noção de essencialidade (para a melhoria do fluxo) e continuidade de melhorias. Sempre haverá superprodução, esperas e defeitos enquanto existir distâncias, enquanto o tempo das operações não for nulo e a qualidade não for perfeita.

Acredito que, seguindo os critérios de *a* a *f* anteriores – principalmente o de essencialidade e continuidade – as perdas são um conjunto robusto de elementos habilitadores do *lean*. Ainda, para serem tipificados como perdas da logística enxuta deveriam ser pertinentes à disciplina logística. Não seria seguro dizer que oito tipos de perdas para a logística enxuta – propostos a seguir – são definitivos, contudo são coerentes com os critérios discutidos anteriormente:

1. Superoferta por quantidade: quantidade que excede a necessidade do cliente. Resulta em estoques na cadeia de suprimentos.
2. Superoferta por antecipação: quantidade enviada para o cliente em antecipação ao momento de consumo.
3. Suboferta ou perda de vendas: perda de vendas por falta de estoque ou por decisão do cliente (mau atendimento, qualidade deficiente do serviço ou produto, etc.).
4. Esperas: quando um produto espera por um recurso para ser processado. É importante ressaltar que, nesta definição, a perda por espera ocorre quando um produto espera por um recurso para ser processado. Um recurso esperando por um produto não é considerado perda por espera.
5. Perdas por defeitos: defeitos nos produtos ou nos equipamentos e que afetam o fluxo.
6. Perdas por movimentação: são caracterizadas pelos movimentos desnecessários dos produtos ou materiais. Não devem ser confundidas, conforme definido aqui, com as perdas por movimentos desnecessários.
7. Perdas por processamento: falhas, perdas e desperdícios ao processar os pedidos ou as ordens.
8. Perdas P (previsão, planejamento, programação, prazo): são perdas ligadas à informação ou caracterizadas pela variação artificial nas necessidades*. Causam outras perdas tais como esperas e superoferta. Provocam perturbações no nível de demanda, aumentando os custos e reduzindo o nível de serviço. O efeito chicote é um tipo de perda P.

A suboferta é uma preocupação constante na logística, pois existe a compensação entre os custos de estoque e as perdas de vendas. Maiores estoques proporcionam menor probabilidade de falta de produtos, mas implicam em custos.

As perdas P antecedem em causalidade as perdas por espera e por superoferta e têm importante impacto na cadeia de suprimentos porque as informações de pro-

---

* Necessidades são as quantidades calculadas para atender à programação da operação.

gramação podem fazer que os produtos fiquem parados ou processem mais do que o necessário.

A questão dos estoques merece uma análise à parte, pois tem havido alguma confusão tanto para aqueles que ensinam *lean*, quanto para aqueles que o praticam. Estoque não é obrigatoriamente perda. Excesso de estoque é perda. Estoque é um *indício* de perda. Se o estoque está acima da quantidade necessária, é perda. Para fins de um conjunto enxuto de perdas, a perda por estoques não deveria fazer parte das perdas da logística enxuta. Ela aparece naturalmente por consequência da superoferta e de outras perdas.

Para haver fluxo contínuo, algum estoque (no mínimo uma unidade) deverá existir. Quando Taiichi Ohno estabeleceu as sete perdas, não falou em estoque zero. Falava em quantidades necessárias (Ohno, 1997). Portanto, os estoques não podem ser reduzidos a zero, como dá a entender o chamado sistema de produção com estoque zero. Essa pequena sutileza tem implicações importantes como, por exemplo, a tomada de decisões acerca de níveis de estoque por profissionais de produção enxuta que tentam praticar a logística enxuta.

Como sempre existirão estoques na logística, as perdas por superoferta respeitam o critério de continuidade de melhorias. Das sete perdas de Ohno para a produção, certamente o estoque também respeita o critério de continuidade. Alguém poderia argumentar que as perdas por superprodução, transporte, movimentação, processamento e defeitos possam ser reduzidas a zero na produção, mas essas estão aí por serem essenciais. São *essenciais* porque todas prejudicam o fluxo contínuo. O fluxo contínuo conduz ao *just-in-time*: produzir a quantidade necessária, no momento necessário, na qualidade certa, no local desejado pelo cliente.

Na logística enxuta, também se poderia argumentar que as perdas por defeitos, processamento e movimentação, como definidas aqui, possam ser reduzidas a zero. No entanto, continuam sendo essenciais por prejudicarem o fluxo contínuo. O fluxo contínuo auxilia a alcançar o objetivo da logística de entregar ao cliente a quantidade necessária, no momento certo, no local desejado, com um nível de serviço adequado e a um custo acessível.

A superoferta e a perda por movimentação respeitam o critério de continuidade porque, por definição, não podem ser reduzidas a zero. A disponibilidade imediata (relacionada à superoferta) e o transporte (relacionado à movimentação) continuarão existindo sempre que os clientes desejarem os produtos imediatamente e no local onde esperam recebê-los. A perda por espera sempre existirá quando houver estoque e transporte de produtos entre origem e destino distantes no tempo e no espaço.

A suboferta e a perda por espera na logística estão de acordo com o critério de essencialidade. A suboferta é a ruptura do fluxo. A perda por espera também prejudica o fluxo contínuo.

Os *tradeoffs* ou compensações – piora de um aspecto quando se melhora outro – são elementos inseparáveis da logística. Um dos mais importantes é a compensação entre custo de vendas perdidas e o custo de manutenção de estoques. Para garantir que não faltem produtos para vender é necessário um nível mais elevado de estoque. Baixar o custo de estoques eleva a perda de vendas. O *tradeoff* entre suboferta – preocupação constante para a logística – e superoferta pode ser superado pelo aumento da frequência de entrega ao melhorar a resposta às faltas de produtos.

A perda por transporte, como definida por Ohno, respeita a disciplina chamada manufatura ou produção porque, na produção, a movimentação desnecessária é puro desperdício. Na manufatura, o que tipicamente agrega valor é a transformação dos materiais em produtos com as características desejadas pelos clientes. Na produção, os estoques intermediários e as movimentações são minimizados quando um novo *layout* aproxima duas operações, ao passo que a logística não pode trazer o cliente para perto da produção, o que torna imprescindível o estoque e o transporte. Na logística, valor é criado pelo transporte quando os produtos são levados até o cliente, portanto não seria adequado chamar transporte de perda. Por isso foi proposta para a logística a perda por movimentação porque perda é a movimentação desnecessária tanto na produção quanto na logística. A perda por movimentação na logística enxuta respeita o critério de disciplinaridade porque é coerente com o ambiente da logística. Além do mais, respeita-se o critério enxuto. Ao propor a perda por movimentação nas oito perdas da logística enxuta, sintetize, numa só perda, a perda por movimentação da logística e a perda por transporte da produção enxuta.

A essencialidade das perdas (para a melhoria do fluxo) coloca limites superiores e inferiores no conjunto de perdas. No limite superior estão os valores do *lean*, que não fazem parte das perdas. Por que Ohno não elegeu, por exemplo, perdas relacionadas a acidentes de trabalho? Há algo mais importante do que garantir que as vidas humanas não corram risco? Contudo, a segurança no trabalho faz parte do valor *respeito*. Por que Ohno não elencou, por exemplo, desperdício de inteligência ou competência? Embora importante, essa perda não configuraria como essencial porque não tem correlação direta com o fluxo contínuo. Dar condições para que os trabalhadores aprimorem sua inteligência e competência é um valor a ser cultuado pela empresa.

O fluxo de informações – essencial na logística – coloca os produtos em movimento através do planejamento e da programação. O planejamento, via de regra, inicia com uma previsão de vendas. As faltas e os excessos de estoque são causados pelos erros de previsão, que podem ser minimizados ao se reduzir os *lead times* da cadeia de suprimentos. *Lead times* menores reduzem a dependência das previsões (Bañolas; Moutinho, 2001). Propus chamar de perdas P as perdas relacionadas com previsão, planejamento, programação e prazo (*lead time*). A redução do *lead time* é um dos efeitos mais importantes no *lean* e é causa de outros, tais como a redução de estoques e da dependência das previsões.

Os efeitos de amplificação da demanda no início da cadeia de suprimentos são causados pela defasagem da informação e amplificação. Zylstra (2008) divide os tipos de efeito em dois: o clássico efeito chicote, devido às decisões de reposição reativas, e o efeito bola de neve, causado pelas políticas de reposição como, por exemplo, as diretrizes para definição dos tamanhos de lote.

Outra questão importante é a inter-relação das perdas. A relação é reforçadora se uma perda potencializa ou reforça a outra. É neutra se não há influência. E, também, pode haver um efeito de compensação entre elas quando, ao reduzir uma perda, eleva-se outra.

A correlação (reforçadora, neutra ou de compensação) – feita na tabela a seguir – não é absoluta, pois depende da situação específica em que a perda é analisada. Por exemplo: o efeito da espera na superprodução é nulo quando um produto na primeira etapa de uma linha de produção unitária espera para ser processado. Entretanto, evita-se a perda por superprodução quando – se por qualquer motivo e não havendo demanda naquele exato momento – a primeira etapa de uma linha de produção é parada. O efeito da espera durante uma montagem é reforçador pela superprodução dos n-1 componentes que estão esperando pelo componente atrasado. Por isso, em razão destas diferenças situacionais, é preciso aprender a enxergar as perdas.*

A seguir são tabeladas as correlações entre as sete perdas de Ohno:

7 Perdas Ohno	Superprodução	Espera	Movimentação	Transporte	Estoque	Processamento	Defeitos
Superprodução		7 R	13 R	19 R	25 R	31 N	37 N
Espera	1 R		14 N	20 N	26 N	32 N	38 N
Movimentação	2 N	8 R		21 N	27 N	33 N	39 R
Transporte	3 N	9 R	15 R		28 C	34 N	40 N
Estoque	4 R	10 R	16 R	22 C		35 N	41 R
Processamento	5 R	11 R	17 N	23 N	29 R		42 R
Defeitos	6 R	12 R	18 R	24 N	30 R	36 N	

R = efeito reforçador
C = efeito de compensação (*tradeoff*)
N = neutro

Figura A6.1 Correlações entre as sete perdas de Ohno.

Baseando-se em situações típicas e estritamente nas definições de Ohno para as sete perdas da produção seguem algumas explicações:

1 N – As perdas por espera não têm um efeito reforçador nas perdas por superprodução como, por exemplo, durante a montagem quando uma peça faz as outras esperarem por uma peça atrasada.

---

* Rother e Shook em *Aprendendo a enxergar* (2003) ensinam como identificar as perdas através do mapeamento do fluxo de valor.

5 R – As perdas por processamento têm um efeito reforçador nas perdas por superprodução quando etapas a mais significam pontos de estoque a mais no processo.

6 R – As perdas por defeitos têm um efeito reforçador nas perdas por superprodução porque normalmente se produz a mais para compensar os defeitos.

15 R – As perdas por transporte afetam perdas por movimentação, pois se dois postos de produção – longes um do outro – forem colocados lado a lado, eliminam a necessidade de transporte e a movimentação na origem (carregar equipamento de transporte) e no destino (descarregar equipamento de transporte);

16 R – Os estoques afetam as perdas por movimentação quando se coloca e se retira peças do estoque. Sem estoques, esse tipo de movimentação é eliminado.

18 R – Os defeitos afetam as perdas por movimentação devido a retrabalhos e movimentações para descarte ou quarentena.

39 R – A perda por movimentação afeta a perda por defeitos devido às avarias.

22 C e 28 C – Diminuir tamanhos de lotes aumenta a frequência de transporte e vice-versa. Ou seja, reduzir uma perda aumenta a outra.

41 R – O excesso de estoques exige manuseio, que por sua vez pode causar defeitos nos produtos.

42 R – Quanto mais existirem processos que não agregam valor, maior a probabilidade de haver defeitos.

A seguir são tabeladas as correlações entre as oito perdas propostas para a logística enxuta:

8 Perdas da LE	Superoferta por quantidade	Superoferta por antecipação	Suboferta	Espera	Defeitos	Movimentação	Processamento	Perdas P
Superoferta por quantidade		8 N	15 C	22 R	29 N	36 C	43 N	50 R
Superoferta por antecipação	1 N		16 C	23 N	30 N	37 R	44 N	51 N
Suboferta	2 N	9 C		24 R	31 N	38 R	45 N	52 N
Espera	3 N	10 N	17 R		32 N	39 N	46 N	53 R
Defeitos	4 R	11 N	18 R	25 R		40 R	47 N	54 N
Movimentação	5 C	12 R	19 N	26 R	33 N		48 N	55 N
Processamento	6 R	13 N	20 R	27 R	34 R	41 R		56 N
Perdas P	7 R	14 R	21 R	28 R	35 N	42 N	49 N	

R = efeito reforçador
C = efeito de compensação (*tradeoff*)
N = neutro

Figura A6.2 Correlações entre as oito perdas propostas para a logística enxuta.

3 N – As perdas por espera não têm efeito reforçador sobre as perdas por superoferta como, por exemplo, quando, ao preparar um embarque, um item faz os itens prontos esperarem.

5 C, 36 C – Consolidar embarques para diminuir custos de transporte diminui a perda por movimentação, e diminuir tamanhos de embarques aumenta a frequência de transporte e vice-versa. Ou seja, reduzir a perda por superoferta por quantidade aumenta a perda por movimentação. A superação deste *tradeoff* encontra-se no aproveitamento dos embarques com pedidos mistos e na redução dos tempos de preparação de embarque. Essa lógica vale para o *milk run* interno e externo.

6 R – Falhas no processamento dos pedidos ou das ordens são compensadas com maiores quantidades de estoque.

7 R, 14 R – Especialmente o planejamento e a programação, quando impõem quantidades mínimas ou adiantam a entrega, influem na superoferta.

2 C, 15 C – O nível de estoques causa potencialmente suboferta ou superoferta por quantidade. Diminuir o nível de estoque aumenta o risco de perda de vendas.

9 C, 16 C – Antecipar estoques na cadeia de suprimentos diminui o risco de perda de vendas se os estoques forem geograficamente bem alocados. Entretanto, pode ocorrer o contrário (por exemplo, pode faltar estoque de um item numa loja e sobrar na outra).

12 C – Entregas mais frequentes (mais movimentações) normalmente estão associadas a menores quantidades de embarque e, consequentemente, podem reduzir as perdas de superoferta por antecipação.

21 R – Especialmente os erros de previsão e os *lead times* longos causam suboferta.

24 R, 17 R – A suboferta causa espera quando falta um item para compor um embarque. E a espera causa suboferta quando o produto não chega a tempo no cliente.

26 R – Qualquer movimentação desnecessária toma um tempo desnecessário.

33 R – Especialmente na logística, mais movimentações de produtos implicam em mais avarias.

37 R – Superoferta por antecipação na cadeia de suprimentos implica numa movimentação antes do momento necessário.

38 R – As faltas de vendas eventualmente exigem transporte adicional.

41 R – Um endereço de destino errado num pedido causa uma movimentação desnecessária.

50 R, 53 R, 56 R – A superoferta por quantidade, as esperas e o processamento desnecessários aumentam o *lead time*.

Os estoques são importantes na identificação das perdas porque o estoque é um indício de perda. Sob o excesso de estoque se escondem perdas. Contudo, as perdas são tipicamente causadoras de estoque. O contrário não é generalizável. Embora estoques causem perdas por defeitos (obsolescência, por exemplo), o estoque de produto acabado pode significar valor para o cliente. Por isso, o estoque não consta nas oito perdas propostas para a logística enxuta.

Espera-se que este conjunto de perdas dê conta da maioria das situações da logística e que os critérios aqui utilizados para elaborá-las sirvam para revisar e construir perdas para o *lean* em outras áreas, tais como em serviços, no *marketing*, na construção civil, no aprendizado, na tecnologia da informação, etc.

A-7
Sequência operacional de implementação da logística enxuta

Embora o *lean* se torne cada vez mais conhecido, sua operacionalização não está livre de falhas na implementação. A sequência de implementação proposta inicialmente para a logística enxuta, e que pode ser aplicada à produção e aos serviços, é um facilitador para o sucesso:

1. Melhorar o fluxo
2. Estabilizar
3. Nivelar
4. Puxar

As questões de causalidade não podem ser ignoradas quando se trata de implementar um sistema de fluxo contínuo na logística ou na produção. Se uma etapa é requisito para outra, a primeira deve preceder a segunda sob o risco dos esforços não serem bem-sucedidos. Por exemplo, é improdutivo tentar fazer funcionar um sistema puxado (*kanban*) antes de estabilizar os processos envolvidos.

Os cinco princípios do *lean* propostos por Womack (1997) sugerem uma ordem:

1º.) Especificar valor

2º.) Identificar o fluxo de valor (que revelam as perdas)

3º.) Fluxo (fazer o valor fluir)

4º.) Puxar

5º.) Perfeição

Contudo, Womack não prescreve uma sequência para implementação quando se trata de produção enxuta. Rother e Shook (2003) explicam o mapeamento do fluxo de valor chegando ao mapeamento do estado futuro, mas sem avançar até uma sequência operacional de implementação do sistema de fluxo contínuo. Harris, Harris e Wilson (2004) também não se dedica a estabelecer uma ordem para implantação de um sistema de fluxo na logística interna.

A primeira consideração a fazer é sobre a estabilidade necessária ao fluxo contínuo. Estabilidade é o contrário de variabilidade. O Controle Estatístico do Processo (CEP) é um conjunto de ferramentas para diminuir a variabilidade, para aumentar a estabilidade. O programa Seis Sigma também contém ferramentas para reduzir a variabilidade, mas um cuidado tem que ser tomado ao utilizá-lo: é mais eficaz eliminar as grandes variabilidades (e perdas) utilizando primeiro as técnicas do *lean* e somente depois o Seis Sigma para os problemas mais complexos. Há um ditado que expressa bem a utilização combinada do *lean* e do Seis Sigma: "O *lean* é para cortar o mato alto e o Seis Sigma para aparar a grama".

Masaaki Imai (1997), ao visitar uma fábrica, notou que "ninguém entendia de variabilidade" apesar de utilizarem ferramentas estatísticas. Parece que até hoje a variabilidade e sua importância continua mal entendida. Se os processos não são estáveis o suficiente, não é possível melhorar o fluxo, não é possível nivelar e muito menos puxar. Slack e colaboradores (2008, p. 367) afirmam que "a variabilidade nos processos rompe o fluxo e impede a sincronização enxuta". Por sua vez, Taiichi Ohno (1997, p. 51) reporta que, quando tentou pela primeira vez utilizar o *kanban* de puxada, ele não funcionou: "compreendemos que o sistema não funcionaria a menos que estabelecêssemos" um sincronismo entre os processos. Para haver sincronismo, com o mínimo de estoques, os processos devem ser estáveis. A variabilidade deve ser reduzida ao mínimo, caso contrário, as quebras de máquinas, os defeitos, as diferenças de ritmo entre os processos impossibilitarão o sincronismo. Portanto, para obter o fluxo contínuo, no final das contas, a estabilidade dos processos é crucial.

Entretanto, a estabilidade não precisa ser absoluta. Se a estabilidade é razoável, pode-se melhorar o fluxo, reduzindo os estoques como primeira etapa. Sendo isso possível, bons resultados podem ser colhidos rapidamente. Não sendo isso possível, deve-se buscar a estabilidade em primeiro lugar:

1. Melhorar o fluxo.
2. Estabilizar.
3. Nivelar.
4. Puxar.

Sequência 1, 2, 3, 4 ou 2, 1, 3, 4, se o sistema não é estável o suficiente.

Para melhor compreensão do texto a seguir, sugere-se a releitura dos Capítulos 6, 13 e 14 e do Apêndice A-2.

A sequência operacional de implementação da logística enxuta pode ser explicada através da lógica do trânsito.

O objetivo da logística enxuta, em termos de processamento, é o fluxo contínuo puxado. Isso significa que é o cliente que puxa as quantidades embarcadas e produzidas. É o equivalente a sincronizar a oferta com a demanda embarcando e produzindo somente a quantidade necessária, no momento necessário, com estoques mínimos. Por isso, diz-se que a perfeição em puxar é embarcar uma unidade, produzir uma unidade e obter uma unidade.

Supondo que a demanda agora seja 30 km/h, significa que, a cada 2 minutos, o último automóvel tem que andar 1 km. É como se um cliente pedisse que fosse processado um quilômetro a cada 2 minutos.

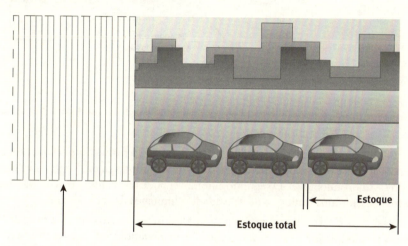

Demanda = 30 km/h

Figura A7.1 Representação da demanda na lógica do trânsito.

Ora, 2 minutos é o *takt time* do comboio, pois é demandado que, em 60 minutos, sejam percorridos 30 quilômetros (60 min / 30 km = 2 min / km).

Se *todos* os automóveis, como na figura anterior, andarem sempre 1 km a cada 2 minutos, seria possível eliminar o espaçamento entre eles (desde que todos andassem a uma velocidade constante de 30 km/h). Dessa forma, os estoques seriam nulos. O *lead time* seria menor – na próxima jornada deste comboio, o último automóvel não perderia tempo consumindo os espaços dos outros automóveis deixados à sua frente. Um fator comumente negligenciado é que há um ganho de capacidade. Um observador posicionado na linha de chegada observaria mais comboios (mais pedidos) por dia cumprindo o trajeto. Portanto, fazer que os demais recursos sigam o ritmo do recurso mais lento propicia menores estoques, menores *lead times* e maior taxa de processamento. Não se deve esquecer que a variabilidade dos processos deve ser muito baixa (todos automóveis andando a uma velocidade constante de 30 km/h).

Entretanto, qualquer processo real está longe de uma situação ideal de fluxo contínuo puxado. No trânsito, os automóveis andarão com velocidades diferentes entre si, embora a velocidade média do comboio seja 30 km/h:

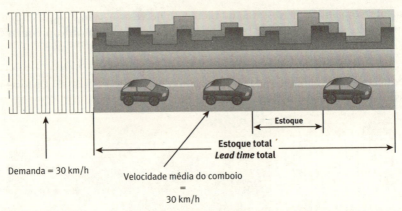

Figura A7.2 Automóveis viajam a velocidades diferentes, embora a velocidade média do comboio seja 30km/h.

Por exemplo, o primeiro automóvel da fila pode ter um comportamento altamente variável e ora deixar espaço para o segundo automóvel, ora limitar a velocidade do segundo automóvel. O segundo automóvel pode não conseguir acompanhar os outros (possuir uma limitação de velocidade – limitação de capacidade).

Então, qual deve ser o primeiro passo para atingir o fluxo contínuo puxado? Há quatro possibilidades: a) aumentar a capacidade do automóvel mais lento; b) diminuir a variabilidade do automóvel mais variável; c) fazer que o automóvel mais lento dite o ritmo do comboio; e d) uma combinação das três alternativas anteriores.

Considerando que buscamos uma única sequência, descartaremos a alternativa *d*, embora possa, em alguns casos, melhorar dois aspectos do fluxo ao mesmo tempo: por exemplo, ditar o ritmo pelo automóvel mais lento e atacar a variabilidade.

Diminuir a variabilidade leva tempo. Quem já participou de melhorias na qualidade sabe que muitas vezes é difícil detectar a(s) causa(s) da variabilidade e, na maioria dessas iniciativas, a duração dos esforços para reduzir a variabilidade é muito grande. Fazer que o automóvel mais lento dite o ritmo do comboio é relativamente muito mais fácil. Resultados rápidos em termos de redução de estoques, custos e *lead time* podem ser obtidos mais rapidamente do que atacar a variabilidade.

Há uma sutileza quando se fala em ajustar o ritmo do comboio ao automóvel mais lento. A velocidade média (taxa média de processamento) pode ser diferente de tempos em tempos. Então, recursos individuais devem acompanhar o ritmo do sistema naquele intervalo de tempo. Tipicamente, a função de operações fixa programas semanais, quinzenais ou mensais.

Como cada automóvel (recurso) "sabe" qual é o ritmo do comboio a fim de ajustar seu ritmo?

Na lógica do trânsito, os motoristas olham para um ponto a frente do seu automóvel onde o fluxo é razoavelmente constante – como aquele automóvel com a bandeira na Figura A7.3* – e ajustam uma velocidade constante para o seu automóvel:

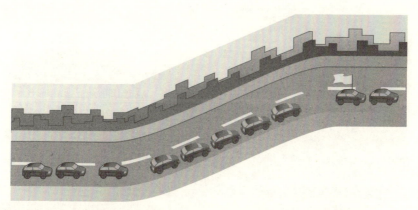

Figura A7.3   Bandeira em um ponto à frente sinaliza o ritmo do comboio.

Dessa forma, todos os automóveis tendem a viajar numa velocidade constante e que é a velocidade máxima que o comboio pode viajar naquele momento. Numa operação real, o ritmo de cada recurso é ajustado à taxa de processamento global do sistema.

Portanto, a primeira etapa da sequência operacional de implementação da logística enxuta é:

1º) Ajustar o ritmo geral dos recursos ao ritmo da operação

Conceitos *lean* associados: *takt*, gestão visual.

Ao fazer isso, os estoques em processo diminuem e, possivelmente, já se possa experimentar alguma redução de *lead time* e aumento de capacidade. O ambiente da operação fica mais organizado, utilizando menos materiais e recursos.

Ainda fica uma questão a ser resolvida: a localização do pulmão.

Onde colocar o pulmão que limita a entrada de materiais ou retarda o início das atividades?

Normalmente, o pulmão será colocado à frente do recurso com restrição de capacidade (recurso "mais lento"). Dessa forma, a restrição – que determina a capacidade global da operação – pode operar continuamente, desde que haja demanda. Entretanto, como visto nos Capítulos 27 e 30, o pulmão pode ser localizado em outro lugar, cuidando para que a restrição opere continuamente.

---

* O automóvel com a bandeira pode ser um dos três automóveis da Figura A7-2. Se, por exemplo, o automóvel que limita o ritmo é o segundo automóvel, esse ditaria o ritmo para os outros.

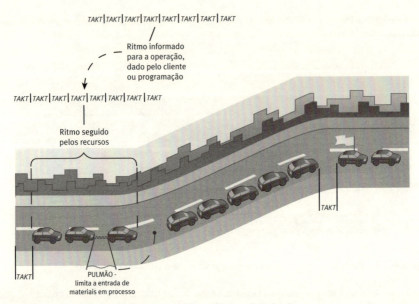

Figura A7.4 O significado do tempo *takt* na lógica do trânsito.

Todos os espaços (estoques) entre os automóveis podem ser diminuídos, mas existirá um pulmão de estoque para garantir que o comboio não seja atrapalhado pela variação de velocidade dos veículos. O pulmão é representado por uma mola na figura anterior. O limite da mola é dado pelo estoque máximo fixado para a operação. Quando o pulmão está cheio, o primeiro processo deve parar de empurrar materiais (ou adiantar atividades) para a operação.

Quando alguém dirige seu automóvel de casa para o trabalho, é estatisticamente impossível que consiga percorrer o trajeto sempre com a mesma duração. Um gráfico mostrando o tempo de trajeto (similar ao do Capítulo 30) seria assim:

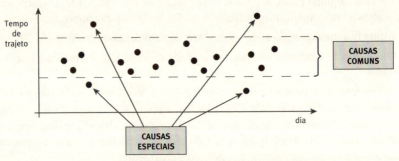

Figura A7.5 Causas comuns e causas especiais da variabilidade.

Esse fenômeno estatístico é chamado de variabilidade. As causas de variabilidade são classificadas como *causas comuns* e *causas especiais* (Scherckenbach, 1990, p. 101). Causas totalmente aleatórias de variação são chamadas de causas comuns. Causas que podem ser atribuídas a eventos específicos – causas identificáveis – são chamadas de causas especiais.

Da mesma forma, existe variabilidade na velocidade de cada automóvel. O gráfico de velocidades também apresentaria variações:

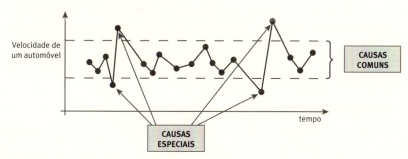

Figura A7.6 Causas comuns e causas especiais da variabilidade da velocidade de um automóvel.

Combinadas as variabilidades, em algum momento, o automóvel à frente do automóvel mais lento limitará a velocidade deste. Numa operação real, significa que a variabilidade dos recursos limita a capacidade global da operação.

Além disso, se um automóvel estragar (parar), todos que estão atrás pararão. Analogamente, numa operação real, um recurso que para – quando deveria estar processando – rompe o fluxo. Isso afasta a operação do objetivo de obter fluxo contínuo.

Ainda, os estoques intermediários são proporcionais à variabilidade: quanto maior a variabilidade, maiores são os estoques entre os recursos. Note-se que, por isso, ainda não é possível *puxar* a operação a partir da demanda do cliente porque o fluxo da operação pode ser interrompido frequentemente. A imagem equivalente na lógica do trânsito é a de um automóvel "quebrando" a cada 10 minutos. Seria necessário um espaço (estoque) enorme – entre este automóvel e o automóvel imediatamente atrás deste – para o fluxo não ser interrompido.

Diminuir a variabilidade melhora a capacidade global da operação. Diminuir a variabilidade melhora a qualidade. Diminuir a variabilidade habilita o fluxo contínuo. Então, para aumentar a capacidade da operação e obter fluxo contínuo, é necessário melhorar a qualidade e aumentar a estabilidade, ou seja, reduzir a variabilidade da operação.

Portanto, a segunda etapa da sequência operacional de implementação da logística enxuta é:

2º) Estabilizar a operação

Conceitos *lean* associados: variabilidade, padronização, PDCA, oito perdas, 5S, CEP (Controle Estatístico do Processo), capabilidade.

Há dois tipos de desnivelamentos que influem no fluxo operacional:

1) Desnivelamento da demanda – a demanda sobre a operação é composta por quantidades variáveis em intervalos fixos de tempos.

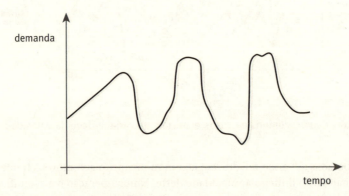

Figura A7.7 Desnivelamento da demanda.

A demanda é suavizada através de estoques que absorvam as variações de demanda. A média da demanda é transformada em necessidades brutas de programação – fixas por um período determinado – para que se possa elaborar uma programação nivelada para a operação.

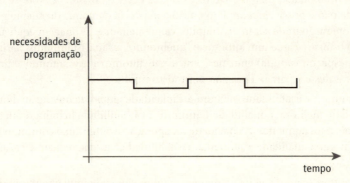

Figura A7.8 Nivelamento da demanda.

Os detalhes de localização dos estoques extrapolam o objetivo de estabelecer uma sequência operacional de implementação da logística enxuta. Decisões sobre localização, níveis de estoque e transporte são pertinentes à logística empresarial (Ballou, 2006) e devem levar em conta o nível de serviço ao cliente – em primeiro lugar – e os custos totais associados.

2) Desnivelamento da carga de trabalho sobre os recursos – o esforço e a capacidade consumida dos recursos são diferentes.

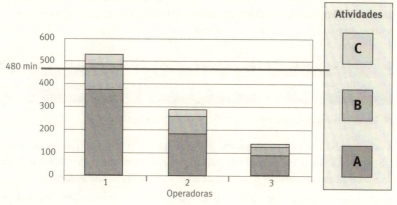

Figura A7.9 Recursos com cargas de trabalho desniveladas.

Na Figura A7.9, as operadoras 1, 2 e 3 consumem tempos diferentes para realizar as atividades A, B e C. Nota-se que o operador 1 está sobrecarregado e não consegue executar a atividade nos 480 minutos disponíveis. Os operadores 2 e 3 realizam as atividades com folga. Isso pode ter relação com o conteúdo da tarefa. Por exemplo: o operador 1 carrega peças maiores, mais pesadas e percorre distâncias maiores, o operador 2 manuseia peças médias e o operador 3, peças pequenas.

Sobrecargas nos recursos dificultam o fluxo, pois os recursos sobrecarregados falham, não conseguindo concluir seus processos com qualidade.

Até esse ponto da sequência operacional de implementação da logística enxuta, as quantidades processadas (ou equivalentemente, os tamanhos de lote) não foram revistas. Mas o processo já está suficientemente estável para processar quantidades menores. Como as cargas de trabalho são proporcionais às quantidades processadas, este é o momento de rever os tempos de preparação, os "tamanhos dos lotes" (menores quantidades processadas por vez), nivelar as cargas de trabalho dos recursos e reduzir drasticamente o *lead time* da operação.

Uma operação real processa os produtos aos saltos, ou seja, faz uma preparação e processa um lote a cada intervalo de tempo. Por exemplo, uma preparação e um lote de duas unidades a cada 4 minutos. Se os lotes são grandes, os saltos são maiores:

por exemplo, uma preparação e um lote de 30 unidades a cada hora. O limite para a redução do tamanho do lote é dado pelo tamanho do tempo de preparação. Lotes menores significam mais preparações por dia, o que pode comprometer a capacidade de processamento.

Ao reduzir o tamanho dos lotes, o fluxo real se aproxima do fluxo contínuo como, por exemplo, um lote de uma unidade a cada 2 minutos produz um fluxo "mais contínuo" que um lote de duas unidades a cada 4 minutos.

Na lógica do trânsito, cada lote equivale a uma tarefa diferente para o comboio. É como se o comboio de automóveis mudasse de rodovia de tempos em tempos e cada um tivesse uma carga de trabalho diferente:

Figura A7.10 Automóveis com cargas de trabalho diferentes.

Cada comboio leva um tempo para entrar na nova rodovia (tempo de preparação). Se o tempo de preparação for grande, o automóvel tem de processar uma distância maior para compensar o tempo que levou para trocar de rodovia.

Cada automóvel processa "lotes" de quilômetros em rodovias diferentes e de forma descontínua, por exemplo, anda dois quilômetros a cada 4 minutos e para. O comboio andaria dois quilômetros em 4 minutos, pararia, e depois andaria mais dois quilômetros.

Para tornar o fluxo "mais contínuo" basta ir diminuindo os tempos de preparação e os tamanhos de "lote". Assim, 1 km a cada 2 minutos, 500 metros a cada 1 minuto, 125 metros a cada 30 segundos, 25 m a cada 6 s, e assim sucessivamente. O espaçamento entre os automóveis (estoque) também poderia ser diminuído, uma vez que, nesta última situação é preciso somente 25 metros a frente de cada automóvel para que haja fluxo.

Ocorre que as cargas são diferentes. O segundo automóvel, por estar sobrecarregado, corre o risco de não conseguir percorrer os 25 metros em 6 segundos nas três rodovias. Nesse caso, ele estaria frequentemente interrompendo o fluxo. O equivalente numa operação real é a ruptura do fluxo no processamento de três produtos quando se tenta diminuir os tamanhos de lotes sem nivelar a capacidade dos recursos.

Supondo que as cargas sejam distribuídas, nivelando-as entre os automóveis, teremos:

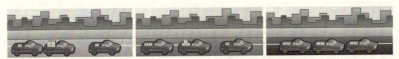

Figura A7.11 Distribuindo as cargas de trabalho entre os automóveis.

O risco de haver interrupções no fluxo é menor. Os *lead times* são menores (admitindo-se que 25 metros em 6 segundos seja suficiente para atender a demanda). A flexibilidade de mudar de uma rodovia para outra (mudar rapidamente o processamento de um produto para o processamento de outro) é dada pela capacidade de trocar de rodovia sem perder tempo (tempos de preparação menores).

Na operação real, significa que o conteúdo do trabalho é revisado de modo que o recurso mais sobrecarregado é aliviado de tarefas, que são transferidas para outros recursos. No *lean*, a divisão e o sequenciamento de tarefas são dados pelo trabalho padronizado, que diminui a variação dos tempos e facilita o nivelamento de cargas de trabalho.

O objetivo do nivelamento é atingir cargas de trabalho bem distribuídas:

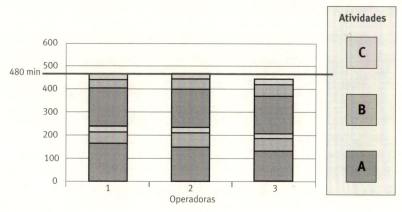

Figura A7.12   Nivelamento das cargas de trabalho.

Nota-se na Figura A7.12 que os operadores 1, 2 e 3 realizam as atividades A, B e C, e novamente A, B e C nos 480 minutos disponíveis com menor diferença de carga entre eles. Ou seja, os lotes foram diminuídos e as cargas de trabalho foram niveladas.

Uma mudança importante é a melhor utilização da capacidade dos recursos antes subaproveitados (operadores 2 e 3 na Figura A7.9), o que corresponde a um aumento de capacidade da operação.

Em resumo, o nivelamento, a redução dos tempos de preparação e a diminuição dos tamanhos de lote contribuem para o fluxo contínuo, diminuindo as quantidades processadas, diminuindo o *lead time*, aumentando a capacidade e a flexibilidade da operação.

Portanto, a terceira etapa da sequência operacional de implementação da logística enxuta é:

3º) Nivelar cargas de trabalhos dos processos e as necessidades de produção e entrega

Conceitos *lean* associados: trabalho padronizado, *Heijunka*, *Yamazumi*, TRF, SMED.

Uma vez que o fluxo tenha sido ajustado ao ritmo da operação e os processos estejam suficientemente estáveis e nivelados, pode-se colocar em prática a puxada. Por que não antes? Porque melhorar o fluxo – primeira etapa da sequência – fornece resultados rápidos e porque a puxada não funcionaria para processos não estáveis e não nivelados com estoques baixos. A puxada entre os recursos é como ligar os automóveis entre si através de hastes rígidas:

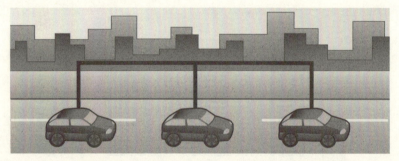

Figura A7.13   Ligação para a puxada entre os recursos na lógica do trânsito.

Se um automóvel parar, o comboio para. Essa representação mostra a ligação feita entre os recursos pelo *kanban* de puxada. Na operação real, se a variabilidade de um recurso consumir o estoque-pulmão entre eles, o fluxo sofre uma ruptura.

Por isso, para haver fluxo contínuo é necessário haver pelo menos uma unidade no estoque-pulmão entre os recursos (representado pela "mola" entre os automóveis na figura a seguir) capaz de absorver as variações. A mola equivale ao número de cartões no sistema *kanban*.

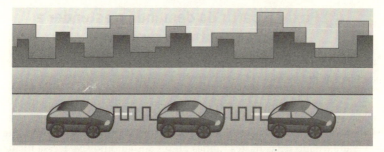

Figura A7.14 Estoque-pulmão entre os recursos na lógica do trânsito.

Finalmente, é possível estabelecer a puxada. Na lógica do trânsito, o cliente avisaria, por exemplo, ao último automóvel do comboio que deseja que ele ande 25 metros nos próximos 6 segundos:

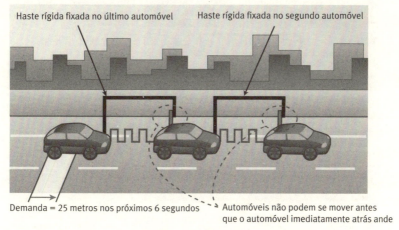

Figura A7.15 Puxada entre os recursos na lógica do trânsito [1].

Portanto, a última etapa da sequência operacional de implementação da logística enxuta é:

4°) Puxar a partir da demanda e estender a puxada entre os recursos

Conceitos *lean* associados: puxar, *kanban*, quantidade de cartões *kanban*, reduzir dependência das previsões.

Assumindo que nenhum automóvel pode arrastar outro automóvel, o mecanismo de puxada é dado pelas hastes rígidas presas aos automóveis. Dessa forma, o segundo automóvel não pode andar a menos que o último automóvel ande.

Assim os movimentos ocorrem sequencialmente do último para o primeiro automóvel:

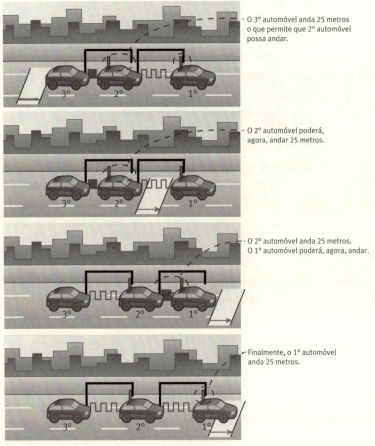

Figura A7.16 Puxada entre os recursos na lógica do trânsito [2].

Da mesma forma, numa operação puxada, o penúltimo recurso não processa unidade alguma até que o último recurso o faça. O antepenúltimo recurso não processa unidade alguma até que o penúltimo recurso o faça e assim sucessivamente. As informações de puxada são transmitidas a partir do cliente, passando pelo último processo, depois pelo penúltimo e assim por diante. Note-se que nenhuma previsão de demanda foi necessária, pois os processos foram ligados à demanda real do cliente.

Uma das barreiras à implementação de um sistema de fluxo puxado é similar à dificuldade de manter o motorista parado (manter o operador sem produzir) até que receba ordem (informação) para processar. O motorista normalmente fica impaciente quando o trânsito para. Existe a tendência de os operadores e líderes tentarem se antecipar e processar antes de receberem a informação de demanda vinda do cliente. Ou seja, a operação tende a operar no modo empurrado.

A-8
Aspectos financeiros da logística enxuta

As melhorias no fluxo físico e no fluxo de informações têm impacto no fluxo financeiro. Genericamente, pode-se dizer que há três impactos nos indicadores financeiros globais: no lucro, no caixa e no retorno sobre os ativos ou sobre o investimento.

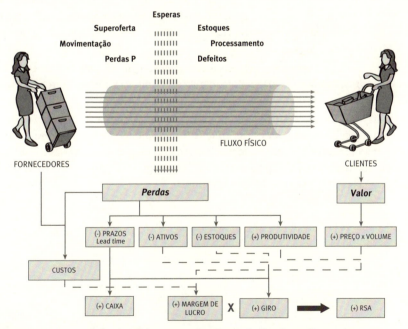

Figura A8.1   Impacto das medidas operacionais nos indicadores financeiros.

Aumentar o valor percebido pelo cliente depende do próprio produto ou serviço e da qualidade de atendimento. Prazos menores e mais consistentes, informações sobre preços, serviços, disponibilidade e situação dos pedidos agregam valor ao cliente.

Ao elevar o valor ao cliente, o lucro normalmente aumenta através do aumento da receita de vendas (preço x quantidade). Isso significa que a empresa pode fazer a combinação adequada de preço unitário e quantidade para aumentar a receita com vendas. Pode aumentar a margem – embora isso seja difícil quando o cliente pressiona para reduzir custos – ou aumentar as quantidades vendidas, ou ainda aumentar ambos. O cliente bem atendido pode decidir comprar mais da empresa que melhor o atende.

As perdas têm impacto direto nos custos: produtos com defeitos; devoluções; movimentações desnecessárias (exigem mais esforço e tempo, equipamentos e pessoal); produção ou distribuição feita antes da hora, a qual mantém estoques parados (custo financeiro, obsolescência, despesas com seguro, má utilização do espaço, estoques desbalanceados e perdas de vendas).

O aumento de valor e a redução das perdas nos processos logísticos contribuem para o aumento da margem de lucro. Por sua vez, a melhoria do fluxo logístico – através da redução das perdas – conduz ao aumento da produtividade. A operação passa a ter, com os mesmos recursos, maior capacidade de processamento.

O nivelamento de cargas e das quantidades necessárias melhora a utilização dos ativos proporcionada pela produtividade. Quando a operação é suavizada, o montante de ativos necessários é menor.

Obviamente, quando os estoques são reduzidos, o giro dos ativos aumenta. *Lead times* menores, por sua vez, fazem que o giro de estoques aumente porque os materiais passam mais rapidamente pelo processo.

A disponibilidade de dinheiro em caixa é uma combinação dos prazos de pagamento e recebimento com o *lead time* [disponibilidade de caixa ≈ prazo de pagamento ao fornecedor – prazo de recebimento do cliente – *lead times*]. *Lead times* menores melhoram o caixa, pois o intervalo de tempo entre pagar os fornecedores e receber do cliente (ciclo *cash-to-cash*) diminui:

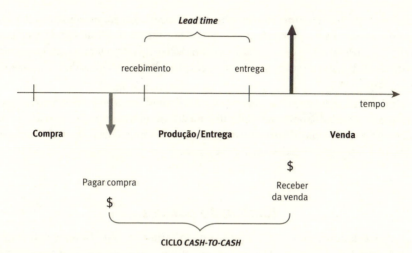

Figura A8.2 Ciclo *cash-to-cash*: intervalo de tempo entre pagar os fornecedores e receber pagamento do cliente.

Observação: na figura anterior, está representado o caso em que a empresa paga pela compra primeiro, depois recebe o material, depois o processa, vende e finalmente recebe o pagamento. Essas situações podem variar consideravelmente como, por exemplo: receber o dinheiro antes de processar o material ou produto e de pagar o fornecedor como era o caso dos supermercados quando vendiam à vista e pagavam o fornecedor a prazo.

A redução do *lead time* é crucial na logística enxuta. Entretanto, não se deve confundir a redução do *lead time* com a redução do prazo de entrega através de estoques de produtos acabados. Redução do *lead time* quer dizer redução no tempo total que os materiais levam para atravessar os processos, incluindo o tempo que os produtos ficam parados no estoque. Na visão da logística enxuta, é preferível a redução do *lead time* real do que fazer estoques para diminuir o prazo de entrega ao cliente. A redução do *lead time* visa a chegar mais próximo da situação de um supermercado, que vende à vista, gira as mercadorias muito rapidamente e paga a prazo para os fornecedores, ou seja, diminui a necessidade de caixa (capital de giro) para financiar o negócio.

Além do aspecto financeiro, mas igualmente importante, são os outros desdobramentos da redução dos *lead times*, tais como aqueles verificados nas perdas P (ver Apêndice A-6) como, por exemplo, a redução da dependência da previsão de vendas.

As medidas operacionais para reduzir perdas, *lead times* e estoques ocasionam melhores resultados financeiros na forma de lucro, caixa e RSA (Retorno Sobre Ativos). Uma empresa em condições normais é sustentável se tem bom desempenho em termos de lucro, caixa e retorno sobre ativos. Somente o lucro não é capaz de sustentar um negócio. Sem um retorno sobre ativos atrativo, a empresa não manterá os investidores. Sem caixa, a empresa fica exposta ao risco e à dependência de capital de terceiros. Empresas que possuem *cash-to-cash* desfavorável podem ter sérios problemas de caixa durante o crescimento das operações, dadas as necessidades crescentes de capital de giro.

Finalmente, o melhor desempenho dos resultados financeiros tem que ser tratado com certo cuidado, pois pode incentivar a ênfase no curto prazo. O risco, nesse caso, é que as melhorias de processo de longo prazo, necessárias para o sucesso da logística *lean*, sejam colocadas em segundo plano.

A-9
Kanban de puxada

Kanban significa cartão. A utilização de um cartão não significa que necessariamente haverá fluxo puxado. Observa-se, em muitas situações, a utilização do termo *kanban* para um sinal visual que não tem a função de puxar. Para não restar dúvida que no *lean* é priorizado o *kanban* como técnica para puxar, será utilizado o termo *kanban de puxada*, o que é uma redundância para os praticantes do *lean*.

O *just-in-time* não deve ser confundido com o *kanban* – como aconteceu nos primórdios do estudo do *lean*. Naquele tempo, atribuiu-se muita importância para o *kanban* porque era uma das faces visíveis do Sistema Toyota de Produção (STP). A sua simplicidade de funcionamento chama atenção, embora os requisitos para o seu funcionamento sejam rigorosos. Assim como a explicação de puxada na lógica do trânsito (no Apêndice A-7, p. 245), o entendimento da mecânica de funcionamento do *kanban* ajuda a tornar intuitivo o conceito de puxar. Na produção, o funcionamento do *kanban* de puxada é mais fácil de ser visualizado, por isso será explicado o exemplo de *kanban* de puxada aplicado para o fluxo de três células de produção.

Os elementos básicos do *kanban* de puxada são:

- Contenedores: nesse exemplo, um contenedor para uma peça, sendo que entre duas células de produção ficam sempre dois contenedores.
- Cartões *kanban*: utilizar exatamente um *kanban* para cada contenedor no processo. Não pode haver mais contenedores do que *kanbans*, isto é, um quadro de *kanbans* para cada célula, que é preenchido com *kanbans* de baixo para cima. Quando um kanban atinge a zona vermelha, a célula anterior está autorizada a produzir as peças correspondentes ao número de *kanbans* no quadro; materiais em processamento, que são transformados na célula de produção 1 (C1), depois na célula 2 (C2) e finalmente na célula 3 (C3).

- Os operadores das células de produção que, somente quando autorizados pelo quadro, buscam, na célula anterior, material para processar. Os operadores, quando retiram material na célula de produção anterior, colocam o *kanban* correspondente no quadro da célula anterior.

É o quadro de *kanbans* que faz a função de informar quando o operador está autorizado a processar e quando é proibido processar na sua célula. Quando o quadro está cheio de *kanbans* significa necessidade máxima de processar. Quando o quadro está sem *kanban* algum não significa que não é permitido processar. Essa informação (quando processar, quando não processar) é a concretização da essência do *just-in-time*: produzir somente a quantidade necessária no momento necessário.

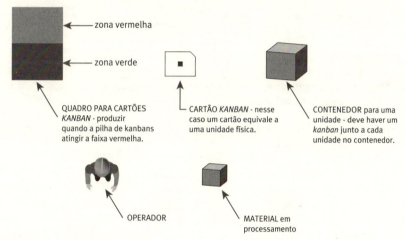

Figura A9.1 Legenda do *kanban*.

Na figura a seguir, uma unidade já tinha sido retirada do contenedor de materiais processados da célula 3. Quando a outra unidade de material é retirada da célula 3 (havia anteriormente duas unidades nos dois contenedores), um cartão *kanban* é colocado no quadro (já havia um *kanban* no quadro). Como este segundo cartão cai na zona vermelha, a célula 3 deve produzir até que não haja cartão na zona vermelha.

APÊNDICES

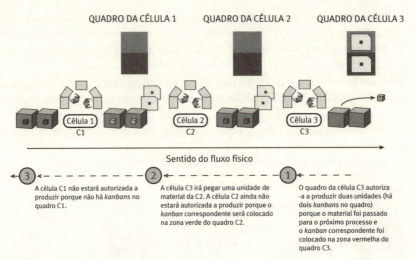

Figura A9.2 Esvaziamento do estoque da célula 3 e autorização do quadro *kanban* autoriza para produção de uma unidade.

O operador da célula 3, ao ir buscar material na célula 2, coloca um *kanban* no quadro da célula 2 (figura a seguir).

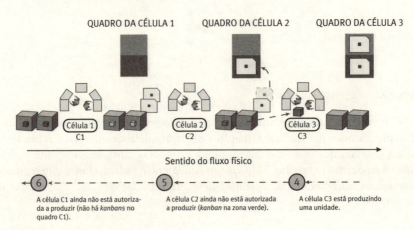

Figura A9.3 A célula 3 começa a produzir.

O operador da célula 2 ainda não está autorizado a processar, pois só há um *kanban* no quadro da célula 2, portanto, na zona verde.

Na figura a seguir, como a célula 3 pega mais uma unidade na célula 2, esta deve produzir, pois o segundo cartão *kanban* está na zona vermelha. Por isso, o operador da célula 2 busca material na célula 1 e coloca o *kanban* correspondente no quadro da célula 1.

APÊNDICES

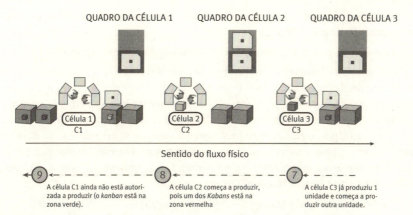

Figura A9.4 A célula 2 está autorizada a produzir, mas a célula 1 ainda não.

Na figura acima, a célula 1 ainda não está autorizada a processar, pois só há um cartão no quadro da célula 1, portanto na zona verde.

Logo depois (figura a seguir), a célula 1 terá um *kanban* na zona vermelha. A célula 1 deverá processar até que não haja *kanban* na zona vermelha.

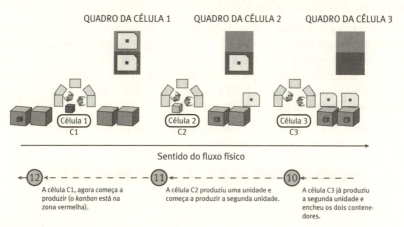

Figura A9.5 A célula 1 começa a produzir.

Finalmente, a célula 1 pega uma unidade para processar, pois há um *kanban* na zona vermelha.

Deste ponto em diante – havendo sincronização perfeita com uma demanda constante e tempos iguais de processamento nas células – as células estarão sempre processando uma unidade. Portanto, a situação típica dos quadros das células é com somente um *kanban* na zona verde. Cada unidade consumida acrescenta um *kanban* na zona vermelha, que logo a seguir é retirado do quadro, pois há a conclusão do processamento de uma unidade.

O *kanban* de puxada só funciona bem com requisitos muito restritos.

Se a demanda (processo imediatamente após a célula 3) é muito estável e contínua, o *kanban* de puxada funciona bem. Se a demanda for maior ou menor do que o ritmo que essas três células puderem operar, ocorrerão, respectivamente, atrasos na entrega ou frequentes paradas nas células. É preciso ressaltar que não haver demanda não é problema, pois o *just-in-time* prescreve não processar quando não há demanda. Nesse sentido, é bom que as três células fiquem paradas se não houver demanda. O que realmente seria um problema é uma demanda intermitente (digamos, 20 paradas de 30 minutos por falta de demanda numa semana).

O nível de qualidade tem que ser alto. Por exemplo, se a célula 2 descobre, na hora que vai processar, que uma unidade está com defeito, o fluxo sofre uma ruptura.

Os tempos de processamento de cada célula têm que ser estáveis para operar com estoques baixos. Se variarem muito, as células seguintes ficarão frequentemente esperando pela unidade que precisam processar. Tempos de processamento estáveis são resultado da padronização e da confiabilidade dos recursos.

Os tamanhos dos contenedores devem ser adequados e, normalmente, corresponder a uma fração do consumo diário.

Esse sistema é chamado de puxado porque o fluxo acima só ocorre se houver consumo de materiais nos processos fluxo abaixo (se não houvesse consumo na célula 3, não haveria processamento nas células 2 e 1). Sem haver demanda, a célula 3 não processa. A célula 2 só processa se a célula 3 consumir as unidades processadas pela célula 2. A informação de puxar vem do cliente para o fluxo acima. O fluxo de informação tem sentido inverso ao fluxo físico.

Quando a demanda do cliente final varia, é preciso nivelar o plano de operações para que o *kanban* de puxada possa operar:

	Demanda				
Semana	1	2	3	4	Média
	5	35	20	40	30
	Plano nivelado				
Semana	1	2	3	4	Média
	30	30	30	30	30

Figura A9.6 Plano nivelado.

As vantagens do *kanban* de puxada para o *lean* são:

- menores estoques;
- menores *lead times*;
- melhor utilização dos ativos;*
- rápida identificação dos problemas relacionados ao fluxo – de qualidade, confiabilidade, etc.**

Mais importante que a forma específica do *kanban* de puxada é o fluxo puxado, que pode ser feito de inúmeras maneiras. Um sistema de duas caixas pode sinalizar a puxada: quando a caixa de material esvazia, é um sinal para o recurso fluxo acima processar a quantidade correspondente ao conteúdo de uma caixa. Um painel eletrônico pode sinalizar a um departamento vizinho quando é hora de processar e quando é hora de parar.

Na logística interna, é comum fazer a puxada utilizando caixas num sistema *flow rack*:

Figura A9.7 Puxada utilizando *flow rack*.

No suprimento, o sinal de puxada pode ser transmitido pela Web ou via EDI para o fornecedor (*kanban* eletrônico). O suprimento via *milk run* é uma solução consagrada, mas nem sempre funciona como fluxo puxado. A eventual impossibilidade de

---

* O nivelamento de carga e o fluxo contínuo são responsáveis pela eliminação dos picos de carga, pelos quais a capacidade dos ativos é dimensionada. Por isso, o *kanban* de puxada contribui para a utilização de menos ativos.

** Isso é particularmente importante quando o *kanban* de puxada é utilizado como técnica de controle da operação. Mas, para isso ser possível, precisa haver resposta e solução rápida dos problemas.

implementar o suprimento puxado tem relação com as mesmas causas explicadas no exemplo anterior, tais como: variabilidade no fornecedor, comprador ou transportador, demanda desnivelada, problemas de qualidade, contenedores inapropriados e, somando a isso, a tendência que as pessoas têm de empurrar.

Na distribuição, o consumo pode ser captado no ponto de venda (PDV) da loja e ser transmitido como sinal de puxada para o fornecedor. Na logística, entregas com maior frequência, com menores quantidades e com maior variedade equivalem à diminuição de lotes no exemplo anterior de *kanban* de puxada e conferem flexibilidade e rapidez de resposta no suprimento.

Entendida a mecânica do *kanban* de puxada e seus requisitos, a adaptação específica para estabelecer o fluxo puxado na logística torna-se mais fácil.

A-10
Teoria das restrições

A Eliyahu Goldratt é atribuída a criação do que ele chamou de teoria das restrições.

Dentre outros temas, o livro *A meta*, publicado no Brasil em 1993, estabelecia, na forma de ficção, os fundamentos para enxergar as restrições nas empresas e tirar proveito delas.

De forma simples, Goldratt e Cox (1993) explicaram como as empresas poderiam atingir *a meta* ("ganhar dinheiro agora e no futuro") através da exploração das restrições. Usando a analogia da tropa, em que um soldado no meio da fileira era mais lento que os outros, mostrou que as operações andariam mais rápido se, primeiro, aquele recurso mais lento tivesse sua capacidade melhor utilizada (explorar a restrição). No caso da lógica do trânsito utilizada nesse livro, é o mesmo que se faria com o automóvel mais lento.

Os cinco passos de focalização explicados no livro *A meta* sugeriam um ciclo contínuo de melhorias nas operações:

1. identifique a restrição;
2. decida como explorar a restrição;
3. subordine as decisões à restrição;
4. eleve (elimine) a restrição;
5. não caia na inércia, volte à etapa 1.

Outros livros de E. Goldratt abordaram temas tais como: programação de produção, técnica de mudança organizacional, processo de pensamento, gerenciamento de projetos, etc.

Apesar de genial, a teoria das restrições (TDR) parece inicialmente ter negligenciado o aspecto prático e a riqueza de conhecimentos existentes no cotidiano – na linha de frente – das operações e dado pouca atenção aos conhecimentos já existentes no *just-in-time* e no Sistema Toyota de Produção. Goldratt, Cox e Fox criticaram, talvez sem ter conhecimento profundo, o *kanban* e a qualidade total nos livros *A corrida pela vantagem competitiva* (1992) e *A meta* (1993). Ocorre que, por exemplo, a estabilidade proporcionada pelo *kaizen* (ou, em termos restritos, pela qualidade total) é fundamental para o sucesso da melhoria contínua nas operações. Especificamente nesses dois livros, que foram *best sellers*, Goldratt coloca a TDR e um processo *top down* (de cima para baixo) de decisão – conduzidos de forma racional por alguns iluminados – como supostamente suficientes para atingir os objetivos organizacionais.

O que a prática demonstra é que a racionalidade por si só não é suficiente para realizar a mudança. Primeiro, porque as pessoas têm emoções e agem de acordo com sua *psique*, principalmente no que tange à insegurança que sentem em relação às mudanças. Segundo, porque a racionalidade é limitada, pois é impossível sobrepor sempre a lógica às emoções e ter ciência de todos os conhecimentos necessários. Terceiro, porque as pessoas não aceitam automaticamente as "boas ideias", por mais geniais que sejam. As pessoas da organização têm de aprender as **suas** boas ideias para que a mudança tenha legitimidade. Isso significa desconstruir as ideias ou o sistema de ideias vindo de fora, testá-las contra sua realidade e construí-las através da prática – errando e corrigindo o erro – para que se sintam seguras e donas da mudança. Se esse grupo de pessoas exercer uma liderança duradoura, o processo de mudança tende a ser sustentável.

Do ponto de vista operacional, a ideia de melhorar fluxos, que é central à mentalidade enxuta (*lean thinking*), está subentendida na TDR.

A-11
Explicações sobre o serviço de lavagem analisado por Ricardo no Capítulo 1

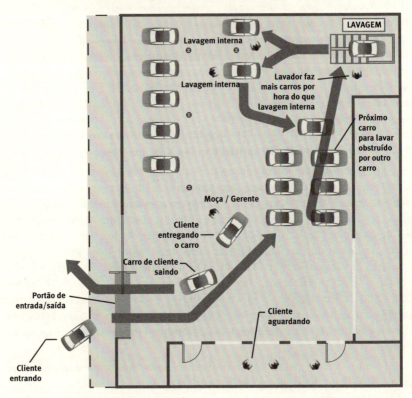

Figura A11.1 Serviço de lavagem atual.

- O prazo para o cliente aumenta por causa das perdas de tempo com manobras e da queda de ritmo do lavador (porque este é mais rápido que os dois lavadores internos).
- A capacidade de lavar carros por hora cai porque o serviço de lavagem não está organizado para distribuir as cargas de trabalho entre os lavadores.
- O fluxo das atividades é desordenado com muito vai-e-vem. O resultado é perda de tempo e capacidade, o que torna necessário muito esforço para compensar a perda de capacidade.

A-12
Explicação sobre as melhorias no serviço de lavagem imaginadas por Ricardo no Capítulo 1

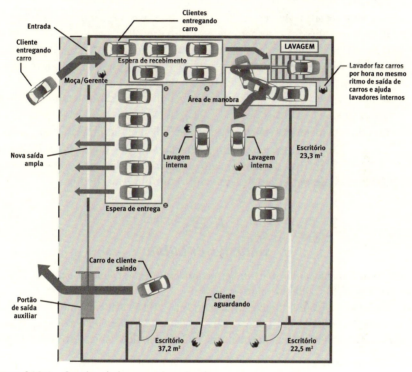

Figura A12.1 Serviço de lavagem imaginado.

Melhorias:

- As distâncias percorridas pelas pessoas são menores e os lavadores dividem a carga de trabalho conforme o fluxo de saída de carros (carros lavados por hora).
- Os desperdícios de tempo são menores (não há carros obstruindo o caminho, lavadores movimentam-se menos e manobram menos). O tempo das pessoas é gasto em atividades que agregam valor.
- O cliente pode pegar seu carro na área de espera de entrega e ir embora sem precisar que um lavador manobre seu carro. Isso toma menos tempo do lavador, reduz risco de danos e manuseio dos carros dos clientes.

- O tempo de entrega (ou *lead time*) de cada carro é menor do que antes. O cliente que está com pressa espera menos tempo.
- Nivelamento. A carga de trabalho é melhor dividida entre as pessoas, o que diminui o cansaço, as correrias e aumenta a capacidade de lavar mais carros por hora.
- Controle visual. Todos lavadores sabem o que fazer a qualquer momento para melhorar o fluxo da lavagem de carros, basta olhar para os dois carros na lavagem interna e para o carro na área de manobra. A regra é: 1) se há um carro lavado na área de manobra, o lavador não inicia uma nova lavagem; 2) se há mais do que um carro incompleto na lavagem interna, todos ajudam a terminar um carro por vez. Isso melhora o fluxo e reduz o tempo de entrega dos carros.
- O pátio está melhor organizado causando uma melhor impressão aos clientes.
- Essas melhorias são resultado do gerenciamento dos fluxos (de trabalho, de pessoas e de carros), do nivelamento de capacidade dos lavadores, da redução das perdas (desperdícios) de tempo e do controle visual do fluxo.

A-13
Genchi Genbutsu

O termo *Genchi Genbutsu* é também conhecido como *Gemba Genbutsu*. *Gemba* significa "lugar real", o lugar onde os produtos e serviços tomam forma. *Genbutsu* quer dizer algo "físico ou tangível". Masaaki Imai (1997) critica a atitude de alguns gerentes que "acreditam" que o lugar real é a sala de reuniões e não a operação física (o lugar onde está a máquina que quebrou, reclamação do cliente, devolução de produto, etc.).

Olhando de perto a operação – indo ver no local – é possível acessar os fatos e ver o que realmente está acontecendo. Ali estão as informações reais, na hora que aparecem, em estado bruto, sem distorções. Shimokawa e Fujimoto (2011) relatam a folclórica má vontade que Taiichi Ohno tinha com relatórios gerenciais: alertava para não produzirem documentação desnecessária, pois a comunicação de informações seria mais eficaz quando o local de trabalho era mostrado às pessoas. Segundo ele:

> "se você lidar com problemas no local e na hora que surgirem, as pessoas responsáveis pelo problema compreenderão o que fizeram de errado. Se você se limitar a coletar dados e passá-los a seus superiores, ninguém terá qualquer noção de responsabilidade pessoal quando o relatório sair. Você tem de fazer as pessoas se sentirem responsáveis por seus erros. Você precisa manter uma noção saudável de tensão" (com relação à prevenção de erros).

Em se tratando da solução de um problema, ao *ir ver*, pode-se tomar contramedidas na hora e utilizar a observação dos fatos para achar a causa do problema. Muitas vezes, o bloqueio da causa de um problema pode ser feito com métodos simples. Com frequência a gerência aplica técnicas desnecessariamente complicadas antes de observar o problema no local onde ocorre. O incentivo para *ir ao gemba*, observar no local, é mais um aspecto que reforça a simplicidade do *lean* e a importância dos fatos para o *kaizen*.

A-14
Indicadores de desempenho

Há muitas visões acerca dos indicadores de desempenho, dentre as quais se destacam:

- A qualidade total e suas dimensões Q (qualidade), C (custo), E (entrega), M (moral) e S (segurança) utilizadas na manutenção da qualidade (padronização) e nas melhorias incrementais.
- A Melhoria dos Processos de Negócio (BPI – *Business Process Improvement*), primeiro documentada por James Harrington, que visa a melhorias radicais. Os requisitos dos clientes e do negócio são traduzidos em objetivos de desempenho dos processos, que por sua vez dão origem os KPIs (*Key Process Indicators*) – indicadores-chave de desempenho. A BPI engloba o redesenho de processos e a reengenharia de processos.
- O BSC (*Balanced Scorecard*), que propõe indicadores de desempenho para as seguintes perspectivas: processos internos, clientes, aprendizado/crescimento e financeira.

Uma máxima de Kaoru Ishikawa é unânime a todas essas visões: "Quem não mede não gerencia". Por outro lado, as pessoas se comportam conforme são avaliadas, o que mostra a importância de um sistema de indicadores gerenciais.

Do ponto de vista da logística enxuta, os indicadores atendem aos requisitos do fluxo contínuo, desenvolvimento das pessoas/aprendizagem, qualidade, melhoria no desempenho global e eliminação de desperdícios. Por exemplo:

- Tempo e ativos: prazo de entrega, *lead time* total, *lead time* do processo, *takt time*, giro de estoques;
- Produtividade: percentual de valor agregado, produtos acabados por hora-homem, eficiência global (OEE), aderência à programação, quantidade produzida por m^2;
- Perdas: percentual de defeitos, percentual de avarias, horas extras, tempo de parada;

- Aprendizagem e pessoas: melhorias implementadas/ano, hora-treinamento/projetos realizados oriundos de treinamento-hora treinamento/pessoa × ano, rotatividade, absenteísmo;
- Financeiros: lucro, retorno sobre ativos, retorno sobre o investimento, fluxo de caixa, perdas de vendas e custo de estoques.

Indicadores que têm impacto local ou prejudicam o fluxo são evitados, por exemplo: o indicador *custo unitário de transporte* melhora o custo de transporte e contribui para a diminuição dos custos de entrega, mas eleva o custo de estoques.

A-15
Técnica dos 5 porquês (5P)

Embora os 5 porquês (5 *whys* – 5Ws) sejam recomendados como forma simples de descobrir as causas de um problema, essa técnica não se aplica facilmente a problemas mais complexos. É boa para problemas cotidianos, mas exige alguma habilidade extra de quem a utilizar, se o problema não for simples.

Alguns autores sugerem que os 5Ps compõem a base científica* do Sistema Toyota de Produção, pois ajuda a resolver um problema a partir da descoberta de sua causa raiz. Para Imai** os 5Ps compõem uma das mais úteis ferramentas para achar a causa raiz no local de trabalho e para torná-lo um lugar de aprendizado.

A utilização dos 5Ps para solução de problemas em que há atribuição de responsabilidade a algum dos participantes da solução exige habilidade por parte do questionador. Se o problema fosse o *fracasso na implantação de um sistema*, o primeiro *por que* seria:

Por que o sistema que tentamos implantar não funcionou?

Supõe-se, no diagrama a seguir, três alternativas de respostas verdadeiras ao primeiro *por que*: respostas A, B ou C. Caso a resposta verdadeira fosse *porque ninguém cuidou da implantação do sistema* (resposta B) ou *porque a equipe não foi estimulada pelo supervisor* (resposta C), é muito provável que as respostas se transformem em meras desculpas ou que as pessoas desviem do problema utilizando desculpas tais como:

– porque faltou tempo;
– porque faltou apoio da outra área.

---

* OHNO, T. *O sistema Toyota de produção*: além da produção em larga escala. Porto Alegre: Bookman, 1997.

** IMAI, M. *Gemba kaizen*: estratégias e técnicas do kaizen no piso de fábrica. São Paulo: IMAM, 1997. p. 37 e 137.

Os 5Ps funcionam melhor quando a resposta verdadeira não é constrangedora (resposta A), mas ainda assim é imprescindível que o questionador possua habilidade e conhecimento.

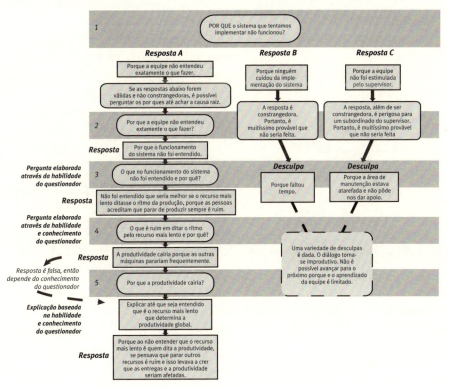

Figura A15.1   Fluxograma da técnica dos 5 porquês.

As respostas B e C, que envolvem uma situação constrangedora, resultam em diálogos improdutivos e aprendizado limitado.

Para tornar produtiva a solução do problema é necessário ampliar a discussão, por exemplo, através da questão 'o que faríamos para resolver este problema?' que remeteria o diálogo para a solução.

Contudo, deve-se evitar a tendência de propor rapidamente soluções e de se dedicar superficialmente à compreensão do problema. Então, o questionador deve rapidamente voltar ao problema fazendo perguntas tais como: a solução proposta ataca qual causa raiz do problema? Essa é realmente a causa raiz do problema?

Desde que haja suficiente habilidade do questionador e desejo genuíno dos participantes para solucionar o problema, esses passos sucessivos de validação conduzem novamente à análise de causas, ao mesmo tempo que removem o constrangimento.

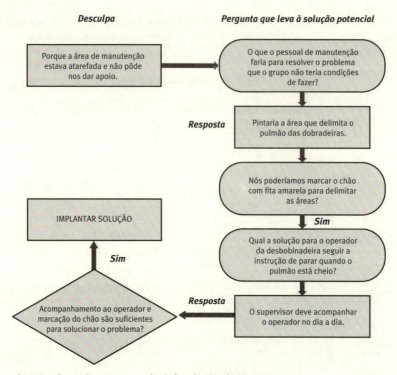

Figura A15.2 Questões para conduzir à solução do impasse.

A-16
Kaizen

Kaizen significa melhoria. *Kaizen* significa melhoria contínua. Por que a melhoria contínua é, isoladamente, o elemento de gerenciamento mais importante? A resposta pode ser obtida ao visitar uma organização qualquer ao longo do tempo. Se nessa organização ou empresa não acontecem melhorias em todas as áreas a todo momento, ela continuará operando da mesma forma que antes num ambiente em constante mutação. É o mesmo que renunciar a evoluir. Do ponto de visa do *kaizen*, é inadmissível que em um ou dois anos não se notem melhorias numa empresa.

A organização está melhorando se a cada visita notar-se melhor qualidade, formas melhores, mais seguras, mais baratas e mais produtivas de fazer as coisas. Fundamentalmente, o *kaizen* deve ser praticado todo dia, toda hora e por todos (*kaizen teian*). E, se continuamente essa organização está melhorando, é porque as pessoas que nela trabalham evoluíram.

O propósito do *kaizen* é melhorar a segurança, a qualidade e praticar a redução de desperdícios.* Ao reduzir os desperdícios de forma ampla, a empresa torna-se mais rentável, porque a redução de perdas tem impacto nos custos e na qualidade. Particularmente, a redução de esforços e tempos desnecessários também influi na produtividade.

Para obter maior produtividade e menores custos é preciso entender o significado específico atribuído pelo *kaizen* à melhoria contínua:

- *kaizen* significa pequenas e constantes melhorias diferentemente dos grandes saltos de melhoria causados pela inovação;
- o *kaizen* é orientado para *processo e resultado* em vez de somente para o *resultado*;
- o Gerenciamento da Qualidade Total (TQC – *Total Quality Control*) é parte do *kaizen*;
- o *kaizen* pode ser aplicado a todas as pessoas e a todas as atividades da empresa, não sendo um tema meramente técnico;
- o *kaizen* começa com o reconhecimento de que a empresa tem problemas e ajuda a desenvolver uma cultura na qual qualquer um pode admitir livremente a existência de problemas, operando da seguinte forma:
    - ❑ para o *kaizen*, os problemas e erros devem ser eliminados na origem ("o próximo processo é cliente");
    - ❑ o *kaizen* é interfuncional, isto é, não se limita a um departamento;
    - ❑ o *kaizen* está fundamentado na atividade em grupo;
    - ❑ o *kaizen* exige uma postura diferente do gerente, que deve dedicar boa parte do tempo para melhorias;
    - ❑ a qualidade total é parte do *kaizen*;
    - ❑ é orientado para processos e resultados;
    - ❑ e o mais importante é que o *kaizen* está centrado no crescimento das pessoas.

Entretanto, na cultura ocidental, é comum valorizar mais o resultado do que os processos e o resultado mais que o esforço para melhorias. Resultado, processos e valorização dos esforços de melhoria são importantes para o *kaizen*.

Um grave erro deve ser evitado sob pena de anular a motivação para melhorias: a demissão de pessoas que se esforçaram para melhorar, mesmo que os resultados não tenham sido bons. Quando isso ocorre, a mensagem percebida pelas pessoas na empresa é que os aumentos de produtividade geram demissões. Às vezes, justamente os que querem melhorar são discriminados pelos colegas e a informação filtrada que

---

* OBARA, S. Como a liderança promove a essência do kaisen. In: FÓRUM NACIONAL DE LEAN, 5., 2012, Joinville. *Trabalho...* Joinville: [s.n.], 2012.

chega ao topo é que esse "criador de problemas" deve ser demitido. A mensagem percebida pelas pessoas na empresa é que quem tenta implementar melhorias se dá mal. Isso é justamente o que os fundadores (*anchor draggers*) gostariam que acontecesse para tudo ficar como está. Portanto, conselhos para rapidamente demitir ou reposicionar os gerentes que "não cooperarem", devem ser analisados com o máximo cuidado. Num livro recente, supostamente sobre transformação *lean*, são muitas as referências sobre demissões. Já no prefácio argumenta-se que o gerente *lean* deve ter autoridade para fazer as pessoas agirem ou irem embora. Em seguida, fala na construção de confiança entre o gerente *lean* e os funcionários. Como pode, na vida real, o gerente construir confiança com tal comportamento? O gerente tem autoridade para demitir, mas a questão central é *como* e *quando* o gerente utiliza essa autoridade. Autoridade não implica em influenciar as pessoas a darem o melhor de si. Isso é questão de liderança. Mal utilizadas, autoridade e liderança podem inviabilizar o *kaizen*.

A-17
Gestão visual

Gestão visual é um elemento central ao *lean* porque trata de colocar os problemas à mostra. Segundo Hirano (1990), há algumas excelentes fábricas e algumas fábricas "miseráveis". As fábricas excelentes não têm necessariamente menos problemas do que as fábricas "miseráveis". O que diferencia as boas fábricas das fábricas ruins é a maneira como respondem aos problemas. Boas fábricas respondem pronta e eficazmente. As ruins respondem lenta (se responderem) e ineficazmente aos problemas.

Aliada à ideia de resolver os problemas dentro do ciclo de trabalho, a gestão visual evita a multiplicação dos problemas nas próximas peças ou atividades e faz que as interrupções no fluxo de trabalho sejam mínimas. Exemplificando: seja o ciclo de trabalho – tempo para o operador voltar à mesma tarefa – de 1 minuto e o fluxo unitário (uma peça ou atividade realizada por ciclo). Se o problema for detectado e corrigido em 1 minuto, idealmente, o máximo tempo perdido é 1 minuto e o máximo número de defeitos é 1. Situação completamente diferente de produzir em lotes e atuar em tempo maior do que o ciclo de trabalho: as perdas de tempo e os defeitos são proporcionais ao tamanho do 'lote' e ao tempo de solução do problema.

As formas de gestão visual são inúmeras, sendo as mais consagradas: o *andon* (para que o operador pare a linha de produção quando um problema é detectado); os painéis de produção (para revelar se a operação está acompanhando o *takt time*); os *kanbans* (para sinalizar que é hora de fazer ou parar de fazer); as marcações de corredores; as cartas de padrões operacionais e os escaninhos (para nivelar a carga de trabalho e revelar problemas no fluxo).

Uma forma estreita de interpretação da gestão visual é o mural de indicadores. Apesar de ser extremamente importante acompanhar a evolução dos indicadores de desempenho, é comum observar que um dos únicos instrumentos de gestão visual de uma planta é o mural de indicadores. Normalmente, há um excesso de informações e, quando os operadores e líderes são perguntados se tomam uma decisão ou corrigem um problema com base nos indicadores, respondem de forma vaga. Isso significa, provavelmente, que a função principal da gestão visual não é entendida.

A-18
Valores do sistema *lean*

Os valores de uma organização são como os pilares de uma construção. Para manter uma construção suportada por pilares não engastados é necessário pelo menos três pilares.

Da mesma forma, um sistema não se sustenta se um conjunto mínimo de valores necessários e suficientes a este sistema gerencial não estiver sendo praticado.

Um sistema gerencial que utilize todo o potencial do *lean* pode ter os seguintes valores praticados suficientes a fim de ser sustentável. A seguir, ele está representado através da expressão mnemônica:

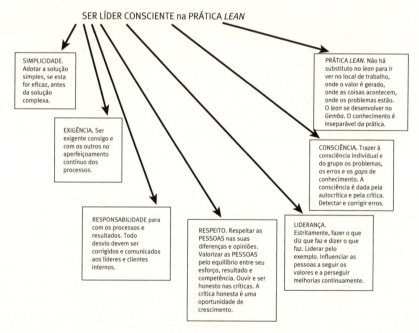

Valores determinam atitudes, que por sua vez moldam comportamentos. Então, se poderia traçar um paralelo entre a transformação enxuta e uma terapia, em que o questionamento leva a uma mudança de atitude para que, em consequência, os comportamentos sejam alterados.

Numa implementação de sistema, as mudanças de comportamento podem não ser duradouras porque a atitude continua a mesma de antes da implementação. Entretanto, a transformação pode começar com a mudança de comportamento, com a mudança de atitude, ou ambas, e prosseguir até que as experiências propiciem alterações, nos modelos mentais das pessoas, que sejam coerentes com o novo conjunto de valores da organização.

Em uma semana, um processo intensivo visando à revisão de comportamentos pode gerar mudanças e *insights* surpreendentes. O que vai determinar se as mudanças serão duradouras é a prática contínua desses comportamentos e a recompensa experimentada pelas pessoas. No início, o indivíduo pode simplesmente desejar algum resultado de curto prazo (metas de recompensa). A prática de novos comportamentos indica que o indivíduo tem consciência e quer agir de forma diferente (metas de comportamento). Finalmente, o sistema em implementação estará consolidado quando houver identidade entre os valores individuais de uma massa crítica de pessoas e os valores da organização. Essa massa crítica é composta de líderes e de outras pessoas que praticam comportamentos de longo prazo na sua vida pessoal (metas de vida) e que têm afinidade com os valores da organização.

Diferentemente das variáveis matemáticas, as fronteiras entre os valores são tênues e há alguma superposição. Entretanto, é possível desenhar o conjunto de valores relativamente independentes para um sistema gerencial sustentável de modo que o resultado da função seja um sistema *lean* em constante evolução:

$$SISTEMA\ LEAN\ SUSTENTÁVEL \approx f(valor\ 1;\ valor\ 2;\ valor\ 3;...;\ valor\ n)$$

onde, *valor i* são variáveis (idealmente) independentes entre si.

Na realidade, os valores não são independentes, pois existem reforçadores entre eles. O resultado é maior do que a soma dos valores. A exigência praticada pela liderança faz que a empresa esteja em constante evolução. A crítica promovida pela consciência é produtiva se aliada ao respeito. A responsabilidade sobre os problemas só é efetiva se os problemas forem enxergados – o que é dado pela prática (no *gemba*). A simplicidade facilita a prática *lean*, que aliada à consciência acelera e aprofunda o conhecimento. O aprendizado é eficaz quando o erro é detectado (consciência) e corrigido (prática).

Evidentemente, num processo de transformação não é possível eliminar os bons valores já existentes na empresa. Portanto, qualquer sistema tenderá a possuir um conjunto de valores mais do que suficientes para o sistema de gestão. É importante, nesse caso, decidir como tratar os conflitos que aparecerão.

Caderno de aplicação prática

O objetivo desta seção é disponibilizar alguns exercícios práticos para líderes, praticantes, professores, alunos e facilitadores do *lean*, em geral, e de logística enxuta, em particular.

A justificativa para a prática está na base da teoria aplicada. O aprendizado está conectado com a prática por três razões:* (1) é improvável que qualquer proposição causal (do tipo *se-então*) que conheçamos cubra completamente a riqueza e peculiaridade de uma situação concreta; (2) mesmo depois que a lacuna de conhecimento tenha sido relativamente preenchida, é improvável que as ações que projetamos e implementamos sejam adequadas; e (3) o aprendizado é necessário para agir eficazmente e para codificar a ação eficaz de modo que ela possa ser replicada quando for apropriado. Pode-se acrescentar que a habilidade de adaptar a teoria à realidade particular de cada situação se adquire através da prática.

Embora se ouça frequentemente certa crítica à teoria, todos nós a utilizamos constantemente. Costumo questionar os alunos: qual é a primeira pergunta que você formula para si quando seu automóvel não funciona? Quais são as primeiras hipóteses levantadas quando, ao acionar a ignição, o motor não dá partida?

As questões formuladas seriam:

– Qual é o problema com o carro?

– *Se,* ao acionar a ignição, não se ouve peça alguma girar, *então* o problema é falta de alimentação de energia da bateria.

– *Se,* ao acionar a ignição, o motor de arranque gira o motor, mas o motor não dá a partida, *então* o problema está no motor do automóvel.

A formulação dessas hipóteses requer testes, ou seja, alguma ação subsequente. Achada a hipótese verdadeira, a solução pode ser implementada. Fundamentalmente, é o mesmo que fazemos na solução de problemas organizacionais: elaboramos teorias que parecem ser ou que se acredita serem bem-sucedidas.

"Empresas altamente burocráticas não são competitivas", "É melhor contratar funcionários mais jovens, pois os mais velhos *não mudam seus vícios*" podem ser exemplos de teorias.

---

* ARGYRIS, C. *Knowledge for action*: a guide to overcoming barriers to organizational change. San Francisco: Jossey-Bass, 1993. p. 3.

Há teorias sobre os indivíduos. Por exemplo, "Deus ajuda quem cedo madruga", "Vô rico, pai nobre, filho pobre" são teorias que induzem a um comportamento com relação ao dinheiro. São as teorias que nos diferenciam como seres pensantes, que atribuem causalidade e lógica ao mundo exterior. Sem teorias válidas, o ser humano se distancia de uma vida inteligente.

Finalmente, se a ação eficaz depende da habilidade e do conhecimento, praticar é necessário para construir teorias eficazes. Como as situações concretas e individuais não são cobertas completamente por uma teoria pronta, sugere-se que as práticas a seguir sirvam para que cada um desenvolva seu próprio aprendizado, suas próprias teorias e suas habilidades.

P-1
Perdas

No *lean*, a forma mais simples de conceituação de perdas remete à palavra japonesa *muda*. Na verdade, *muda* quer dizer desnecessário. Ao nos depararmos com coisas desnecessárias – não havendo apego ou insegurança – normalmente pensamos em nos desfazer delas.

Das atividades que desempenhamos, algumas agregam valor na visão do cliente e outras não agregam valor.

Para uma primeira avaliação, pode-se conceituar *valor ao cliente* e *perdas* de forma simples.

Valor ao cliente é toda atividade, informação ou produto que atende às necessidades do cliente. As atividades que aproximam os produtos da forma final desejada para o cliente agregam valor. Por exemplo: quando o material é injetado no molde, agrega valor. A limpeza do molde não agrega valor. Informar o cliente sobre os tipos de lanche disponíveis agrega valor. A espera do cliente na fila não agrega valor: é perda. A atividade de transportar um produto em direção ao local onde o cliente o deseja agrega valor. A movimentação do produto para uma prateleira não agrega valor: é perda. Em algumas atividades, não se consegue identificar o valor ao cliente. Somente nestes casos, sugere-se utilizar o cliente interno como parâmetro para definir valor. Se tentarmos saber o que agrega valor num processo de contratação de pessoal, por exemplo, pressupomos que o departamento deseja profissionais qualificados em menor tempo possível. Ao analisarmos o processo de contratação, descobriremos muitas perdas de tempo nas atividades de convocação, entrevista, seleção e aprovação dos candidatos.

Perdas ocorrem quando materiais, produtos ou serviços não se movimentam em direção ao cliente exatamente na quantidade e no momento necessário, quando informações adiantam atividades ou materiais, mas não encurtam o tempo de finalização do processo, ou quando essas informações atrasam atividades ou materiais que, por sua vez, atrasam a finalização do processo. Informações que não são utilizadas são perdas.

Exemplos de perdas: materiais que ficam parados na forma de estoque; materiais que são estocados no armazém e depois retirados para serem enviados para o cliente; transferência de embalagens do palete do fornecedor para o palete do cliente; movimentos desnecessários dos operadores, como caminhar desnecessariamente ou se abaixar para pegar materiais; produtos esperando por uma ordem de embarque quando há um pedido de cliente; um carregamento ao cliente esperando por um item faltante no pedido, etc.

As atividades que não agregam valor podem ser de dois tipos:

- Perda tipo 1 (*Muda 1*) – que não podem ser eliminadas imediatamente por causa de restrições, normalmente tecnológicas e de custo, dos processos. Exemplo: imagine um forno em que se tem de formar um lote de embalagens para aplicar uma película termoencolhível. Cada embalagem do lote tem de esperar até que a fornada do lote anterior fique pronta.
- Perda tipo 2 (*Muda 2*) – que podem ser eliminadas imediatamente. Exemplo: um material é processado na primeira estação de trabalho, colocado num palete e depois processado pela segunda estação de trabalho. As perdas de movimentar o material ao chão e do chão à segunda estação de trabalho podem ser eliminadas ao aproximar as estações de trabalho. Além disso, não será necessário manter o estoque intermediário entre as duas estações se as produções forem sincronizadas.

Observação: no caso de aplicação da película termoencolhível em lotes, se for possível usar um forno contínuo (túnel de aquecimento), as embalagens podem ser processadas uma a uma. Se o investimento num forno contínuo não for restrição, em vez de essa ser uma perda do tipo 1, passa a ser do tipo 2 e pode ser eliminada imediatamente.

Naturalmente, as perdas do tipo 2 são identificadas e eliminadas antes das perdas do tipo 1.

Prática 1

Ler "Enxergando os fluxos e eliminando as perdas" em *Iniciando com a logística enxuta**

1) Se possível, formar grupos de quatro pessoas no máximo (pelo menos uma com conhecimento do processo a ser observado e pelo menos uma de outra área).
2) Escolher um processo de logística, produção ou serviço para observar o processo diretamente no local de trabalho. Observe atentamente o processo. Falar com as pessoas que executam as atividades e identificar a quantidade maior de perdas que puder (conforme conceituado anteriormente).

---

* BAÑOLAS, R. G. Iniciando com a logística enxuta. *Intralogística*, ed. 210, 2008. Disponível em: <http://www.prolean.com.br/wp-content/uploads/2011/12/102.pdf>. Acesso em: 30 dez. 2012.

3) Listar as atividades que agregam valor e as que não agregam valor e verificar se cada uma se encaixa nas definições anteriores.
4) Listar as perdas encontradas e verificar se cada uma se encaixa nas definições anteriores.
5) Propor e listar ações para eliminar as perdas encontradas.
6) Apresentar aos outros grupos as perdas e as atividades agregadoras de valor encontradas. Discutir em grupo as divergências de interpretação sobre valor e perdas. Discutir as ações para eliminar perdas e quais podem ser eliminadas imediatamente.

Se as divergências de interpretação permanecerem, ler *Perdas na logística enxuta**.

P-2
Valores do *lean*

Sua organização pratica valores que dão sustentabilidade ao sistema de gestão?

A prática de valores é de importância fundamental para a organização. Se os valores praticados não estão alinhados com a visão e a missão da organização, não se pode esperar eficácia na execução da estratégia a longo prazo. O resultado é igualmente pífio se os valores são teoricamente alinhados com a estratégia, mas não são praticados.

A manutenção dos valores da empresa é um fenômeno dinâmico. Os valores podem evoluir, podem ficar estáveis ou podem se deteriorar. Ao mesmo tempo que pessoas saem por aposentadoria, demissão ou troca de emprego, outras entram na empresa trazendo consigo seu sistema de valores individuais. Tais valores podem ou não ser compatíveis com os valores projetados pela empresa. Ao longo da vida, os valores de uma pessoa mudam, influenciando os valores da empresa e vice-versa.

Principalmente os líderes – formais ou informais – dão vida aos valores. Por essa razão, estes são os primeiros candidatos a fazerem um inventário dos valores da empresa. Entretanto, se um dos objetivos da avaliação dos valores da empresa é verificar quais valores esposados são realmente praticados, é necessário que um facilitador – neutro e com autoridade – conduza a prática a seguir. Um facilitador envolvido com a empresa provavelmente tenderá a aceitar provas inválidas de que os valores são praticados quando realmente não o são.

1) Selecionar um facilitador independente, capacitado e com autoridade para conduzir um inventário dos valores praticados.

---

* BAÑOLAS, R. G. Perdas na logística enxuta. *Intralogística*, ed. 211, 2008. Disponível em: <http://www.prolean.com.br/wp-content/uploads/2011/12/111.pdf>. Acesso em: 30 dez. 2012.

2) Os participantes devem ler os Capítulos 36 e 37 deste livro e o artigo *Uma abordagem para a transformação enxuta* (principalmente os tópicos sobre as barreiras e os valores).*

3) O facilitador reunirá os líderes da empresa – formais, informais, de todos os níveis hierárquicos, de todas as áreas.

4) O facilitador deve explicar ao grupo de líderes o que será feito depois de respondidas as questões sobre os valores da empresa e as regras. O facilitador deve pedir que o grupo de líderes responda anônima e individualmente num papel A4 três perguntas:

– Quais os valores efetivamente praticados pela empresa? Em que áreas da empresa? Mencione fatos que respaldem a resposta.

– Quais valores são escritos, mas não são praticados pela empresa?

– Quais os valores que faltam para que a empresa seja considerada excelente?

As regras da prática sobre valores são:

a) As respostas serão tabuladas.

b) As respostas consistentes serão validadas pelo facilitador através dos fatos citados e da concordância de respostas.

c) As respostas inconsistentes serão questionadas pelo facilitador em nova rodada de perguntas e respostas (também anônimas, individuais e escritas). As questões podem ser do tipo "Um (alguns) respondente(s) afirma(m) que o valor V1 é praticado enquanto outro(s) respondente(s) afirma(m) que não. Quais fatos evidenciam que o valor V1 é praticado ou não é praticado?".

d) Respostas que identifiquem os respondentes e causem constrangimentos devem ser tratadas com habilidade pelo facilitador e adaptadas sem que os fatos sejam negligenciados.

e) As folhas com as respostas ficarão com o facilitador e não serão mostradas a ninguém.

f) O facilitador tabulará as respostas e os resultados, mas somente a tabulação será disponibilizada aos respondentes. As folhas com as respostas ficarão exclusivamente com o facilitador.

g) Com auxílio do facilitador, o grupo analisará os resultados e elaborará uma lista de valores:

5) Listar e comparar os valores que foram listados como faltantes para a empresa e analisá-los quanto a conflitos entre si e quanto à validade. Inicialmente, analisá-los aos pares, pois isso facilita a discussão.

---

* BAÑOLAS, R. G. Uma abordagem para a transformação enxuta. *Revista Tecnologística*, ed. 148, ano 13, p. 98-104, 2008. Disponível em: <http://www.prolean.com.br/wp-content/uploads/2011/12/12.pdf>. Acesso em: 30 dez. 2012.

6) Eliminar os valores que são supérfluos, redundantes ou conflitantes. Uma vez eliminados os valores faltantes considerados supérfluos, redundantes ou conflitantes, analisar a lista de valores remanescentes quanto a conflitos entre si e validade e repetir item b acima até que se chegue a um consenso.
7) Elaborar um plano com comportamentos correspondentes ao conjunto de valores escolhidos consensualmente pelo grupo contendo formas de medição/relatório dos comportamentos, responsáveis, prazos e frequências de reuniões.

Esse exercício pode ser feito em 2 horas ou em meses (se realizado em profundidade). Especificamente a etapa 7 acima pode tomar muito tempo e energia.

O ideal é que a prática seja feita na organização, com seus líderes. Entretanto, se o exercício for aplicado em sala de aula, pode-se tomar a turma como se fosse uma empresa cujo objetivo é obter conhecimento e receber uma boa avaliação do instrutor. Os trabalhos em grupo realizados pelas turmas anteriores podem ser uma boa fonte de fatos. Os registros de frequências e conceitos podem servir como fonte de dados.

P-3
Habilidades para a transformação *lean*

Esta prática tem o objetivo de auxiliar na construção de competências e habilidades para a mudança e para a ampliação da capacidade de aprendizado. Empresas que aprendem se adaptam melhor às mudanças do meio. Espera-se que o praticante desenvolva habilidades, seja ele praticante do *lean* ou praticante de outro sistema gerencial.

Os diálogos revelam os limites ao aprendizado e à transformação. Os interlocutores diante de um problema perverso, delicado, ameaçador ou constrangedor elaboram estratégias defensivas que desviam do problema. Quanto mais desviam do problema, maior é o limite à mudança, menos pode se esperar dos interlocutores no processo de mudança e menor será sua capacidade de aprendizado. A tendência é que os problemas se repitam e a responsabilidade pelos problemas seja remetida para longe de si. É um processo retroalimentado que mantém as coisas como estão e evita que se aprenda.

Por outro lado, há diálogos que abrem uma janela para o aperfeiçoamento e para a mudança. Neles, os interlocutores exercitam e adquirem habilidades de enfrentar e resolver problemas perversos, delicados, ameaçadores ou constrangedores.

Realizar uma prática de diálogo sobre um problema real e delicado com um colega de trabalho pode ser frustrante se os dois não tiverem um mínimo de competências para o aprendizado (autocrítica, autoconsciência, equilíbrio emocional, capacidade de comunicação, habilidade de construir diálogos produtivos, sensibilidade com sinceridade, etc.) e se seus objetivos forem minimamente altruístas (voltados para o bem maior).

Fazer um exercício com personagens é um passo inicial. As habilidades, competências, limitações, medos e comportamentos defensivos dos dois podem ser discutidos abertamente. O praticante inevitavelmente irá projetar sua realidade na análise e construção do diálogo. Os constrangimentos de falar de si e do outro são minimizados quando se analisa a realidade de outras pessoas e, mais ainda, se estas pessoas não existem, como é o caso dos personagens. A prática proposta aqui é um bom instrumento para projetar novas habilidades e competências. O facilitador dessa prática deve ficar atento às pessoas que não quiserem realizá-la: simplesmente podem não gostar desse tipo de exercício ou considerar constrangedora ou "ridícula" essa prática para a transformação *lean*, o que pode indicar que os limites ao aprendizado estarão arraigados em camadas mais profundas da mente do praticante.

Realize as práticas a seguir, sempre com base nos fatos ocorridos antes do diálogo entre Miguel e Ricardo da página 158 e de acordo com a característica dos personagens.

Analise o diálogo entre Miguel e Ricardo da página 158 e responda:

– O que é delicado, ameaçador ou constrangedor para Miguel nesse diálogo?

– Quais os argumentos válidos – respaldados em fatos conhecidos por quem expressa o argumento – utilizados por cada um no diálogo? Quais os argumentos não válidos utilizados por cada um? Considere os *fatos* que cada um vivenciou e comprovou como critério de validade. Desconsidere os fatos colocados pelo narrador da estória.

– Um interlocutor poderia ter oferecido melhores escolhas (e melhores alternativas de decisão) ao outro interlocutor? Quais alternativas e sob que condições?

Reconstrua um diálogo realista entre Miguel e Ricardo em que ambos apresentem uma postura menos defensiva: em que cada um ofereça informações testáveis pelo outro, isto é, que possam ser verificadas com base em fatos, e em que cada um expresse o que diz de forma que possa ser validado ou refutado* pelos dois. Analise esse novo diálogo e responda as questões a seguir:

– O novo diálogo permitiu melhores escolhas aos interlocutores? As informações verbalizadas no novo diálogo possuem menos lacunas em relação à realidade do que no diálogo da página 176?

– As escolhas feitas pelos interlocutores durante o novo diálogo são melhores do que as do diálogo do livro? Por quê?

---

* Há uma diferença entre (a) oferecer ao interlocutor informações que possam ser validadas e (b) oferecer informações que possam ser refutadas pelo outro. O primeiro caso (a) restringe o mundo ao que é bem conhecido. Os problemas mais delicados e complexos provavelmente se enquadrem mais no caso (b). Dialogar conforme o caso (b) abre novas janelas de aprendizado se os dois interlocutores assim agirem.

P-4
Comportamentos e atitudes *lean*

Dificilmente, num primeiro momento, uma equipe vai se dispor a examinar abertamente seus próprios comportamentos. O artifício de analisar atitudes e comportamentos de personagens fictícios é um facilitador nesse processo. Como no teatro, a catarse traz a realidade à consciência através do enredo. Provoca a crítica e a autocrítica.

Os personagens do livro depararam-se com situações em que responderam com comportamentos ora favoráveis ora contrários ao *lean*.

1) Para relembrar, leia o Apêndice A-18 e releia as páginas 87, 107-111, 120-125, 137-140, 170, 188-190, 197 e 257-258.

2) Identifique cada personagem e as situações em que agiram em desacordo com os valores do sistema *lean*. Explique por que cada comportamento específico se relaciona com os valores. Dicas: páginas 19-20, 36, 50-52, 57-59, 87, 107.

3) Identifique cada personagem e as situações em que agiram de acordo com os valores do sistema *lean*. Explique por que cada comportamento específico se relaciona com os valores. Dicas: páginas 73, 79, 83, 105.

4) Identifique cada personagem e as situações em que houve evolução ou transformação. Dicas: páginas 86, 95, 103-104, 157-161, 170-174, 191-192, 194-196, 229-230, 231-232, 234-235.

PERSONAGENS	ARNALDO	CLÁUDIA	CLÉLIO	JORGE	MIGUEL	[...]	RICARDO
Situações							
1) Em desacordo com os valores *lean*							
2) De acordo com os valores *lean*							
3) Evolução/transformação							

5) Escolha algumas situações (pelo menos uma de cada personagem citado nas questões 1 a 4), coloque-se na situação de cada personagem e justifique por que agiu dessa forma como se você estivesse explicando para o seu chefe.

6) O facilitador da prática deve selecionar alguns participantes da prática para apresentar cada questão e discutir com o grupo. Se a prática for feita por duas ou três pessoas e não houver facilitador, cada participante apresentará suas respostas para os demais.

Referências bibliográficas

ALEXANDER, C. *Endurance:* a lendária expedição de Shackleton à Antártida. São Paulo: Companhia das Letras, 1999.

ARGYRIS, C. *Knowledge for action:* a guide to overcoming barriers to organizational change. San Francisco: Jossey-Bass, 1993.

ARGYRIS, C. *Maus conselhos:* uma armadilha gerencial. Porto Alegre: Bookman, 2005.

ARGYRIS, C. *Reasons and rationalization:* the limits to organizational knowledge. New York: Oxford University, 2004.

BALLOU, R. H. *Gerenciamento da cadeia de suprimentos/logística empresarial.* Porto Alegre: Bookman, 2006.

BAÑOLAS, R. G. Iniciando com a logística enxuta. *Intralogística,* ed. 210, 2008. Disponível em: <http://www.prolean.com.br/wp-content/uploads/2011/12/102.pdf>. Acesso em: 30 dez. 2012.

BAÑOLAS, R. G. Perdas na logística enxuta. *Intralogística,* ed. 211, 2008. Disponível em: <http://www.prolean.com.br/wp-content/uploads/2011/12/111.pdf>. Acesso em: 30 dez. 2012.

BAÑOLAS, R. G. Uma abordagem para a transformação enxuta. *Revista Tecnologística,* ed. 148, ano 13, p. 98-104, 2008. Disponível em: <http://www.prolean.com.br/wp-content/uploads/2011/12/12.pdf>. Acesso em: 30 dez. 2012.

BAÑOLAS, R. G.; MOUTINHO, M. *O Just-in-time para fortalecer a cadeia de suprimentos.* [S.l: s.n.], 2001. Disponível em: <http://www.prolean.com.br/wp-content/uploads/2011/12/18.pdf>. Acesso em: 30 dez. 2012.

DOLAN, S. L.; GARCIA, S. *Gestão por valores:* um guia corporativo para viver, manter-se vivo e ganhar a vida no século XXI. Rio de Janeiro: Qualitymark, 2006.

ELLIOT, J. *Steve Jobs:* o estilo de liderança para uma nova geração. São Paulo: Lafonte, 2011.

GOLDRATT, E. M.; COX, J. *A meta.* São Paulo: Educator, 1993.

GOLDRATT, E. M.; FOX, R. E. *A corrida pela vantagem competitiva.* São Paulo: Educator, 1992.

HARRIS, R.; HARRIS, C.; WILSON, E. *Fazendo fluir os materiais:* um guia lean de movimentação de materiais para profissionais de operações, controle de produção e engenharia. São Paulo: Lean Institute Brasil, 2004.

HIRANO, H. *JIT implementation manual:* the complete guide to just-in-time. Cambridge: Productivity Press, 1990.

HOBBES, T. *Leviatã.* 2. ed. São Paulo: Martin Claret, 2008.

HUNTER, J. *O monge e o executivo:* uma história sobre a essência da liderança. Rio de Janeiro: Sextante, 2004.

IMAI, M. *Gemba kaizen:* estratégias e técnicas do kaizen no piso de fábrica. São Paulo: IMAM, 1997.

REFERÊNCIAS BIBLIOGRÁFICAS

IMAI, M. *Kaizen:* a estratégia para o sucesso competitivo. 4. ed. São Paulo: IMAM, 1992.

JOHNSON, S. *Quem mexeu no meu queijo?* Rio de Janeiro: Record, 2001.

JURAN, J. M. *Juran na liderança pela qualidade:* um guia para executivos. São Paulo: IMAM, 1990.

KOTTER, J. P. *Liderando mudança.* Rio de Janeiro: Campus, 1999.

MAQUIAVEL, N. *O príncipe.* Porto Alegre: L&PM, 1998.

OBARA, S. Como a liderança promove a essência do kaisen. In: FÓRUM NACIONAL DE LEAN, 5., 2012, Joinville. *Trabalho...* Joinville: [s.n.], 2012.

OHNO, T. *O sistema Toyota de produção:* além da produção em larga escala. Porto Alegre: Bookman, 1997.

POPPER, K. *A lógica da investigação científica.* São Paulo: Abril Cultural, 1975. (Os Pensadores).

ROTHER, M.; SHOOK, J. *Aprendendo a enxergar:* mapeando o fluxo de valor para agregar valor e eliminar o desperdício: manual de trabalho de uma ferramenta enxuta. São Paulo: Lean Institute Brasil, 2003.

SCHERKENBACH, W. W. *O caminho de Deming para a qualidade e produtividade.* Rio de Janeiro: Qualitymark, 1990.

SCLIAR, M. Einstein: quebrando barreiras da imaginação. In: SEMINÁRIO EINSTEIN E A INOVAÇÃO, 1., 2008, Porto Alegre. *Painel...* Porto Alegre: Instituto Amanhã, 2008.

SENGE, P. M. *A quinta disciplina:* arte e prática da organização de aprendizagem. 16. ed. São Paulo: Best Seller, 2004.

SHIMOKAWA, K.; FUJIMOTO, T. *O nascimento do lean:* conversas com Taiichi Ohno, Eiji Toyoda e outras pessoas que deram forma ao modelo Toyota de gestão. Porto Alegre: Bookman, 2011.

SHINGO, S. *O sistema Toyota de produção:* do ponto de vista da engenharia de produção. 2. ed. Porto Alegre: Bookman, 1996.

SLACK, N. et al. *Gerenciamento de operações e de processos:* princípios e práticas de impacto estratégico. Porto Alegre: Bookman, 2008.

TEERLINK, R.; OZLEY, L. *More than a motorcycle:* the leadership journey at Harley-Davidson. Boston: Harvard Business School, 2000.

TZU, S. *A arte da guerra.* Porto Alegre: L&PM, 2012.

WOMACK, J. P. *A mentalidade enxuta nas empresas:* elimine o desperdício e crie riqueza. 3. ed. Rio de Janeiro: Campus, 1997.

ZYLSTRA, K. D. *Distribuição lean:* a abordagem enxuta aplicada à distribuição, logística e cadeia de suprimentos. Porto Alegre: Bookman, 2008.

Leituras recomendadas

BAÑOLAS, R. G. Logística enxuta: aspectos financeiros. *Intralogística*, ed. 213, 2008. Disponível em: <http://www.prolean.com.br/wp-content/uploads/2011/12/LogisticaEnxuta_Financ_4de11.pdf>. Acesso em: 30 dez. 2012.

BAÑOLAS, R. G. Logística enxuta em desenvolvimento. *Revista Tecnológica*, ed. 143, ano 13, p. 96-103, 2007. Disponível em: <http://www.prolean.com.br/wp-content/uploads/2011/12/81.pdf>. Acesso em: 30 dez. 2012.

BOWERSOX, D. J.; CLOSS, D. J. *Logística empresarial*: o processo de integração da cadeia de suprimento. São Paulo: Atlas, 2010.

BAUDIN, M. *Lean logistics:* the nuts and bolts of delivering materials and goods. New York: Productivity Press, 2004.

HARRINGTON, H. J. *Aperfeiçoando processos empresariais*. São Paulo: Makron Books, 1993.

JONES, D. T.; WOMACK, J. P. *Enxergando o todo:* mapeando o fluxo de valor estendido. São Paulo: Lean Institute Brasil, 2004.

KAPLAN, R. P.; NORTON, D. P. *Mapas estratégicos:* convertendo ativos intangíveis em resultados tangíveis. Rio de Janeiro: Elsevier, 2004. (Balanced Scorecard).

KOTTER, J. P. Leading change: why transformation efforts fail. *Harvard Business Review*, p. 92-107, 2007.

MARTICHENKO, R.; VON GRABE, K. *Construindo o fluxo de atendimento lean:* repensando sua cadeia de suprimentos e logística para maximizar valor com custo total mínimo. São Paulo: Lean Institute Brasil, 2011.

MOURA, R. A. *Kanban:* a simplicidade do controle da produção. São Paulo: IMAM, 1989.

OBARA, S.; WILBURN, D. *Toyota by Toyota:* reflections from the inside leaders on the techniques that revolutionized the industry. Boca Raton: CRC, 2012.

PANITZ, C. E. *Dicionário de logística, gestão da cadeia de suprimentos e operações*. São Paulo: Alternativa, 2007.

SUZUKI, S. *Educação é amor:* o método clássico da educação do talento. Santa Maria: Editora Pallotti, 2008.

TAYLOR, D. H.; BRUNT, D. *Manufacturing operations and supply chain management:* the lean approach. London: Thomson, 2001.

VOLLMANN, T. E. et al. *Sistemas de planejamento e controle da produção para o gerenciamento da cadeia de suprimentos*. 5. ed. Porto Alegre: Bookman, 2006.

WOMACK, J. P. *A máquina que mudou o mundo*. 4. ed. Rio de Janeiro: Campus, 1992.

IMPRESSÃO:

Pallotti
GRÁFICA EDITORA
IMAGEM DE QUALIDADE

Santa Maria - RS - Fone/Fax: (55) 3220.4500
www.pallotti.com.br